# 曲线思维 互联网时代商业的未来

## 如何把那些免费使用者培养成主动付费的超级粉丝

［美］尼古拉斯·罗威尔／著

冯丽宇／译

中国出版集团 东方出版中心

**图书在版编目(CIP)数据**

曲线思维：互联网时代商业的未来／（美）尼古拉
斯·罗威尔著；冯丽宇译.—上海：东方出版中心，
2016.8
　　ISBN 978 - 7 - 5473 - 0972 - 8

　　Ⅰ．①曲… Ⅱ．①尼… ② 冯… Ⅲ．①互联网络—商
业模式—研究 Ⅳ．①F713.36

中国版本图书馆 CIP 数据核字(2016)第 120001 号

著作权合同登记号　图字：09 - 2016 - 330

The Curve：From Freeloders into Superfans：The Future of Business
by Nicholas Lovell
Copyright© Nicholas Lovell，2013
First published in Great Britain in the English language by Penguin Books
Ltd，2013
This simplified Chinese edition pulished 2016 by Oritent Publishing Center，
Shanghai by arrangement with the original publisher，Penguin Books Ltd.
All rights reserved.
封底凡无企鹅防伪标识者均属未经授权之非法版本。

**曲线思维**

出版发行：东方出版中心
地　　址：上海市仙霞路 345 号
电　　话：(021)62417400
邮政编码：200336
经　　销：全国新华书店
印　　刷：上海书刊印刷有限公司
开　　本：640×960 毫米　1/16
字　　数：199 千字
印　　张：16.25
版　　次：2016 年 8 月第 1 版第 1 次印刷
ISBN 978 - 7 - 5473 - 0972 - 8
定　　价：56.00 元

东方出版中心邮购部　电话：(021)52069798

献给凯瑟琳、阿拉斯代尔和露西

# 目　录

# 前　　言

"偷吧,全偷走,越多越好,千万别花钱去买,然后分享给你的朋友们! 因为那些人明明就是靠榨取你们的血液来赚钱的,这逻辑太混蛋了!"[1]

这是谁说的? 无政府主义者? 还是盗版商贩? 都不是。这句话出自特伦特·雷泽诺(Trent Reznor)之口,他是著名工业摇滚乐队九寸钉的队长,该乐队于 1989 年发布了第一张专辑《Pretty Hate Machine》。

2007 年,在悉尼的一次演出中,雷泽诺劝说粉丝们不要花钱购买专辑,找地方免费下载或购买盗版就行,居然还将他的唱片公司称为"贪婪的混蛋"。

这事儿听起来似乎有点不可理解,如果粉丝们都去免费下载,那雷泽诺靠什么赚钱呢?

雷泽诺在宾夕法尼亚的农村长大,那里只有一望无际的玉米地。[2]音乐成了他表达和排遣的方式。他从 5 岁起开始学钢琴;高中时,分别在爵士乐团和流行乐队演奏萨克斯管和大号。但他的音乐成就并不局限于钢琴和铜管乐,他擅长的乐器包括吉他、钢琴、电子音响合成器、电子琴、键盘、贝斯、萨克斯管、大提琴、双簧管、鼓、大号、低音号、风琴、马林巴琴、排箫、大键琴和电颤琴等等。[3]

在阿利基尼学院读大学时,雷泽诺并没有选择与音乐相关的

1

专业,而是修读了计算机工程。而仅仅一年后,成为一个全职音乐人的梦想便将他推向了音乐世界。[4]经历了苦苦的等待,机会终于降临。那时,雷泽诺在克利夫兰一家叫做"正轨"的录音棚做助理录音师。录音棚老板巴特·科斯特被雷泽诺工作时的敬业和投入深深打动,他评价说:"雷泽诺对待每件工作都相当专注!甚至于被他打过蜡的地板都显得更亮!"[5]一天,雷泽诺鼓起勇气问科斯特,他是否可以用录音棚录自己的音乐小样,科斯特毫不犹豫地答应了。在1995年的一次采访中,回忆起当时的情景,科斯特说:"我怎么能不给他机会呢?帮他录段音对我几乎没有任何损失,不过是磨损一点录音针头罢了。"

之后,雷泽诺开了一家录音室。但问题是根本没有乐手愿意在凌晨3点到早上8点,并且无偿地过来录音。所以他做了一件只有相当自负的完美主义者才会做的事——一人独自演奏所有乐器。[6]后来,他笑称这是为王子效劳。

事实上,他自己也因此得到了机会。很快他便与TVT唱片公司签约并发表了九寸钉的第一张专辑《Pretty Hate Machine》。[7]这张专辑创造了销量100万张的佳绩。为了再次实现销量神话,TVT给雷泽诺施加了巨大的创作压力。类似的情况不断出现在雷泽诺的工作生涯中,也最终导致了他与传统唱片体系的决裂。雷泽诺对于公司在九寸钉创作方向中干扰行为的抵制演变成了法庭上的一场恶战。

最后,雷泽诺与TVT解约,签到环球唱片旗下并于1992年发表了单曲《Broken》。在之后的十年中,他的音乐事业跌宕起伏:专辑《The Downward Spiral》大获成功,但之后很长一段时间文思枯竭;后来与歌手玛丽莲·曼森(Marilyn Manson)合作,参与id Software的游戏《雷神之锤》的开发,以及与电影导演奥利弗·斯通(Oliver Stone)在电影《天生杀人狂》中成功联手。

雷泽诺在早期与唱片公司摩擦不断,这种分歧和不合在环球

唱片对于专辑在澳大利亚的发行定价的问题中达到顶点。在《音乐2.0》的一次采访中,雷泽诺说:

> 一张《Year Zero》在澳大利亚卖34.99澳元(29.1美元)。毫无疑问,大家肯定会去免费下载或买盗版。同一家店里艾薇儿·拉维尼的唱片只要21.99澳元(18.21美元)。我问起这事时,公司代表回应说:"因为你有一群忠实听众,不管唱片卖多少钱,他们都会付钱的,也就是'铁粉'。只有口水歌才需要打折去卖。"所以,我想作为一个"铁粉"的回报可能却是挨宰。[8]

就是在那时,雷泽诺发表了震惊粉丝的"偷音乐"言论。也是从这以后,他开始寻找销售唱片的新途径。

雷泽诺熟识数字技术,不仅是因为他在上学时修读过计算机工程,更因为他是一个科技发烧友。九寸钉曾在2007年发行专辑《Year Zero》时进行过一次高科技传染性营销。来听他演唱会的粉丝们会在洗漱间找到一些电子钥匙,其中存储了新歌的音频文件,如果用一台光谱分析机浏览,是以电话号码形式记录的声波。①

拨打这些号码,答录机会自动提供盗版网站的地址。很快,粉丝们发现类似的网站已经遍布了互联网的各个角落。不久,关于这件事的讨论开始在网络论坛和维基网上迅速发酵,同年4月,话题随着《Year Zero》的发行被推向高潮。

雷泽诺对数字技术的掌握以及他对传统唱片产业运作模式的不满,随着互联网作为一种分销渠道的出现,共同酝酿出了可以说是一个不难预料的结果。2008年,雷泽诺与环球唱片分道扬镳,

---

① 我很敬佩那些真的会用光谱分析机去运行这个文件的粉丝们。

并建立了自己的工作室。而他紧接着发行的新专辑,完美地诠释了在免费分享的情况下,一个艺术创作者如何运用互联网的力量在唱片上赚钱。

《Ghosts I - IV》是一部 36 音轨的工业摇滚专辑,其实,更像是四张 9 轨唱片的合辑。从最开始,雷泽诺就决定以一系列不同的定价来发行这部作品。他首先以免费下载的方式推出了《Ghosts I》。任何人只需要反馈一个邮箱地址,就可以在雷泽诺的网页免费下载音乐。但这对于雷泽诺来说显然不够,为了最大化潜在听众群,他在 BitTorrent 和 The Pirate Bay 等多个共享网站上传了《Ghosts I》。

整张专辑《Ghosts I - IV》的电子版发行价为 5 美元。当然,此时粉丝们都知道,在分享网站是可以免费下载音乐的,而且几乎与新专辑发行没有时间差。但雷泽诺为粉丝们设立了一个"诚信箱",如果他们愿意,可以通过"诚信箱"为音乐付钱。此外,雷泽诺分别以 10 美元和 75 美元的单价推出了普通实体 CD 和精装版,但他的智慧在于还同时以 300 美元每张的价格发售了一种豪华精装版。

这种豪华精装版里包含 4 张 180 克乙烯基材质的《Ghosts I - IV》唱片,以及包在大编织书套中的三本浮刻针织封皮精装书。每张豪华精装版都有编号和特伦特(Trent)的亲笔签名,且限量发行,总共只有 2 500 份。

仅仅不到 30 小时,所有的豪华精装版就被销售一空,总共为雷泽诺赚取了 75 万美元。尽管在专辑发行的最初,他免费提供音乐、告知粉丝下载地址的行为不可避免地影响了专辑销售,但光是第一个星期,他的销售额就达到了 160 万美元。[9]

雷泽诺是从传统销售向数字销售转型的先驱,他的创新打破了世人对于复杂市场、定价和免费风险的思维定式。

目前,几乎所有商业活动都面临着数字技术和零价格的风险。

但真正的威胁并不在于盗版侵权，而在于竞争。当像雷泽诺这样的人学会了即使免费提供产品和创意也能赚到足够的钱维持经营，整个市场想要维持现有定价和经营方式就将更加困难。

21 世纪的挑战在于：分享很容易，但找到真正的受众很难。消费者越来越希望以免费的方式获取创意和产品，但这些东西往往成本很高。那我们该如何维持经营，进而满足消费者的需求呢？

办法就是跳出固定思维。关注点不应放在寻找大客户上，而是去挖掘真正喜欢你的作品或产品的超级粉丝。首先利用成本低廉的网络渠道建立与粉丝之间的联系，而后再推出粉丝愿意花钱购买的工艺品、服务及艺术创意等。

21 世纪将是一个关系网的时代，一个多重定价的时代，也是实体压榨终结的时代。

那么，欢迎来到曲线的世界。

# 1. 曲　线

　　"曲线"策略是可用于商业活动、艺术创作或非营利机构的一种新型运营方式。其内核是建立与实际受众的真实联系,通过有偿提供对他们来说有价值的产品、服务和体验,来实现盈利。音乐人在盗版横行的时代如何生存?慈善机构如何从熟识互联网的人们那里吸收捐款?面粉厂怎样向足不出户却又十分挑剔的客户销售优质面粉?这一系列问题都可以借助"曲线"得到解决。

　　"曲线"理论包含三部分:1)发掘真正的粉丝;2)弄清他们到底珍视什么;3)以多种价格出售粉丝认为有价值的产品。

　　对任何商业活动来说,寻找受众或客户群都是十分关键的一环。在过去的两个世纪中,市场营销就是围绕这个问题的解决而发展起来的。近三十年,一种新渠道的出现改变了传统营销规则。互联网使信息和观点在全球范围内分享成为可能,这在过去完全无法想象。一方面,互联网引发了盗版狂潮,重挫唱片产业,1999年—2009年,唱片业年收益从146亿美元下跌到63亿美元,跌幅超过50%。[1]另一方面,通过互联网,能够接触到新音乐的听众数量爆炸式增长。独立音乐人亚历克斯·戴(Alex Day)上传到YouTube的作品浏览次数达到1亿次;免费在线游戏《黑暗轨迹》拥有8 000万注册玩家;DIY视频网站Home Depot's的用户超过了25 000人。

　　"曲线"理论认为,盗版、市场促销以及销售企业或创作者无偿提供产品或服务，是与消费者和受众建立联系的基础。不局限于此，雀巢咖啡机、佳能喷墨式打印机、索尼游戏机和吉列剃须刀都是微利或无利出售的，因为这些公司并不十分在意这些小规模业务的盈利，而是依靠长期客户关系赚取钞票。虽然类似的经营模式已经存在很久了，但本书认为，大多数公司对于客户的理解和运用低价产品挖掘客户需求的能力还远远不够。通俗地说，就是还不能有效地从人群中识别出自己的超级粉丝，使之成为业务发展的支柱。

虽然，大家都认为，不到万不得已，不该进行跳楼甩卖。但事实上，向免费产品宣战毫无意义。并不是因为盗版一定胜利，而是因为，竞争会促使人们更好地利用而非打压免费品。竞争将教会人们，如何运用"曲线"理论，通过免费提供一些东西来吸引受众，并找到价值链上愿意向你付钱的人。真正的威胁来自竞争，而不是盗版。

短期内，传统的商业模式可能不会崩塌。为了保护自身价值，老鹰乐队、滚石乐队、披头士和平克·弗洛伊德乐队等音乐人选择远离 Spotify 或 Pandora 等媒体，并且从不将作品上传 YouTube。婴儿潮时期出生的人，当年都是通过广播、口口相传或音乐卡带等方式发现的这些音乐。现在他们依然乐意购买专辑、纪念册，或去听演唱会。

但这些艺术家们并没有去发掘年轻群体中的听众。随着年轻听众的长大，他们会找到工作赚到钱，并开始有能力在他们真正喜欢的音乐和实体产品上花钱。那种不懂发掘新粉丝的唱片公司，就好比只拥有一块油田的顽固开采商，只会用过时的技术挖石油，而不去寻找新储量，也不愿意采用新技术来延长现有资源的寿命周期。

这个世界中的绝大多数人都希望免费或者是只花费一点点钱来享受你的产品。统计发现，地球上 70 亿人口中，你的产品的真实需求几乎为零。过分关注低价带来的挑战和机遇是一种 20 世纪陈旧思维的延续，这种想法于残酷的实体经济竞争无疑是错误的。

本书认为，大众市场正走向终结，残酷的物理暴政也在逐渐消亡。通过网络，企业和创作人能够与他们的消费者和听众建立一对一的联系。聪明的商人将会聚焦他们的超级粉丝和最忠实客户，通过为这些人提供最有价值的产品来盈利。本书中，我将专门探讨游戏产业和 Kickstarter 网站。一个成功的游戏，通常会吸引大批玩家投入大量金钱；Kickstarter 网站一半的收入是来自 15％ 的用户。

太多人被困在价格的牢笼里，认为只有卖得越多，才能赚得越多。但时代已然改变。我们的世界今非昔比，今天，以不同的价格向消费者提供层次各异的产品实属易事，且成本低廉。成功的商人、创作者和非营利机构，不应该再为单位产品的售价，或捐款者的数量大伤脑筋，而应转变观念，重视用户平均收益值。本书将向读者展示，即便让大众免费欣赏作品，成功的艺术家和创作者依然能够赚到钱支撑他们的艺术事业。因为这些人能与粉丝密切互动，能以粉丝愿意支付的价格提供使之满意的产品，让这些粉丝融入自己的创作过程。

在探讨中，读者可以发现价值的概念正悄然改变。在一个消费品极易获取、价格极度低廉的世界里，公司之间的竞争将不仅仅局限于价格领域。价值是一种源于社会心理学的，与社会环境有关的自我表达方式。本书将向读者阐释如何发现价值，以及如何运用"曲线"理论去创造价值。

最后，本书将说明，互联网技术将如何在价值创造中发挥黏合剂的作用。网络使消费者、粉丝能够与他们热爱的公司和艺术家进行一对一的交流。聪明的人会利用这种联系，向他们的消费者和粉丝提供符合其消费水平的产品——销售额很可能会远超你的想象。消费者关系管理(CRM)、分析学、行为模型等技术是成功运用"曲线"理论的关键。

目前,一些公司、创作人和慈善机构已经开始将"曲线"理论中的概念和想法运用于实践当中。但大部分还没能将理论中零散的元素融会贯通为一门经商的学问,这种学问将能帮他们寻找用户、理解用户,并让用户心甘情愿地大把花钱。本书将为你指点迷津,并给你希望:免费带来的沉重压力的确不可避免,但不足为惧。聪明的商人将成为"曲线"理论的驾驭者,通过巧妙地利用免费,满足他们的超级粉丝,以赚取更多的利润。

为了说明"曲线"理论的原理,让我们回到雷泽诺的经历中,想象一下如果在前数字时代,他将如何发行《Ghosts I - IV》。那时下载技术尚不存在,但他还是会以普通 CD10 美元、精华版 75 元美元和豪华精装版 300 美元的价格推出专辑。

而最大的问题在于分销。世界各地的音像店都可能会备货普通 CD,但那 2 500 张豪华精装版又该如何分配呢?伦敦市场能卖出 50 张吗?旧金山市场该投放多少张?克利夫兰会有更多粉丝愿意买吗?

因此,雷泽诺和他的工作室将不得不对这些高端产品的市场分配作一个大致的预判。当然,他们可能对一些市场做出了正确的预测,豪华精装版一上架就被抢购一空。但在其他地区,那些精美的编织书套没准儿会一直在储藏室里吃灰尘,直到店里为了给新货腾地方,把它们打折贱卖。

随着互联网的出现,这些问题已经不复存在了。不用通过任何中间商,雷泽诺可以在九寸钉的网站上直接向粉丝售卖他的豪华精装版。无论粉丝们身处何处,他们都能在九寸钉的网站为心仪的专辑下单支付 300 美元。

对雷泽诺来说,真正的挑战在于,如何让这些可能愿意购买高端产品的粉丝们了解到自己的音乐。聪明的雷泽诺独辟蹊径，将提供《Ghost I》免费下载和随之而来难以避免的全套专辑盗版作为一种营销渠道，去最大程度地接触听众和粉丝。通过这种方法，雷泽诺不仅找到了愿为豪华精装版付钱的超级粉丝，还收获了大批乐意购买普通实体 CD 和电子版的乐迷。

但寻找粉丝并不是全部。雷泽诺认为，他必须努力让这些超级粉丝觉得，300 美元买到的专辑的确物有所值。价值的一部分体现在包装，如书套和工艺等；一部分体现在产品质量，华丽的印刷和精致的封面；一部分体现在稀有性，豪华精装版仅发售 2 500 张，每张都有雷泽诺的亲笔签名。在当今社会环境中，所有这些附加价值都相当有吸引力。通过最大程度地扩大外界对自己音乐的认可度，雷泽诺创造了更多价值。当一个九寸钉铁粉的家里来了朋友，他可能会听到：你居然有限量版的《Ghost I - IV》，太酷了！雷泽诺以分享的方式免费获得的音乐认可度，大大提高了稀有且昂贵的豪华精装版的价值。雷泽诺并不将免费视为敌人，而是利用它传播音乐，在"曲线"理论的无形支配下，使他的粉丝成为高端超级客户。

对许多公司来说，免费的出现就像一个噩梦。他们被困于传统思维世界里，就像被一个幽灵钉住动弹不得，那幽灵不停地说："数字分销是朝向深渊的赛跑，难以避免的价格下跌将毁了整个产业，只有立法和技术限制才能扭转局势。"他们完全没有注意到免费的机遇层面。当任何被数字化的产品，都可以无成本地被广泛分享，这是信息共享、接触新受众，以及按照互联网公司的说法，扩大漏斗的绝佳机会。

同时，数字化将终结大众市场的概念。大众市场是一个创造出来的概念，在大众市场中，所有的消费者购买同一种商品的价格是相同的。这一概念是由工厂主们创造的，他们发现，制造生产单一商品是非常节约成本的生产方式。于是，工厂主们与经销商和

5

大众传媒合作,刺激消费者的购买欲望。大众市场并不是由消费者的需求决定的。消费者以为的自身购买欲望,其实是营销和广告活动引导的,这跟工厂生产商品一样高效。因此,大众市场是靠生产者的成本效率推动的。

亨利福特在他的自传中这样解释大众市场的出现:

> 我觉得,定制生产而非批量生产,是从古老手工业时代延续下来的习惯和传统。问 100 个人同样的问题:你希望这件东西怎么制作? 会有 80 个人说:不知道,并把问题留给你。15 个人觉得他们可能应该说点什么。只有最后 5 个真正有自己的喜好,并能说出原因。不知道并承认和不知道还不承认的 95 个人,构成了所有商品的真实市场。因此,如果你找到能为 95％ 的消费者提供满意服务的产品,并进行最高规格的加工生产,以最低的价格销售,那么,你将面临极其庞大的需求。[2]

九寸钉的经历告诉人们,大众市场已经落伍了。每个消费者愿意为特定商品支付的金额是不同的。有些人认为《Ghosts I - IV》一文不值,而其他人可能就会愿意为它消费 300 美元。雷泽诺几乎是以零成本接触到了数以百万的听众,并从中发掘出那 2 500 个疯狂痴迷他音乐的超级粉丝,他们心甘情愿地花大价钱去收藏豪华精装版。

雷泽诺敏锐地了解到大众的需求并不统一,而是多种多样。通过互联网,企业可以十分便捷地发现并满足这些需求。无论是娱乐业、零售还是制造业,数字化使我们能够直接对消费者的需求做出回应。

"曲线"理论的核心观点主要有三方面。一是,大众对同一商品有不同的价值评判。在前互联网时代,没有迅捷的通讯和分销渠道,商人们只能试图设定一个能够满足大部分消费者的平均价格。而在 21 世纪,信息化技术使一切想象成为可能甚至是必需。商人们可以进行差别定价,并在从免费到奢侈的各个价格水平上提供相应的产品和服务。我们正一步步从只能依靠扩大销量才能增收的旧时代摆脱出来。区别定价下,超级粉丝们可以以普通消费者支付金额的成百上千倍,去购买一位艺术创作者的作品。这是对传统定价和客户关系思维的全面颠覆。

二是,价值是一个十分复杂的概念。一种商品或服务的价值不仅取决于它的效用,也取决于它带给消费者的心理感受。从生物学和进化心理学的角度上看,某种东西的价值与价格无关,特别是在分销成本极低的情况下。本书中,我们将从地位、自我表达、择偶和其他一些无形因素的视角来探究价值的内涵,所有以上这些因素都会对我们对事物价值和价格的衡量产生影响。

第三方面对于商人们来说既是一种解放,又是一种威胁。本书认为,价格战没有任何意义,"曲线"理论强调,要重点关注那些真正愿意为产品付钱的消费者,而非费力去争取对你不感兴趣的人。目前大众市场产品的价格持续下跌,有许多公司,特别是娱乐业不断地通过法律、诉讼和技术监管(如数字权益管理条例)等方式进行抗争。盗版已然毁灭了音乐产业,并同时威胁着图书、电影和电视。随着 3D 打印的问世,艾烈希压榨机和蒂凡尼珠宝也在劫难逃。

但真正的风险并不是消费者将不再购买他们认为有价值的东西,而是你的竞争对手将学会驾驭互联网的力量去接触大众,很可能就是通过免费分发你挤破头正在售卖的东西。然后,他们将为喜欢自己的消费者或粉丝提供多种产品和价格选择,使粉丝们能够花很多钱去购买其认为有价值的东西。

所以,你必须赶紧抛掉对"免费"的忧虑。经济学定律、竞争和技术发展都意味着,生存和发展是第一要务。聪明的商人会去拥抱和接受"免费",并思考如何与那些不满足于盗版廉价版本的消费者建立紧密直接的客户关系。本书将为你指点迷津。

首先,我们来设想,无论你的产品是面粉、一场演唱会或是高端泳池,不管你做的是什么,地球上 70 亿人口中的每个人都是你的潜在客户或粉丝。假设我们能够窥视到他们的想法,并获悉每个人愿意为你的产品、创作或服务支付的金额。然后,我们按照消费者所愿支付的金额大小进行归类,并排成一条长队,出价最多的站在最左边,出价最少的站到最右边。

接下来,我们在队列顶上添加一个条形图。每个人头上都有一个柱形代表他们所愿意支付的金额,我们称之为消费者的个体"需求"。他们愿支付的越多,柱形就越高。如果他们完全不愿支付任何数额,他们的头上就没有柱形。如果他是世界上最富有的人——文莱的苏丹,那么柱形就可能非常高。在柱形的顶端画一条线就会得到类似图 1 的一条曲线。

曲线最右边代表完全不在意你的产品的消费者。全世界 70 亿人口中,几乎所有人都属于这一类。曲线开始离开零的那一小段是指大部分产品的当前价格水平:一张 CD10 美元,一张 DVD15 美元,一个蒂凡尼银吊坠 300 美元。再往左,个体消费者愿意支付金额急剧上升,他们就是你的超级粉丝了。这些消费者甚至乐意花成百上千英镑去购买你的作品,因为他们觉得的确物有所值。

图 1 清楚地展示了潜在消费者们愿意向你支付的金额。随着线上的点从右向左移动,支付的意愿逐渐上升。曲线下方的面积就是你有可能从市场上赚取的总金额。

在受到物理限制的情况下,生产者不得不给产品设定单一价格。因此,当零售店里音乐专辑普遍以 10 美元一张出售时,有的粉丝其实本来愿意支付更高价格,那么这部分利润就白白丧失了。而觉得这张专辑的价值低于 10 美元的人,可能会等待打折或直接

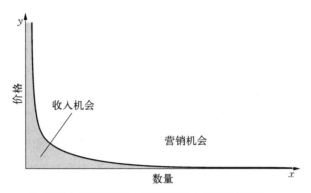

x轴：所有人按愿意消费金额的高低从左到右依次排列
y轴：人们愿意支付的金额

**图 1：曲线**

从朋友那借来听。这也是收益的流逝。单一定价下，生产者只能尽力去猜测消费者的心理价位，并祈祷自己能猜对。

我将在后面的部分详细说明，这种单一定价策略已经不再有效和必要了。作为一种通讯媒介和分销渠道，互联网的诞生使差别定价成为可能。本书认为，如果能通过免费提供消费者和粉丝喜欢的东西，来与之建立联系，假以时日，你也可以提供他们更为珍视的东西，让他们心甘情愿地向你付钱。

由于总是把关注点放在曲线的右端，绝大部分商人和企业都面临着巨大的盗版侵权压力和越发狭小的盈利空间。用媒体的话说就是，"实实在在的美钞已经变成了数字硬币。"但我认为曲线的最右端反而是种机遇，一种以极低成本与消费者进行交流的机遇，一种在现实成本可能会限制发展时，帮你拓宽销售网络、扩大漏斗、吸引更多消费者的机遇。但机遇也伴随着难题：你可能很难说服消费者去为他们已经习惯免费获得的东西付钱。所以，你最好不要做这种蠢事。换种思路，你应该努力从所有消费者中发掘出 10％ 左右，不仅愿意向你付钱，甚至愿意付很多钱的人群。不要限定一个特殊的价格，而是为他们提供之前固定价格的 10 倍、50 倍或 100 倍等多种等级。这样，你不仅以低价增加了受众人数,还能通过为铁杆粉丝提供他们喜欢的产品,赚得更多的钱。

所有的生意人和理性投资者,都想从消费者和粉丝口袋里掏光最后一分钱。但这并非本书想要实现的目标,事实上也无法实现。本书的主张是,产品供应者应当进行区别定价,使消费者能够在综合考虑对创作人的喜爱程度、自身经济状况和对产品的价值感受之后,自主选择相应价位的产品。生产者应该及时转变批量销售单一产品的发展策略,抓住数字化机遇,满足从普通用户到超级粉丝等各个群体的需求。"曲线"理论意味着变通和选择,预示着创新时代和商业自由的到来。

"曲线"理论将支配互联网商务从业者对于消费者的认识。娱乐业将最先有所体会。音乐、图书、电影和游戏都在走向免费,懂得驾驭"曲线"理论的公司正从喜欢他们并愿意付钱的粉丝那里源源不断地赚取钞票。

3D打印技术已经诞生,未来必将普及到千家万户。曾以为能与互联网和盗版绝缘的制造业,也势必会遭到猛烈冲击。

如何看待和应对"免费"只是本书的一部分。如何理解"大众市场主导地位的瓦解反而是一种巨大的机遇",以及在所有可通过网络进行数字化共享的产品逐渐趋于免费时,实体产品制造商该如何提高盈利,都是本书将要探讨的内容。

本书将详细解答互联网时代极为棘手的问题:当所有数字产品的价格都降为"0"时,全球经济该如何持续?

要回答这个问题,我们必须从"什么是价值"谈起。我们都知道,价值和价格是两个不同的概念。从小时候起,我就将收藏的乐高积木视若珍宝,并不是说换套新积木要花多少钱,而是它们承载着我快乐惬意的童年时光。其他人也可能在享用新鲜优质食材制作的家常餐时、和朋友一起在大屏电视上看球赛时,或开着玛莎拉蒂敞篷跑车穿过法国乡野时有过和我类似的情感反应。

这种情感反应比做这些事所花的钱要重要得多。最简单的例子就是无数人每天必做的一件事：喝杯咖啡。[3]

想理解一杯咖啡对于 21 世纪民众的价值，我们得追根溯源到农耕社会。几千年前的农耕时代，经济在初级产品的基础上萌芽，如狩猎或养殖的动物、采摘或种植的蔬菜，以及从地里挖出的矿石等。限制人们的最大问题是"可获得性"。如果人们想喝咖啡，可能吗？

工业革命后，人类掌握的科学技术越发先进，经济已不再局限于初级产品领域。企业家和商人们开始建造工厂，并掌握了规模经济的原理：生产的产品数量越多，单位产品的成本越低。通过大批量生产同种产品，工厂主可以将生产成本充分分散，并且只需在生产线上雇佣低技术水平的劳动力。聪明的企业主们将大量的初级产品进行加工，改造为大量的商品，成功获利。可获得性提高了，消费者便开始对价格更为关注。

战后时期，交易品开始逐渐商业化。制造业的进步和随之而来的全球化，推动成本不断降低，直到价格已经不再是人们关注的主要因素。第一阶段，焦点从产品价格转移到品质。不仅是产品本身的品质，人们还关注围绕产品的服务品质，如：送货上门、汽车或电脑等产品的定制化、良好的售后服务等。商品经济已经开始逐渐向服务经济演进。

今天，服务正越来越商品化。可获得性、价格和品质已然成为商品的基本属性。我们假设在任何时候，都能以合理的价格得到任何极高品质的消费品、食品和服务。在此前提下，让我们重新回到咖啡的话题。

咖啡豆本身是一种贸易物资，投资者和投机者可以通过金融网站和金融报刊追踪咖啡豆价格。咖啡豆经过烘烤和研磨，就变成了一种普通商品。我家镇上的超市里，1 磅优质精磨咖啡粉的售价不足 5 英镑（8 美元），平均 1 磅咖啡粉可以冲出 30 杯单位成本 17 便士的咖啡。如果是在不知名的小咖啡馆，这样一杯咖啡大概会把售价提到 1 或 1.5 英镑。而在星巴克等品牌店里，价格很可能会翻倍。为什么人们会愿意花 3 美元在星巴克买一杯自制成本只需要 17 便士的饮料呢？原因是，星巴克并不是在销售咖啡这种产品，或说商品，甚至不是销售服务。消费体验才是它的卖点所在。事实上，星巴克对于自己的销售策略非常自信，自信到完全不害怕对顾客实话实说："我们的定价的确很高！"

我原以为星巴克的咖啡之所以这么贵，是因为原材料本身很贵，甚至对这个想法坚定不移。而我家附近的星巴克咖啡店明确地告诉我，其实并非如此。这家店里挂了一条促销标语，上面写着："续杯只需 15 便士。"只要 15 便士就能把我花 3 英镑买的一杯卡布奇诺变成两杯，这和我在家里自己制作的成本基本相当。星巴克对于自身的价值相当自信，这种价值包含品牌、环境以及顾客的习惯和期望等等，甚至乐于将与成本脱节的价格和消费体验的售价明明白白地写在价目表上。

在可得性有限的商品经济初期，我们的问题是：我能得到吗？在工业化时代，我们关心：卖多少钱啊？在品质服务时代，我们想知道：质量怎么样？而现在，我们已经能够随时轻而易举地得到物美价廉的产品，我们又有了新问题：它能带给我怎样的感受呢？

我们来更深层次地探讨一下"价值"这个话题。电影产业并不会因为卖不上与成本匹配的价格，就不再投资 2.2 亿美元拍摄《复仇者联盟》这样的电影。[4]问题在于，一部电影的摄制成本对于消费者的观影价格基本没有多大影响。无论是 2 亿的暑期巨制还是 2 000 万的艺术电影，影票和 DVD 的价格都是差不多的。价格已经与生产成本相分离了。

在互联网已将分销变得如此简单的今天，类似的现象越来越普遍。消费者慢慢开始对某种产品作出自己的价值判断。在星巴克喝一杯咖啡的价值远远超过商品背后的真实成本。下载电影给观众带来的感受远不如观看 DVD 或影院观影来得痛快震撼。

巨大的竞争压力和消费者期望的存在,说明价值与成本已不再紧密关联,重要的是消费者对产品价值如何评判。

进化论可以帮助我们理解"价值"的内涵。1858 年,达尔文出版了轰动全球的《物种起源》,对于地球上的原始生命是如何一步步进化为高级人类这一问题,他提出了两种互补的理论。其一是广为流传的"自然选择论",该理论认为生物的进化过程,就是它们不断调整适应所处的环境和异类威胁的过程。另一理论称为"性选择",多年来一直被"自然选择论"的光芒所掩盖。"性选择"认为,进化的内核存在十分智能的设计,即挑剔的雌性去选择雄性进行交配。由于,一个物种要想生存和进化,有两个必要的条件:一是必须适应环境和异类所带来的威胁和机会;二是雌雄个体必须繁衍后代传递基因。因此,达尔文的这两种理论实现了对进化现象全面而互补的解释。"性选择"解释了为什么孔雀进化出了巨大的后尾、为什么夜莺的歌声如此美妙,以及为什么人类大脑能够进化出利他主义、艺术、宗教和政治等思维能力。

阿莫兹·扎哈维(Amotz Zahavi)和杰弗里·米勒(Geoffrey Miller)等进化心理学家曾试图运用达尔文的性选择理论来解释与"适者生存"的进化路径并不相符的人类特性。扎哈维的不利条件定理认为一些特性是生物为了炫耀自身的精力而进化出来的。类似于孔雀长尾这些不利特性,实际上是孔雀自身能量和活力的象征。对艺术、幽默、经济地位和奢侈消费的偏好,则是人类的不利特性。人类通过几千年进化出来的价值观,深受社会背景的影响,在分享无处不在的数字环境中,被迅速放大。价值观已然内在化和社会化了。我们的行为不再单纯受性选择的驱动,而是受到那些伴随人类行为本身而逐步形成的习惯、性格和文化期待的左右。

因此,价值并不能体现在精细的定价里,也没有躺在物料账单上,而在于事物带给我们怎样的感受。当你从商店里买回一件名牌商品时,你就为消费感受额外支付了一笔钱。比如,选择购买价格不菲的优质有机微酿啤酒,显然就是在向所有人昭示你的身份。

你也可能会出于其他原因,乐意花更多的钱。不可能所有酿造商都能像国际酿酒巨头 Anheuser Busch 一样实现规模经济。他们的微酿啤酒成本可能会较高,但却占有稀缺性优势。他们也许会声称,自家的啤酒选取了十分优质的有机原料。这极可能成为你愿意多付点钱的合理理由。其实,你觉得这杯啤酒尝起来味道更好,没准儿仅仅是因为它更贵一些。

"价值"这一主题将在本书中频繁出现。有的人重视自我表达;有的人重视地位;有的人总想首先享受新品,并不惜为此多付钱;还有的人乐意多花钱以节省时间。所有这些动机都内嵌在人类心理学和进化发展之中。了解消费者对于价值的态度,即什么是有价值的、价值在何处以及为什么有价值,是 21 世纪成功商人必须长期坚持做好的功课。

如今,许多产品已经可以通过互联网以极低的费用进行电子分销。在这种环境中,如果还将关注点放在生产成本上,你一定会错失新型分销可能带来的机遇。

1994 年起,我密切参与到传媒产业当中,起初是借助互联网热潮对传媒技术产业进行投资,而后又涉足网络和视频游戏领域。在这个过程中,我萌生了关于"曲线"理论的想法。我逐渐开始相信,许多产业,尤其是与传媒相关的产业,并没有真正意识到互联网这一历史新趋势能给他们带来的发展机遇,而是给予了传统经营模式太多的重视,只看到新浪潮对实体产品产生的冲击。

在前互联网时代,报刊业面临着大量难题。他们每天都在努力地挖新闻,决定哪条新闻值得上报和编辑,然后排版、印刷,再把数百万份报纸分销给全国各地的零售商和订阅者。除新闻以外,报刊还会打包递送分类广告、天气预报、金融分析和填字游戏等各种其他信息。

如今已是精准信息时代。我在网上开了一个关于游戏产业的博客,来看我博文的人都是对游戏业动态和如何盈利非常关注的人。这个博客很小众,每月浏览量只有 20 000 左右,远不能与报纸的读者数量相提并论。但重要的是,与报纸不同,我根本不需要投入任何资金建立信息分销渠道。我只要坐在电脑前,就可以接触到对我的博客感兴趣的人,哪怕只穿了条短裤都无所谓。①

报刊业的很多流程都没改变,比如搜集新闻、过滤信息和编辑加工。但是,高成本的传统分销渠道已开始慢慢消亡。越来越少有人觉得有必要花钱去买报纸,印刷分销和经营管理设施的固定成本又很难迅速下降。于是,传统媒体业陷入了巨大困境。

这并不是盗版,或是一两个读者不愿为高品质产品买单的问题,而是一种技术革新导致的现象。这种现象对于资本主义经济的繁荣具有决定性意义,经济学家约瑟夫·熊彼特称之为:创造性毁灭。

熊彼特(Schumpeter)是 20 世纪 50 年代著名的美籍奥地利经济学家。他认为,资本主义经济发展的动力来源于对现有状态的破坏,一些企业家通过创新产品或服务打破原有市场状态,实现生产效率和竞争力的提升,同时摧毁旧的市场领导者的现有地位。这种破坏力可能来自市场优势、政治支持,也可能来自优秀的运营和销售,或者来自技术革新。当守旧的企业还在拼命维系现状时,头脑灵活的创新者早已着手开发更优质、更廉价和更便捷的产品,以满足市场的需求。之后,熊彼特的成果被克雷·克里斯丁森(Clay Christensen)等经济学家继承发扬。克里斯丁森提出了"创新者困境"的概念,并用例证法解释了一个成功的企业如何良好地满足客户的现有需求,以及如何通过改变经营策略去满足他们未

---

① 其实我不会这样,但是我的确可以这么做。

来的和额外的需求。正是这些不断努力提供新产品和新服务的企业,给市场带来了克里斯丁森口中的"毁灭性创新"。

创造性毁灭和毁灭性创新对于资本主义社会的健康和活力十分重要,是资本主义相比于其他意识形态,在经济实力、技术和社会革新方面具有显著优势的关键原因,也完美地解释了为什么在快速的技术革新中,企业生存如此艰难;同时揭示,在长期内,企业在这种过程中遭遇淘汰,对整个社会来讲无足轻重。更准确地讲,这种过程好似大浪淘沙,对社会有益无害。守旧的企业竞争失败,黯然退场,新型企业冉冉升起,加以取代。世界逐渐开始属于新事物,直到新事物也开始面临它自己的破坏性干扰。就如大型主机制造商 IBM,被桌上个人电脑制造商微软所取代;又如,随着数据处理由桌面向云计算转移,微软逐渐被谷歌击垮。而目前谷歌的核心检索业务也正慢慢被社交网络的兴起所湮没,以及谷歌在互联网浏览器上的优势也面临着来自苹果智能手机和平板电脑的强力威胁。

长久以来,创造性毁灭一直集中地发生于科技领域。渐渐地,其他产业也开始感受到毁灭的到来。

1989 年,一位中年女士突然萌生出写一本书的想法。"我仅用了一个小时,就写出了好几章,就好像是有人在向我口述一样。我在一个横格本子上行云流水般地书写,即使目前原稿不在手头,我也能肯定地说,1991 年出版时,小说的前几章几乎没有变动。我一气呵成地写完,后来就没怎么修改过。"5

忙碌的工作使她完全将小说处女作抛之脑后,而她的丈夫帮她改变了一切。

当时,她正在制作一部戏剧。工作结束后,她和丈夫与另一对同去看戏的夫妻朋友到伦敦梅菲尔区的一家高档餐厅用餐。她丈夫开口说:"约瑟芬正在写一部小说。"6约瑟芬略带羞涩地阻止丈夫说下去。但朋友十分感兴趣地问:"能让我拜读一下吗?"

故事的女主角便是约瑟芬·哈特。她的丈夫是广告传奇人物莫里斯·萨奇。那位朋友是全球最著名的出版代理人艾德·维克托。约瑟芬的这部著作名为《情劫》(《Damage》),目前已被翻译成26种语言在全球发行,总销量超过了100万册。1992年,小说被改编为电影《烈火情人》,由路易·马勒执导,杰瑞米·艾恩斯和朱丽叶·比诺什等影星联袂出演。

这个故事印证了许多人对于书籍出版过程的看法,他们认为出版其实要依赖复杂的社会关系。能否出版并不取决于你的才华,而取决于你认不认识出版商。只有这样,你的作品才能从出版社的废稿堆里脱颖而出。事实上,这种看法并非没有道理。

艾德·维克托常年游走于上流社会圈。他和妻子几乎会受邀参加所有文学派对,并经常出席时尚、电影等其他社会活动。正如《卫报》曾经描述的那样,"在任何名流聚集的地方,你都一定会看到维克托的身影,他儒雅的纽约式魅力与和蔼谦卑的外表下,隐藏着钢铁般的意志。"7无数怀抱着文学梦的作家都希望能请维克托代理书稿。在威尔士小镇海伊举办的一年一度的文学艺术节上,一名观众问维克托:"如果我不能参加那些上流聚会,怎样才能将书稿递送给您,请您代理呢?"维克托的回答是:"抱歉,那您就没有机会。"

艾德·维克托从不通过审阅来稿的方式删选作品。那些在出版代理或出版商办公室里堆积如山的外来稿件,被出版业称为"废稿堆",静静地躺在那里等着被翻阅被评判,而通常决定它们命运的都是初级雇员。对许多作者来说,废稿堆是他们唯一的希望。他们根据出版社对稿件格式的各种特殊的,甚至是前后矛盾的要求,包括是否装订、是否封装到塑料夹子里①、每页要添加多少作

---

① 千万别在手稿外面加装塑料封皮。带有塑料夹会使手稿表面非常光滑。代理商或出版商通常会把大批稿件一起堆在桌子上。你绝不会希望因为你的塑料夹而使所有稿件倾倒至地板上。当然,这样一来你的稿子肯定会被注意到,但未必会留下好印象。

者信息等等,一次次地修改、寄送稿件,双面印完单面印。他们面对着残酷的统计数据,"那些废稿堆里只有 1% 的作品最终会被出版",他们也承受着几乎没有书商愿意出版自己作品的绝望。[8]在艾德·维克托和许多作者所认为的世界里,能否出版的关键根本不在于你是谁、你有什么样的才华、你有多努力,而在于你认识谁。

然而,还有另一种途径。

2010 年 4 月,明尼苏达州奥斯汀的一位年轻作家十分想去芝加哥观看吉姆·亨森的提线木偶展。作为一个超级木偶剧粉丝,她丝毫不介意花 8 个小时开车过去。但手头拮据使她付不起油费,更别提全程的住宿。

这位作家并不是个无业游民。她有一份照顾残障人士的全职工作,每年大概收入 18 000 美元,业余时间用来写作。她还是位多产的作家,17 岁时,她已经写出了 50 多部短篇小说和一部长篇(尽管她自己对这部作品并不十分满意)。10 年后,她总共完成了17 部作品,大多是青春科幻言情小说。在投稿方面,她屡屡受挫,曾收到过上百封退稿信。

与约瑟芬·哈特不同,这位作家不认识任何富贵名流。但幸运的是,她出生在一个全新的时代。为了实现去看木偶展的心愿,她决定做个大胆的尝试。她把自己的一部作品以电子书的形式摆上了亚马逊 Kindle 商店的货架。

仅 6 个月,电子书就售出了 15 万份,阿曼达·霍金借此赚取了 20 000 美元。[9]到 2012 年 1 月,这本书的总销量和销售额分别达到了 150 万份和 250 万美元。像约瑟芬一样,好莱坞也敲响了她的房门。2011 年 2 月,加拿大编剧特丽·塔歇尔选中了霍金三部曲中的一部。这对于被知名出版代理人和出版公司拒绝过无数次的作家来说,显然是件大喜事。

约瑟芬·哈特和阿曼达·霍金的故事代表了两种极端:前者是特权基础上的出版业;后者是新时期,具有电子和成本低廉特征的出版形式,这种形式中,那些不能通过传统渠道崭露头角的才俊,能够便捷自由地将作品展示给大众,不再受"废稿堆"、代理商和左右市场的出版编辑的残酷束缚。虽然像霍金这样的作者并不能代表绝大多数胸怀抱负的写作群体,但他们的经历创造了出版业的神话,也体现出了新时期下行业内正在发生的快速变革。

传统模式的拥护者指出,递交过来的稿件大部分质量都很糟糕。"废稿堆地狱"等博客更是毫不留情,说许多来稿附信中存在不少滑稽的内容,比如可笑的语法、可怕的抒情和极狂妄的自夸,甚至让读信的出版代理人都觉得脸红,"你看,现在我手里有两个全球最棒的书商正抢着帮我出版呢,你要是信我就能赚一大笔钱,你要是不愿意相信恐怕就会错过这个绝佳机会了,反正我的书一定会十分畅销。"[10]

在这种情况下,代理和出版商满怀责任感地站在大众面前,帮他们筛选掉文字垃圾,并强调着自己的存在是多么有意义。而这些完全是自欺欺人的胡话。

毫无疑问,编辑这个角色十分重要。几乎没有任何一本书的初稿能完美到马上就可以拿去出版,电影剧本、电视剧、漫画、音乐作品或是视频游戏等也都如此。经验丰富的专业编辑或制作人能够将一部作品的质量和商业价值提升一大截。但当编辑将看门人的角色与创作角色融合起来,成为一名创意顾问时,将有可能带来不利的影响。看门人角色是编辑在前互联网时代所具有的功能,这种功能在电子分销迅猛发展的今天已经逐渐瓦解。从约瑟芬·哈特的时代到阿曼达·霍金的时代,许多条件已发生了迅速变化,核心是稀缺资源和丰富资源的内容正在不断改变。

1989 年,当约瑟芬开始在稿纸上写作时,几乎还没有人听说过"互联网"这个概念。1992 年,以哈特的小说改编的电影《烈火情人》上映,当时我正在牛津大学编辑一份名为《牛津学子》的刊物。我之所以对这部电影记忆犹新是因为,那时我们只能使用十分基础的编辑技术。文字方面，我们可以用一种叫作 Quark Express 的台式编辑程序进行剪切、粘贴以及排版，但编辑图片就十分困难了。幸运的是，电影销售的新闻部在我们的恳求下，给我们邮寄了一张高清 8×12 寸的黑白电影剧照。我仍清楚地记得那张漂亮的《烈火情人》海报上，杰瑞米·艾恩斯和朱丽叶·比诺什（高雅地）赤裸着拥抱，主要是因为那是我们仅有的几张图片之一。我们几乎抓住所有可能的机会不断地使用这张照片。

在那个年代，方便地访问数字内容是稀缺资源。一张照片要经历拍摄、冲洗、扫描和裁剪等一系列过程。胶卷十分昂贵，图像储存成本不菲。对于学生报刊来说，一个腰间挂着冲洗暗室钥匙的照相师是多么宝贵的资源啊，可以大大减少我们对宣传照的依赖。当时，我们只有一名这样的照相师。信息的传播和分享是极为困难的，保存格式也十分单一。

当制作副本的能力稀缺时，价格就会很高。作为一名编辑，我能清楚地体会到每周印刷 13 000 份报纸的巨大成本。（总之，对一个学生组织来说，这样的成本规模可以称得上巨大）。与之类似，负责审查来稿的责任编辑也一定意识到，一本书从接收到出版，整个过程同样需要付出高额成本。一部书不仅需要进行专业地编辑、录入和排版，还要寻找零售渠道、印刷以及分销。将一本实体书摆上货架全程所要花费的金额异常高昂，而且没有其他路径可走。

时间向后推移二十年，得益于技术的进步，如今出版的各个环节的成本都大大降低了。现代文字处理软件可以在写作环节直接完成大部分的文字编排工作。（我自己出版的《如何发行一款游戏》几乎完全采用了微软 Word 的默认排版。）设计成本依然很高，但在互联网和社交媒体的帮助下，设计工作便捷了许多。零售不再是接触受众的唯一途径，实体读物甚至变得可有可无。以前的稀缺资源现在已经触手可及。

　　尽管很多事情发生了巨变，但一个好编辑对于出版行业来说仍然意义重大。通过与编辑进行良好互动，创作者可以获得很多灵感。编辑在创作过程中的价值难以磨灭。相比之下，"看门人"的功能已经慢慢弱化了。

　　在阿曼达·霍金的例子中，编辑没有扮演任何角色。霍金将被专业出版人士拒绝过无数次的小说放上亚马逊的书架，在那里找到了自己的第一位读者。从此，她的作品被口耳相传，并借助社交媒体大范围传播，读者数量成倍增长。批评家们可能会发表自己的真知灼见："如果背后有专业的出版团队作支撑，霍金的书肯定能更完美!"没错，那样的话，也许作品的结构会更严谨、语法修辞更优美、情节更紧凑。但是，小说很可能根本就出版不了。

　　编辑的两种功能的地位改变，是在互联网作用下，出版行业的核心变革。从前，编辑能决定一本书是否能够出版，因此，"看门人"是稀缺资源。现在，自出版者只需要将文字上传到博客、eReader 或其他新传播渠道，就能接触到上百万的潜在读者。

　　然而，有些人对这种变化感到格外焦虑。他们担心，当所有人都能随意发表作品，不论有没有特权，当那些受到过高等文学教育的专业出版人士不再能主导出版物市场时，汹涌而来的文字浪潮将会让他们难以承受。浏览圣诞节畅销书单，你会发现，上榜作品大多是后人整理的名人回忆录和长年在榜的著名小说，这说明如今出版业已经失去在高水准原创作品发行中的领先优势了。

　　"看门人"角色的消亡将导致整个娱乐产业的创造性爆炸，进而波及所有产业。借助社交媒体和无限分享的力量，跳出分销和发掘客户的成本牢笼，不论是面向小众还是大众，好的创意都能以20 年前无法想象的速度和规模实现传播扩散。

　　但出版资源的丰富又会带来另一种资源的缺失，那就是"关注"。出版发表一本书，已经不是难事，困难的是如何在发表之后博得大众的眼球。因此，"如何在无限信息的世界获取关注"成为

21 世纪商业面临的巨大挑战。

人们将塞缪尔·泰勒·柯尔律治(Samuel Taylar Coleridge)称为最后一个无所不知的人,或至少是通晓古今中外所有有用之识。同样,出生于 1773 年的托马斯·杨(Thomas Young)也被奉为无所不知的智者。[11] 但如果他们生在当代呢?谷歌每天都在将有版权或没版权的各类图书制作成数字化产品,每一分钟都有成百上千的音频资料被上传到 YouTube,大批的专业作家、业余写手、博主和普通人每分每秒都在创作文字。[12] 在这种环境中,这些智者真的会愿意支持那些所谓的"看门人"吗?

我想,他们应该更希望看到各种创意和思想得到广泛分享、传播和探讨;看到那些原本被视为过于小众的话题获得关注和成功;看到那些不能被主流大众接受的内容,凭借自身独特方式,以低廉的分销成本,最大程度地接触到属于自己的潜在受众。

(我曾在本书的初稿中,将一支爵士蓝草乐队作为小众音乐开始萌生的例证,一直以来,这类音乐在传统发行产业中生存艰难。当我第一次把书稿交给代理人时,他立马告诉我,他超爱一个叫Phish 的爵士蓝草乐队。这个乐队可以即兴将爵士、蓝草和一切你能想到的音乐风格融合到一起,进行演奏。这说明,"小众"正在兴起。)[①]

在前互联网时代,唯一的选择就是"付费筛选",作为消费者,我们只能通过供养专业人士,让他们来挑选,哪些可以出版,哪些永远没机会出版。我们只能这样做,是因为当时销售成本高昂的现实,决定了"付费筛选"是推动文化公司投资好的文化产品的一种必要手段。而在 21 世纪,我们拥有了另一种选择:过滤。过滤模式良好地利用了数字产品销售和共享的低成本优势,将质量控

---

① 请注意,Phish 组建于 1983 年,他们在前互联网时代就悟出了"曲线"的内涵。

制从发表前转移到发表后。

　　传统出版业对今天缺乏"付费筛选"的市场多有怨言。由于准入门槛低，互联网的确充斥了大量劣质内容。而从另一方面看，观众对于质量有自己的评判，也只有观众才有资格进行评判。歌剧比肥皂剧重要吗？《佩里梅森》(《Perry Mason》)能赢过《吸血鬼日记》(《Vampire Diaries》)吗？关于游戏业和有关商业面包制作细节的博客，哪一个会更有价值呢？

　　现在，这些问题都无所谓了。发表的成本如此之低，以至于每个人都可以把自己的想法和作品展示出来，接受目标受众的评判。"看门人"正在失去对信息世界的控制权。数字世界的确面临着不少难题，用以管理 21 世纪爆炸式信息的工具还不够完善和充分。但即便如此，"看门人"的消亡终成定局，创作者将获得更多机会。

　　由于娱乐产业比其他行业更迅速地感受到了数字传输的影响，因此，艺术和信息领域更容易将"曲线"理论应用于实践。但"曲线"的指导意义并不局限于此，任何产业都可以将其运用于客户管理当中。


　　马库斯·谢里丹曾遇到过不小的麻烦。

　　2009 年他的生意陷入困境。River Pools& Spas 是一个由 20人组成的地面纤维玻璃游泳池安装公司，业务地域范围覆盖弗吉尼亚州和马里兰州。金融危机以前，这个小公司平均每月能接到 6 单生意。而危机后，订单数迅速滑落至每月只有两单。那年冬天，共有四个客户跑来向谢里丹讨回了预付的订金，他们的订单总额超过 5 万美元。持续的透支曾将公司推向了破产的边缘。而四年后，River Pools& Spas 又重新兴旺了起来。并且，在广告成本大幅降低的情况下，收益反而比金融危机前还高。原因就在于马库斯·谢里丹积极采用了"曲线"理论。

　　纤维玻璃游泳池造价昂贵。很难说具体到底多贵，因为款式、材料等因素对价格影响很大,但总体价位在 2 万—20 万美元之间。River Pools 的大多数订单金额在 4 万和 8 万美元之间。谢里丹的生意位于曲线的高位,定价高昂,用定制化方案去满足消费者的需求。

谢里丹在 2009 年遇到的麻烦,是以一种打破常规的方法进行解决的。那时,他每年在广播、电视和网络点击付费等广告上的开销约为 25 万美元。危机后,他直接将广告预算砍掉了 90%,同时,开始直接与消费者对话:

> 我开始重新思考利用互联网的方式。当我进行网上搜索时,通常我是在为一个特定的问题寻找答案。我所在的行业,以及许多其他行业存在的问题是,你很难搜索到满意的结果,因为大家都更愿意聊他们的公司,而不是回答问题。于是,我意识到,如果我满怀诚意地去回答人们关于纤维玻璃游泳池的所有问题,我们也许就有机会借此得到订单。[13]

谢里丹开始用心回答客户提出的有关游泳池的各种疑问。他还撰写了一系列有关纤维玻璃池的科普小文,并在一个帖子里列出了他在弗吉尼亚和马里兰州的所有竞争对手的名单。他在博客文章里公布公司的成本和各类开销。就在公开成本的 24 小时后,这篇文章升至多个关键词的搜索结果首位,不论输入"纤维玻璃池"还是跟"成本"相关的词组,第一条信息都是它。之后的 4 年中,仅借助这篇博文,谢里丹就赚到了 170 万美元。

当人们搜索"成本"或"纤维玻璃池"时,River Pools 网站一定排在搜索结果的前列。这个网站收纳了有关游泳池的丰富信息,可供所有人阅读参考,其作用不亚于公司的销售代言。谢里丹对于纤维玻璃游泳池的缺点十分坦诚,这帮他赢得了顾客的尊敬和信任。只要读过谢里丹的一些网上资料,30 多页就可以,一个预约面谈的顾客,最后八成都会签订购买合同,而行业平均水平只有 10%。

谢里丹在 2009 年所进行的实践,现在被称为"内容营销"。他通过免费提供高质量的有益信息,与消费者建立联系,利用分析学和数据处理工具来了解客户的需求,在此基础上顺利销售价格不菲的游泳池。

不同的企业、组织或创作者应以不同的方式运用"曲线"理论。有的人可能已经在免费提供产品或服务了,那么需要做的就是寻找让超级粉丝为其心爱的事物花钱的方法。有的产品本身就具有个性化和价格高的特征,就应利用互联网的免费共享优势实施内容营销战略。慈善机构可以通过网络接触新的潜在捐赠者,在广泛联系的社交环境中,为他们提供便捷的捐赠方式。零售商应将关注焦点转移到客均收益,而不是继续坚持提高产品销量。所有这些机构和个人都应积极运用技术,与消费者共享产品和内容,并追踪和分析他们的偏好。

"曲线"理论告诉艺人、零售商、制造商和服务提供商们,即便越来越多的产品价格正在向零趋近,盈利的可能性也绝不会消失。这是一个充满可能性的时代。要实现盈利,我们必须要认清盈利途径的变化。首先,让我们来探讨,那些从稀缺到丰富和从丰富到稀缺的东西分别是什么。

# 2. 稀缺和充裕

Lady Gaga 是 21 世纪的著名歌星。

她并非不与唱片公司合作。她的第一张专辑《The Fame》(2009)和之后的《Born this Way》(2011)和《ARTPOP》(2013)都是由环球唱片公司发行的。Lady Gaga 以与传统唱片业合作的传统方式发行专辑。但销售唱片的收入仅占她总收入的不到 1/4。传统途径之外，Lady Gaga 还同大量的粉丝建立了直接联系。

Lady Gaga 是 Twitter 上的超级红人。2013 年 5 月，她的 Twitter 粉丝数达到了 37 520 337。她发布的 Twitter 消息内容十分广泛，甚至包括政治言论，如："我刚刚在哥伦比亚直接从舞台上跳了下来!! 恭喜奥巴马先生，今晚我们为身为美国人而自豪! 胜利!!! 胜利! 胜利!!"[1]她还在 Twitter 和粉丝进行互动："嗨，加莱拉! 我可爱的粉丝们穿着皮草带着大大的微笑在里约为我振臂高呼!! 我听到你们的声音啦!"[2]

这些信息并不单纯是在营销，而是让粉丝们能够了解一个明星真实的生活状态，使粉丝觉得他们正在与 Lady Gaga 进行一对一的交流，即便他们很清楚自己只是 3 700 万粉丝中的一个。有了这种社交平台，不需要通过剪辑过的电视采访、报纸或杂志文章，Lady Gaga 就能直接与粉丝沟通，并展示真实的自己。

Gaga 并不满足于 Twitter 上的互动。2012 年 11 月，她的 MV 作品《Bad Romance》在 YouTube 上的点击播放次数达到了

4.95 亿次,成为十大最受欢迎 MV 之一。[3] 所有人都可以在 YouTube 上免费观看。对于粉丝们免费获取作品的行为,不管合法还是非法,Lady Gaga 都觉得无所谓。在一次《时代》杂志的采访中,她说:"大明星通过两年的巡回演出能赚至少 4 000 万美元,超级巨星可以赚 1 亿以上。做音乐,然后去巡演。这就是如今音乐产业赚钱的模式。"[4]

虽然《Bad Romance》可以在 YouTube 上免费观看,但对销量几乎没有产生任何影响,2010 年,《Bad Romance》总销量达到 970 万,成为当年全球最畅销单曲第二名,仅次于卡莎的《TiK ToK》。[5] 这次成功并非偶然,Lady Gaga 先后共有 5 个作品进入全球历史最畅销 50 首单曲名单(见表 1)。[6]

**表 1:Lady Gaga 最受欢迎单曲**

| 单　　曲 | 发行时间 | 发行年度下载量 | YouTube 点击量 (2012 年 12 月) |
|---|---|---|---|
| Poker Face | 2008 | 980 万 | 1.41 亿 |
| Bad Romance | 2010 | 970 万 | 4.95 亿 |
| Just Dance | 2008 | 960 万 | 1.55 亿 |
| Born This Way | 2011 | 820 万 | 1.02 亿 |
| Telephone | 2010 | 740 万 | 1.53 亿 |

我们在解读表 1 时,必须注意各个数字所代表的内涵。销售数据并不完整,仅包括了国际唱片业协会公布的发行当年的下载数量,有传言说,《Poker Face》实际上一共销出了 1 200 万份。YouTube 点击量不能直接与销售数字进行比较,因为其统计的是到 2012 年 12 月 9 日为止的视频观看总量,而不是发行当年的数字。同时,我们也必须注意其中暗含的因果关系:到底是因为她的音乐在 YouTube 上大受欢迎,数字版本销量才如此可观?还是由于大量粉丝都可以不花一分钱就能听到音乐,导致实体销售受到了冲击?如果是后一种情况,消费者都到 YouTube 上去免费听

歌,而且完全不付钱去下载单曲和专辑,那 Lady Gaga 应该早就遭遇严重的财务危机了吧!

但据我们所知,Lady Gaga 不仅实现了漂亮的单曲销量成绩,同时 YouTube 点击量也极为惊人。Lady Gaga 可以称得上是互联网营销专家,她投入大量精力利用社交媒体和现代分销渠道传播自己的音乐和视频。她的策略十分明确,就是尽全力将作品展示在粉丝面前,无论他们在哪,无论他们有没有付钱。而这种免费策略为她实现了 5 首历史最畅销单曲。因此,其中的关联极为明显。

一个很重要的问题是:Lady Gaga 的所有这些成就都帮她赚钱了吗?朋友,那是当然!据《福布斯》杂志估计,2011 年,Lady Gaga 的全年收入超过 1 亿美元,最高可达 1.3 亿美元。[7]但是,其中只有 24% 来自唱片销售。即便一些作品成为了历史最畅销单曲,Lady Gaga 通过销售也只入账 2 500 万左右。7% 来自代言和赞助。而她收入的绝大部分,即剩下的 69%,则全部来自巡演和各种商业活动。

大部分人都更愿意免费享受公开分享的视频、专辑和单曲,Lady Gaga 十分坦然地接受这一事实。因此,她将关注点转向出售更加昂贵和稀缺的东西——她的时间、现场演出和她的声望。

而她免费共享的内容也不是毫不赚钱。还是有一些粉丝十分乐意在 iTunes 和 Spotify 上花钱购买数字版本的。即使是在完全不能通过末端用户赚钱的 YouTube 上,艺人们依然能得到一些收益。YouTube 是 Google 旗下的一个商业平台,围绕上传到平台的大量视频内容开展广告业务。比如,在我收看《Poker Face》之前,我可能必须得先看一段其他女子乐团的新专辑宣传广告,获得这个广告位需要她们的唱片公司支付一定的费用。2012 年年初,类似广告位的价格约为每千条 10 美元。[8]如果 Lady Gaga 的 5 首最受欢迎曲目的视频播放前都有这种价位的广告,那么,光是广告收入就有 1 000 万美元。这还仅仅是前置广告，没有包括音乐视频播放时旁边的那些横幅广告。Google 从中抽成后，Gaga 大约会拿到 500 万左右的净收益。但实际上，收入数字可能远不及我们估计的乐观。2010 年之前，Google 并不是十分重视视频广告，一些广告位的每千条价格大大低于 10 美元。Lady Gaga 的这部分收入很可能只有大概 50 万而已。

但这根本不重要。视频广告收入对于 Lady Gaga 来讲完全无足轻重。2010 年，Spotify 上的瑞典语版本播放次数超过 100 万，也只能给她进账 167 美元。[9] 在 Twitter 上发些广告宣传文字，也赚不到太多。

但这些都不是最为重要的。从最开始，Lady Gaga 将音乐视频上传到 YouTube 时，她就没指望通过这种方式盈利。目的只是与粉丝们建立一种一对一的联系。5 400 万的 Facebook "粉丝"仅仅是个起点。正如她的经纪人特洛伊·卡特所说，"Facebook 上的'粉丝'并不一定要变成真正的粉丝。这种关系意义并不大。他们可能只是因为你说过某句话，或是看了一部音乐视频，就对你产生了些好感而已。相比这 5 400 万，拥有 100 万实实在在的铁杆粉丝应该更重要。将普通听众和超级粉丝分割开来非常必要。"[10]

特洛伊·卡特和 Lady Gaga 的下一步行动，就是强化和加深与超级粉丝之间的关系。Lady Gaga 将把新专辑《ARTPOP》制作成一款 APP。她还设立了属于自己的社交网站 littlemonsters.com，截至 2012 年 12 月，该网站已经注册了超过 100 万个铁杆粉丝。特洛伊和 Lady Gaga 慢慢地在将那些起初只是通过 YouTube、Spotify、广播或其他途径收听音乐的普通听众，转变为真正的粉丝，将他们从曲线的低处移动到高点。

Lady Gaga 一直在为博得粉丝而努力。她清楚地认识到，对她来说，时间是稀缺资源，而自己的唱片录音带等资源十分丰富，完全可以十分低廉的价格进行共享。她采取的策略就是，免费发放自己的数字音频,利用稀缺资源获利,这些稀缺资源包括她花在现场演出上的时间、与粉丝们的互动交流和她的声望等。当其他音乐人还在不停地抱怨 iTunes、YouTube 和 Spotify 破坏了他们的盈利空间时,Lady Gaga 和她的团队只将这些视为一种环境的改变。不要与不可扭转的事实抗争,当原来稀缺的资源变得越发充裕,Lady Gaga 选择欣然接受和勇敢面对。如何接受,又为什么只能接受呢? 为了得出答案,我们需要对稀缺性和充裕性进行更深入的探讨。

我从 1994 年开始进入投融资领域,那时候互联网还没有出现。大学期间我没有电子邮箱,在学校里从没用过电脑。我的毕业论文都是用圆珠笔一笔一画写出来的,我想我应该是最后一批需要手写论文的学生! 事实上我并不是一个跟不上潮流的人。在家里,我根本就是个电脑游戏狂。我打通了《毁灭战士》,沉迷《创世纪 V》和《黑暗之地》等角色扮演游戏,还特别喜欢在《星球大战》里驾驶 X 翼星际战斗机。

1994 年 9 月,我加入了德意志银行的子公司摩根建富,并对即将接触到的高新计算机技术充满了期待。我当时担任投资经理,主要帮助企业进行资产出售和并购,以及借助证券市场和私募公司开展融资。我并不是那种需要每分每秒都紧盯高科技交易屏,随时跟踪市场行情的操盘手。我的工作节奏相对平缓,一项业务的时间跨度通常要好几个月。我们的时间很宽松,但信息仍然十分必要。

后来我加入了并购调研组,该团队由德意志银行的各行业专家联合构成。我主要关注媒体和通信领域。作为一个新手,我必须尽可能多地了解我所负责的行业。我需要整理出可能成为并购目标的各个公司的相关信息,并对它们的经营情况进行总结。我当时多希望自己拥有快速搜集信息的神奇技术啊!

但是，这种愿望简直就像白日做梦。

我们最主要的信息来源就是一间设在光线昏暗的地下室里的小图书馆。几乎每家公司都会有这样一个文献储藏室，雇一名图书管理员专门看管整理那些看得见摸得着的实体资料。里面有各家上市公司的历年年报，年报是写给股东们看的，内容包括详细财务业绩数据，以及与销售和公共关系相关的材料。此外，图书馆里还收藏有证券市场分析员关于公司前景和发展的调研报告，我们称之为"经纪人手记"。但有关私人企业的文件就十分稀少了。

其实，获取一家公司业务情况的最佳途径是宣传册。摩根建富的任何员工，不管资历如何，只要出去走访公司，都会专门去接待处看看有没有遗忘在那里的为来访者准备的宣传单。幸运的话，这些小册子上可能会罗列出一家公司的所有部门，或给出他们的营业额和员工数量，也可能印有该公司的经营区域和产品构成等。

我们的优势在于，能比竞争对手更好地利用从大公司得到的宣传册。

我们也会采用一些技术手段。例如，DataStream，它可以让监测股价走势变得十分便利。DataStream 是一种十分简便有效的工具，它能显示出股价对于来自复杂用户界面上的任何基准指标的表现。那段时间，路透社和彭博社都在不断改进电子服务。但无疑，即使已经到了 1994 年，我所在的组织依然十分依赖纸质文件，信息资源仍很稀缺。我们只需向客户提供关于他们竞争对手的公开资料，就能获得相应回报，因为即便是公开信息，他们也很难自己搜集到。

现如今，世界已发生天翻地覆的改变。（准确地说，是从我离开伦敦金融区的 2003 年开始。）每台电脑都能与互联网相接。对于任何一个企业，我们都能搜索出海量信息。每家上市公司的网站都会有"投资者关系"专栏，罗列出法律文件、丰富的 PDF 文档和大量的经营活动信息。私人公司网站也会有类似"关于我们"这种网页,向外界详细介绍他们的业务内容。初级投资经理们再也不用费力去翻看厚厚的资料,再也不用四处搜集宣传册子,只需Google 一下,想知道的内容就会呈现在屏幕上。掌握信息不再是一家投资银行的竞争优势,为各类客户剔除杂质,筛选出有用信息才更为重要。不到 20 年的时间,信息已经从稀缺变为充裕,银行从业人员和客户对信息的认识也就此改变。

然而,改变的并不仅仅是金融行业。1970 年,我还很小,那时英国只有三个电视频道。1982 年第四个频道问世时,几乎举国欢腾。我们那时还没有录影带刻录机,如果想看电视节目,只能是在播出的时候看,不然就再没机会看到。每年圣诞节时,我母亲都会买两本互为竞争对手的杂志,一本是《广播时代》,上面会刊登BBC1 和 BBC2 的电视节目表;另一本是《电视时代》,刊登了 ITV和之后的第四频道的节目安排。我和哥哥会仔细阅读列表,把里面那些我们想看的节目,尤其是电影节目用笔圈起来。我们必须提前和其他家人商量好,才能获得在那些时段观看家里唯一电视的权利。

对于我 5 岁的儿子来说,这些事根本无法理解。他有 100 多个频道可供选择,如果都不喜欢,他还有整整一架子的 DVD。他还能用记录电视收看过去一星期甚至更久的节目回放。我们还帮他订阅了 Lovefilm,可以通过邮寄方式订购 DVD,也可以下载电影到本地播放站。

我那个时代,节目是稀缺资源。电视上播什么我就看什么,因为我别无选择,如果我不看,节目就没有了。而对于我儿子来说,哪怕他只有 5 岁,时间变成了稀缺品,每天都有那么多部儿童节目在播放,但他不可能每部都看。在他的世界里,节目是充裕品。他可以选择。

作为变革的引擎,互联网自身也在发生变化。文件存储网站

Dropbox 发现将数字文档同步到云端服务器储存的成本十分低廉，因此免费向大众提供云端服务。你可以免费注册一个账号，并直接获得 2 GB 的存储空间；邀请朋友注册，可以获得更多免费空间，但最多不超过 18 GB。如果你需要更多空间，你可以每年支付 99 美元或 499 美元购买 100 GB 或 500 GB 的套餐。Dropdox 为企业客户提供了各种等级的多用户存储服务，根据用户数量，服务价格从 795 美元（5 名用户）到 31 420 美元（250 名用户）不等。同时，客户还可以与 Dropdox 议价。即便 96％ 的用户都是免费用户，据《福布斯》估计，2012 年 Dropdox 的全年营业额仍高达 5 亿美元，并实现了盈利。[11]

　　与之类似的还有 Aweber，这是一家为软件经销商提供邮件服务的网站，用户可以免费建立 500 个联系人以内的通讯名单。Aweber 的博客为读者提供了许多专业实用的建议，教大家如何创建邮件列表，如何更好地撰写营销邮件，以及如何高效地进行邮件营销。随着用户添加联系人的增多，Aweber 会根据增加的数量加收费用。Dropbox 和 Aweber 都有效地利用了充裕资源，借助免费的力量获取客户，并开发出多重定价模式，规避了免费增值存在的巨大隐患，即收入无法弥补获免费用户所消耗的成本。

　　虽然技术进步可以将过去稀缺的资源变为充裕，但人们对事物认识的转变总是要滞后一些。20 世纪 60 年代，塑料制品开始大范围生产且价格便宜。由于生产塑料的成本相当低廉，塑料袋带来的一次性文化、塑料杯和压缩包食品迅速占领市场。然而过了 20 年，人类才发现塑料的产生和繁荣，竟引发了大量废品、填埋和垃圾等环境问题。1976 年，美国的年人均瓶装水消费量为 5.7 升，到了 2011 年，该数据翻升至 132 升。[12]据估计，美国每年仅饮用水塑料瓶的产量就有 500 亿个。当人们意识到塑料制品并不像起初想象的那样"成本低廉"，便发起了废品回收利用的倡导。对于瓶装水生产商和消费者来说，塑料瓶的直接成本确实很低，但它们在环境污染、自然资源浪费和后续处理等方面会使全社会付出巨大代价。今天,塑料品确实充裕了,但与此同时,清洁的河道和没被填埋垃圾的土地却变成了稀缺品①。

前阵子的一个星期天,我答应朋友要带一条 6 磅的清煮冷三文鱼去参加一个洗礼式。那天早上,我按约定到当地鱼贩那里去拿预订的三文鱼。可看到我进门,他突然面露慌张。"实在抱歉,"他说,"我竟然给忘了。附近的鱼市马上就要关门了,我也没有办法了。"

经过了片刻的大脑空白后,我做了任何一个有自尊心的伦敦人在这种紧急情况下都会做的事,我拨通了哈罗兹百货公司的电话。②

哈罗兹的鱼商问我是要垂钓的还是人工饲养的。我不假思索地问:"垂钓的多少钱?""330 英镑,"他说。我惊呆了!鱼贩的小小错误竟然会导致我在这被狠宰吗?我像是被人勒住了脖子不能呼吸,又试探着问道:"……那人工饲养的呢?""38 英镑。"这个价格只稍稍高于我先前定的那条。我长舒一口气,洗礼式得救了!

两种价格的巨大差异让人错愕。说到垂钓三文鱼,我头脑里立刻会出现这样的画面,一个穿着粗布上衣戴着麻布帽子的男人,提着自制的鱼饵,站在滚滚流淌的河边,脚上蹬着一双高筒防水靴。那样钓上来的三文鱼的确应该很贵。即使我想象的画面跟实际有出入,三文鱼这种食品曾经确实价格昂贵。但从 20 世纪 70 年代商业三文鱼养殖技术诞生以来,情况发生了改变。之后的 80 和 90 年代,商业三文鱼养殖在全球各个气候温和的国家都迅速兴

① 瓶装水狂潮对环境和资源的影响是一种外部性。外部性是一个重要的经济学概念,是指经济交易活动导致的不反应到价格、不直接影响买卖双方利益的外部后果。例如,空气污染带来的社会整体成本,很少会影响产品价格,除非政府进行干预。那些"大而不倒"的银行成功地将他们的风险外部化给纳税人,为融资活动参与人带来可观收益,而当出现问题时,全社会要一起为他们买单。

② 我一共只去过 4 次哈罗兹百货,但我建议大家有机会去逛逛那儿的冰淇淋店。

起,尤其是挪威、智利和苏格兰地区。1996 年,养殖三文鱼的产量首次超越野生捕捞量,目前养殖产量超过全球总产量的 2/3。[13]

当消费者可以买到更便宜的养殖三文鱼时,野生鱼的价格大幅下跌,1988 年以来,有的商家甚至将价格压低了 70%。尽管价格下降已是事实,但在人们的观念里三文鱼仍是一种昂贵的食材。就在我正为洗礼式烹饪三文鱼时,一个人刚好从我靠近街边的厨房窗口经过。我听到他说:"哎呦,他家一定很有钱,他们居然买了一整条三文鱼。"我当时特别想在背后大声告诉他,其实现在三文鱼比牛肉还便宜。

环境已经变了,但我们的观念、偏见和预期却还没跟上。人类似乎不善于接受一种事物从稀有变得充裕。相比充裕,我们好像更容易理解稀缺的意义。就如在进化过程中,人类会对威胁和危险特别敏感,我们世世代代传下来的生存策略就是时刻关注供给耗尽的风险。从进化角度看,充裕品可以自行调节,但稀缺品却需要对抗和战争才能获得。[14]那个路人对三文鱼价格的错误评判,说明他周围的世界已经变了,而他却没有发现。同样,信息的价值已不同往日,节目稀缺变成了时间稀缺,电视内容如此之多,观众的选择空间极其巨大。类似的,如果面包机坏了,如果不考虑是否浪费,扔掉换新绝对比找人修理要明智得多。现在,在英国,一台新面包机只需不到 20 英镑,找人修理旧面包机非常不划算。

集装箱的诞生使产品在全球范围内高效低成本运输成为可能,严重压缩了码头搬运工的生存空间,但同时也大大推动了全球化,制造业成本更加低廉,西方国家的生存成本也随之下降。小时候全家只有一台电视机,现在,几乎每个房间都有,还配备了游戏操控台和 DVD 播放器等。20 世纪 60 年代的绿色革命有力推动了食品生产。1955 年,美国家庭收入的 1/3 都要用来购买食物,到了 2008 年,饮食支出与收入比仅为 15%。[15]这一变化具有划时代的意义,美国在历史上首次消除了饥荒,再也不会有人因为饥饿而失去生命了。有趣的是,如今最困扰美国穷人的与食物相关的问题居然是肥胖。

穷人竟会因过度肥胖而面临健康风险,说明人们的观念转变确实需要时间。我们已经拥有足够的食物,不用再担心会饿肚子。食物品质如何、是否健康、是否营养开始成为关注的焦点。西方世界的穷人基本上解决了温饱问题,但由于那些价格低廉的食物往往高糖高脂,缺乏人体必需的维生素、纤维素和矿物质,人们仍深受营养不良的困扰。

稀缺性正在发生新变化。一个世纪以来,我们都认为像福特公司那样大规模生产同质商品可以实现成本效率最优,而个性化定制相对昂贵。对于一个批量生产的工厂来说,制造订制产品的成本的确较高。但随着 3D 打印技术的问世,制造业的历史将被改写。利用 3D 打印机打印 100 件尺寸相近的不同零件,与打印 100 件同质零件所消耗的成本几乎没有差别。在未来的一段时期内,对于传统制造业来说,规模经济仍是有效的生产模式。但一些在新时期懂得驾驭充裕品,并利用稀缺资源赚钱的新企业,将会借助 3D 打印技术获取市场,无论是生产订制娃娃、老爷车的激光扫描替换零件,还是其他一切新创意。

太守旧的人是绝不可能在数字化时代发财的。想要抓住机遇,我们就必须尽快地发现并适应事物由稀缺到充裕的变化,寻找新的稀缺品。一些事物价值下降时,一定有另外一些事物的价值上升。我们需要建立一种充裕性思维,不能只关注那些越来越便宜的产品,更要去发现在这种变化中,什么东西越来越值钱了。那才是机会所在。

"在一个信息丰富的世界里,信息的充裕会造成被信息所消耗的事物的贫乏。什么是信息所消耗的事物呢?显而易见,信息消耗的是受众的注意力。因此,信息爆炸会导致关注贫乏。"这些是社会学家赫伯特·西蒙在 1971 年写下的文字。40 年后的今天，他关于"关注贫乏"的预言已然成真，世界变成了一个时时刻刻且永久密切联系的整体。[16]

当今，几乎人人都是手机寸不离身。年轻人的媒体消费不断增加，特别是多媒体消费，已然融入了生活的每分每秒。人们可以边打游戏边听广播，偶尔还会被短信、Twitter 和 Facebook 消息打断。同时，我们的生活水平大大提高，过去对于我们的祖父辈来说很奢侈的商品，如电视、电话、游戏手柄、中央暖气、洗碗机、私家车等，已经变得司空见惯。食物也十分丰足，人们不再承受饥饿之苦。但很多企业却仍未能适应这种变化。

对于那些核心产品很容易以数字化形式共享的企业来说，压力尤为沉重。我们生活的很多方面都出现了由稀缺变为充裕的现象，但变化最快的要数计算机技术领域，制作既有内容的副本变得极为简单方便。有些人认为那些企业承受的降价压力的根本来源是技术的进步和消费人群变化，以前明明是遵纪守法的好公民，却突然转变成了拥护非法盗版行为的"小偷"。

我并不同意这种看法。我认为企业的经营压力主要应归因于更严格的法律法规，而非信息技术和版权问题，更确切地说，是受到经济规律的支配。

# 3. 竞争、经济学和一个叫
伯特兰德的人

2007 年 1 月 9 日，史蒂芬·乔布斯(Steve Jobs)站上了在旧金山莫斯康会议中心举办的麦金塔数字世界博览会的报告台。黑色高领毛衣、蓝色牛仔裤和一双胶底运动鞋，乔布斯以一身轻装向在场的业界伙伴、记者和苹果发烧友发表了具有革命意义的演说，演讲期间掌声欢呼声不绝于耳。[1]

> 我已为今天这次演讲足足准备了两年半。通常，一种革命性的产品可以改变整个世界。能为制造这样的产品而付出心血，真的很幸运。苹果公司一直以来都如此幸运，多年来，应该说她确实为这个世界带来了一些新鲜的改变。1984 年，我们推出了麦金托什机，它不仅改变了苹果公司，更改变了整个计算机产业。2001 年，我们发布了 iPod，它不仅改变了我们听音乐的方式，更改变了整个音乐产业。今天，我们要向您介绍具有同等意义的三种革命性新产品。第一款是触控宽屏 iPod，第二种是创新性移动电话，最后一款是突破性网络通信设备。

在欢呼和掌声中，乔布斯连续点击手中的演讲控制器，将三种产品的图标圈了起来。"三种产品，iPod，手机和网络通信器。"就在乔布斯说话的同时，三个图标移动合并为一体，变成了一个旋转的方块，随着乔布斯的讲解不停转动。

"一款 iPod，一款手机，你们愿意去买吗？其实，它们并不是三种分离的设备，而是合而为一的产品。我们将它称为'iPhone'。今天，苹果公司将重新定义，并彻底颠覆传统的移动电话。"

iPhone 获得了巨大的成功。乔布斯的那次演讲之后的五年内，苹果公司总共卖出了超过 3 亿部 iPhone。[2]同时，苹果的成功间接刺激曾致力于制造微键盘手机的竞争同业，转而开发集触屏、通讯和移动与无线上网功能于一体的手持智能设备。据估计，2012年第四季度，全球的智能手机订购量已达到 11 亿部。目前，这个数字仍有增长空间，智能手机数量仅占全球手机保有量的 17%，这意味着仍有 40 亿手机用户还没将功能手机更换为智能机。[①]

iPhone 最大的竞争对手是采用了 Goolge 的安卓操作系统的智能机制造体系。与苹果不同，Google 的操作系统对第三方是开放的，因此，安卓机的产销量疯狂增长。据统计，从系统研发成功以来，安卓机的累计出货量几乎为 iPhone 的 6 倍，市场份额也远高于苹果的操作系统 iOS。

但苹果公司并不满足于移动电话领域的成就，又启动了重新研发个人电脑的项目。2010 年 1 月，苹果公司发布了 iPad，这是一种新型计算机，被称为平板电脑。这种新型电脑很快获得了不菲的成绩，并沉重打击了传统计算机垄断技术——Windows 操作系统。

如果我们将个人电脑定义为智能电话和平板电脑的结合体，那么微软在个人计算机领域的统治地位已然结束了。玛丽·米克尔，在互联网兴起时期，曾是 Morgan Stanley 技术证券分析组的带头人，目前就职于传奇风险投资公司凯鹏华盈（KPCB）。她指

---

① 我理解的"订购"应该包括那些全款购买的用户，而不仅是分期用户。

出，微软在个人计算机操作系统上的市场份额正在不断下降，1998年—2005年间，其份额都稳定在 96％，2012 年，该数据仅为 35％。[3]这种变化极大程度上归因于 iOS 和安卓的迅速崛起，目前这两种系统共占整个市场的 45％。

事实上，变化还要惊人得多。据摩根斯坦利的研究员凯迪·休伯特（Katy Huberty）和埃胡德·格尔布鲁姆（Ehud Gelblum）估计，不久将会出现一个转折点。我们之前已经越过了一个转折点，2010 年的第四季度，智能手机和平板电脑的出货量总和首次超过了个人电脑（包括台式机、笔记本和上网本）。他们认为，到 2013 年的第 2 季度，智能手机和平板电脑的用户数量也将超越个人电脑。苹果公司亲手推翻了自己于 1984 年创建起的计算机市场。这确实是解决"创新者困境"的绝佳方法。

从内容创造的角度来看，即便获得了巨大成功，但苹果公司业务经营的最大变化并非 iPhone 和 iPad 的发明，而是推出了 App Store。

又是在数字世博会上，又是在 1 月份，又是乔布斯向全世界发布了 App Store。但这次是在 2008 年，iPhone 发布 1 年、发售半年之后。苹果公司将 App Store 定位为一个应用软件平台，不管是大公司还是小工作室，都可以将自家设计的应用软件放到这个平台上，面向全球 iPhone 用户。

长期以来，苹果一直奉行"集成品牌"战略，试图同时掌控硬件和软件市场。于是，他们决定用三条腿走路，在业务结构中加入一个服务平台。App Store 很大程度上算是 iTunes 设计思想的延伸。事实证明，苹果公司通过集成经营硬件（iPod）、软件（iPod 所使用的远比 iPhone 简单的操作系统）和服务平台（iTunes），成功改变了用户收听和购买音乐产品的方式。因此，苹果公司判断，同样的模式应该也适用于智能手机。

App Store 的软件配置方法全然不同于传统的手机软件安装。

功能手机上的内容都是由运营商决定的。为了让自己设计的游戏能出现在手机界面上，开发商们不得不花费大量的人力物力去游说各大运营商的高管。一旦不成功，他们便只能支付高额费用，请发行商或软件服务商帮他们的游戏入围。运营商和软件服务商抽成后，应用程序开发商几乎剩不下多少利润。

苹果公司实际上是在削弱"看门人"的力量。只要遵守一些针对不文明用语、恶意软件和隐私侵权的规定，任何人都可以将自己的应用程序上传至平台，并自行定价。App Store 具有搜索发现功能；开发人可以获得应用销售额的 7 成，并无须支付信用卡交易手续费和任何额外的分销营销佣金。用乔布斯的话说，"这是移动应用平台的最佳模式。"

然而，App Store 发布会的核心内容并不是强调 70％的高额收益分成，而是阐释苹果公司将如何处理价格问题，来改变消费者对待手机上内容的态度：

> 虽然说是七三分成，但定价权在开发商手中。你们知道大部分开发商会怎么定价吗？免费！如果一个开发人想免费提供 App，他就无须向苹果公司支付任何费用。用户享受免费意味着开发商也享受免费。那么运营 App Store 的全部成本将都由我们承担。但这无所谓，因为我们同开发商的目标是一致的，就是将尽可能多的应用程序展示在所有 iPhone 用户面前。[4]

一些开发商，尤其是电子游戏开发商通过 App Store 这个平台获利颇丰。截至 2012 年 1 月，苹果公司共向 App Store 的应用开发商支付了 40 亿美元，[5]按七三比例来算，这些 App 的毛收入总计高达 57 亿美元，苹果公司从中赚得 17 亿的分成。到了 2013 年 1 月，该数字上升至 80 亿美元，仅 2012 年最后一个月，就收入了

10 亿美元。App Store 的销售额正在加速增长。这样看来,上面引用的乔布斯的最后那句关于苹果公司和开发商目标一致的说法,似乎是正确的?

当然不是,他说的那些话丝毫没有道理。

苹果是当今世界盈利能力最强的企业。其总市值超过 5 000 亿美元。2012 年 9 月底,苹果的净现金资产达到了 1 210 亿美元。上一财年报告营业总收入为 1 560 亿美元,其中有 800 亿来自 iPhone(51%),302 亿来自 iPad(21%),230 亿来自 Mac 计算机 (14.8%)。App Store 应用程序下载的收入仅占总收入的 1% 左右。

通常,许多财务分析师和投资者都认为,软件收入比硬件收入更优质,因为软件收入的成本更低。销售一部 iPhone,前期需要支付零件成本,以及组装和分销等一系列费用。这些都会影响利润率。相反,应用程序的直接成本只包含信用卡支付环节的过程费用和承载 App 的宽带费用。(当然,两种情况都会存在固定成本,如 iPhone 的零售网点运营成本或 App Store 的运营成本。)

苹果公司上一财年的总利润额为 680 亿美元,利润率高达 43.9%。即使扣除相应的固定成本,利润率仍有 35.3%。简言之,即使苹果公司完全不依靠 App Store 赚钱,也不会对经营能力产生多大影响。事实上,苹果公司并不十分在意 App Store 的营利性。其最为关心的是,使苹果系列成为全球同级市场中最受欢迎的产品。为此,苹果公司潜心研发,开展独特的市场营销,以极低的价格甚至是免费方式为用户提供应用程序收纳库,让有意愿购买任一款苹果产品的客户知道,只需动动手指,他们就能花极少的钱买到所有他们需要的软件。

苹果在盈利方面更依赖硬件销售。不难发现,那些应用开发商,尤其是游戏开发商可以借助 App Store,甚至以免费提供 App 的方式赚取大量利润。但苹果公司对于和他们建立相关利益联盟并不感兴趣。苹果公司与应用开发商们的分割关系,是当今大量数字产品趋于免费这一现象的良好范例。

为了解释这个问题,我们需要首先从"伯特兰德竞争"出发,了解一些基本的经济学理论。

约瑟夫·伯特兰德(Joseph Bertrand)(1822—1900)是一位杰出的法国数学家。其一生最辉煌的成就是提出了两个理论,即以他名字命名的"伯特兰德假设"[①]和"伯特兰德竞争"。

伯特兰德有关竞争模式的新理论,是在批判 19 世纪法国经济学家安东尼·古诺(Antonie Cournot)的著作的过程中萌生的。古诺曾致力于研究企业竞争,并于 1838 年出版了《财富理论的数学原理探究》一书。[②]

古诺竞争的核心内容是,在只有两个企业的同一市场上,产量是决定企业利润的关键因素。如果市场上已有一家公司在生产鞋子,后进入的公司会控制产量,以避免市场上的总供给过量导致双方盈利下滑。即使不存在主动的共谋,竞争双方也会将产量维持在能使双方同时获利的水平。

如今广受尊崇的《财富理论的数学原理探究》,在当时并没有受到重视。1877 年古诺逝世后,一批年轻的经济学家将古诺的成果进行了推广和再验证。伯特兰德认真研读古诺的著作后,认为其中的逻辑不甚合理。特别是,古诺将产量作为竞争的关键因素过于随意和武断,于是他选择了另外一个变量,将产量更换为价格,重建了古诺模型。在分析过程中,他得到了一种新的竞争理论。

伯特兰德的逻辑推理是这样的:假设两个企业生产同质商

---

① 这个假设已被证实,内容是:对于任意 n>3,在 n 与 2n−2 之间都至少存在一个素数。

② 这是一本关于财富理论的数学原理的研究著作。

品,那么消费者一定会选择价格便宜的一家。此处,存在许多前提假设。一是假设竞争双方的分销成本忽略不计或相同;二是每家企业的产品生产成本相同;三是不考虑消费者发现价格差异的成本;四是不考虑品牌和营销价值。

仍然回到上面生产鞋子的例子。我们假设每双鞋的成本是1美元,此处的成本指的是边际成本。(边际成本不含固定成本,可以定义为"每增加一单位产出的总成本变化"。)A公司决定以5美元的价格销售,每双鞋的利润高达4美元。生产同样产品的B公司定价为4美元一双。消费者自然蜂拥至B公司,那么B公司的市场占有量是100%。这时候A公司说:"等等,我花了这么多钱盖工厂、雇工人,我必须得卖出去一些啊!我不要那么高的利润了,大不了咱们玩玩价格游戏嘛!我降价到3块!"

双方你来我往,交错降价,直到价格降为1美元每双。为什么是1美元呢?因为已经降到了边际成本,不管哪家将价格压低到这个点以下,他们每卖出一双鞋就会亏损一个两者间的差价。因此,"伯特兰德竞争"只有一种均衡状态,那就是双方都以生产成本销售产品。只要有一家尝试提价,所有的消费者都会立刻转向他的对手。在完全竞争市场中,价格将降至边际成本。

伯特兰德模型的最大问题是,它长期停留在理论层面。这种模型假设消费者不存在转换和价格发现成本,并假设市场是完全竞争的。但19世纪后期的法国根本没有完美的竞争市场。因此,之后的经济学家们花了一个多世纪的时间去探索,究竟哪些产业适用于"古诺竞争",哪些则更适合"伯特兰德竞争"模型。最终,他们认为,当一个产业中的企业的产量和生产能力不易发生变化时,"古诺竞争"更加适用。在产量规模可以快速高效改变的市场中,"伯特兰德竞争"更吻合。《连线》杂志的前主编、《免费》一书的作者克里斯·安德森曾说:"在生产十分容易的充裕市场上,伯特兰德理论会占据上风;价格将降至边际成本点。"[6]

在 App Store 的发布会上,乔布斯表示,如果开发商将应用程序的价格定为免费,就相当于零成本利用 App Store 的平台发行产品。苹果公司将承担一切运营和经销费用,并将全力保证开发商无成本地在其他同业和消费者面前展示产品。这是"伯特兰德竞争"的绝佳例证。在复制便捷的数字比特世界,并且复制和后续分销成本都由苹果团队的史蒂夫叔叔包揽了的同时,那些曾经被认为是理论缺陷的假设,包括不存在生产能力边界、分销成本可忽略等,都在实践中变成了现实。

所以,接下来发生了什么呢? 让我们以游戏产业为例。我们可能会想,那些精通经济学的聪明商人一定清楚,"伯特兰德竞争"难以避免,数字产品价格一定会下降为边际成本,也就是"0",那么他们将不得不把价格定为免费。不是吗?

是才怪! 2008 年,App Store 刚启动时,平台上的游戏价格通常都定为 9.99 美元,而今天你已经很难找到定价这么高的产品了。原因再清楚不过了。以往功能手机上的游戏大多都要付费下载,比较便宜的有 3 美元的简单解谜游戏,稍微贵些的有售价为 7 美元的品牌游戏《刺客信条》或最新电影大片游戏等。这样看来,开发商对 iPhone 游戏收取高价,尤其是对那些可以与任天堂 DS 媲美的游戏来说,似乎非常合理。要知道,任天堂的单款游戏售价通常都在 20 美元以上。那时,日本世嘉(SEGA)和电子艺界(EA)发行的《超级猴子球》、《宝石迷阵 2》和《俄罗斯方块》的定价都非常高。[7]

并不仅是优质游戏定价高昂。许多移动游戏的开发商和发行商已然习惯了与之前扮演者"看门人"角色的运营商的密切关系。运营商的界面是严格规划的,如果你能打入经营商的团队内部,你就能将产品摆上页面,收到消费者的付款。它不一定非得是最好的产品,而是只要出现在消费者面前就可以了。由于运营商并不希望跟过多的开发商建立合作关系,在缺乏竞争的情况下,那时的游戏发行商过得相当安逸。

而这一切都被乔布斯开发的应用商店改写了,在这个商店里,人人都有机会接触到全部 iPhone 用户。发行商无法继续依赖与运营商的合作关系发行产品,无法进入市场的小型个人工作室也找到了生机。《IGN 无线》的编辑贾斯汀·戴维斯曾说:

> 当 App Store 正式推出时,智乐软件(Gameloft Software)那种公司以为他们还能继续以 3.99 美元甚至更高的价格售卖简单的单人纸牌、象棋或数独游戏。他们压根没想到免费竞争来势如此汹涌,或是来自那些日渐成熟的年轻程序员的技术竞争,或是由于同业公司开始发行一些免费产品以宣传其他付费内容。[8]

而竞争不仅仅来自那些花 99 美元买了 iOS 软件开发工具包就变成了 iPhone 软件开发商的个人。试图维持高价的软件公司发现,不仅白手起家的年轻创业者对自己构成威胁,既有竞争对手也开始改变经营模式,并且都冠以"探索"的名义。

我们已经知道,任何一种充裕都会伴随另一种事物的稀缺。以前,想得到一款新游戏十分困难。大约十年前,我是个电脑游戏发烧友,经常翻看电脑游戏杂志,我几乎了解一年中新发行的每款游戏,不能说全都非常了解,但起码能说个大概。而现在,每天 iOS 上都会更新上百款新游戏。对于开发商来说,能不能受到关注事关游戏产品的成败。而对消费者来说,在海量的相似产品中,挑出优质游戏同样不容易。

目前,最有效的游戏评价方式就是 App Store 排行榜。与 Google 微调搜索功能的模式类似,最近,苹果公司也开始微调推荐系统,以帮助用户更便捷地找到优质游戏。但在早期,App Store 的评价算法极为简单,只看下载量。

不管你的产品定价是 99 美分还是 9.99 美元,苹果公司只计算产品的下载量。如果你想进入排行榜单,只能是让很多人下载你的游戏。就像贾斯汀·戴维斯曾说的:

> 这使软件工作室面临大量选择,虽然最后证明其实是无可选择。你可以把价格定为 4.99 美元,这个价格可能在你看来很合理,但肯定无法帮你实现足够的销量。上不了排行榜,你的游戏就不能被大多数 iPhone 用户看到。你也可以卖 0.99 美元,并盼望能将销量提升 5 倍,并跻身排行榜前 25 位。于是,逐底竞争开始了。[9]

2009 年起电子艺界公司开始加速这一竞争过程。他们意识到,如果产品能列入排行榜前列,被更多 iPhone 和 iTouch 用户看到,就能实现销量的巨大增长。因此,电子艺界将多款顶级品牌游戏的价格削减至 99 美分。2010 年,他们再次对家喻户晓的《极品飞车》、《模拟城市》、《疯狂橄榄球》和《填字游戏》等实行了减价策略。这些行动奏效了,有一段时间,iPad 应用的前 12 名和 iPhone 应用前十名中的 6 个席位都被电子艺界占据。[10]

"伯特兰德竞争"正在,并且依然,充分地发挥着效力。

类似的事情也将发生在电子书领域。分销电子书的边际成本十分低廉,几乎等于没有成本。迈克尔·R·希克斯是一位科幻小说作家,主要作品有《收获三部曲》和《以她之名》系列小说。2008 年,他首次将小说发表到亚马逊的 Kindle 书架上,到目前为止共已发表了 12 部。其中 3 部以免费电子书的形式供 Kindle、Nook、Smashwords、Kobo、iTunes 和 Google Play 的用户下载阅读。希克斯给出了这样的解释:"我这样做的原因很简单,就是盼望读者能迷上我的作品。我可以免费让你读我的文字,因为如果你喜欢,你一定会想继续阅读其他作品,如果你不喜欢,除了花了点时间外,你也没什么损失。所以,去下载好了,然后推荐给你的家人、朋友和同事,让他们也来读读看!"[11]

2012 年,希克斯免费电子书的下载量约为 25 万次。同时,他还以 4 到 25 美元不等的价格售出了 9 万本有偿读本。一个深陷前数字化思维的人,看到这些数字时会觉得,希克斯轻易地放跑了 25 万册的销量,少赚了 100 到 625 万美元!而一个网络商人却会从另一个角度出发,认为希克斯的营销模式帮他实现了 36% 的客户转化率,成绩相当不错!

2012 年年底,亚马逊和索尼在英国市场打响了电子书价格战。索尼将个别出版商的图书价格降到 20 便士每册。亚马逊随即采取了相同策略。出版商和作者的版税和稿酬一分不少,而消费者可以享受到巨大折扣,因此,这些降价书目迅速冲到了畅销排行榜的前列。当时,我也花低价买了两本电子书,至今没翻开过,但确实为它们的上榜做出过贡献。

"伯特兰德竞争"在电子书领域的显现并不像 iOS 游戏那么迅速,原因有两点。首先,亚马逊的推荐系统要比苹果公司的更加成熟,它基于读者的阅读习惯等详细个人信息进行书目推荐。苹果则更依赖下载量和营业收入等原始数据。其次,亚马逊是一个零售商,而非硬件制造商。苹果开发 App Store 是为了卖出更多的 iPhone,而亚马逊是要直接销售更多的读本或其他线上商品。如果有一天,亚马逊认为通过销售 Kindle Fire 平板电脑比卖书更有利可图,图书产业就将面临比现在更加严重的困境。

大部分关于产品价格趋向免费的争论都是围绕版权问题。本书并不否认版权存在的合理性。版权问题需要改革,人们关心的是改革的最佳方式是什么。我并不是个"免费狂",这个词是那些盼望自己的盈利现状不被动摇的守旧商人们对总是希望得到免费品的消费群体的蔑称。本书主要是关于如何利用免费的力量去实现利润,而并非要求大家都采取免费策略,即便我觉得这种策略通常确实有效。请记住,"曲线"的秘密是,在现有基础之上,发现并满足那些真正欣赏你的工作的客户,让他们愿意花钱去买对他们来说有价值的东西。以免费为他们提供一些内容为起点,先与他们建立起联系,是非常好的方法。如果一开始就让他们付钱,进入门槛就被相应提高了,你便不得不增加营销支出,将客户从曲线低处移向高点的过程也会更加缓慢。如果你的公司已经拥有了知名的品牌、丰富的营销经验和一定规模的资产时,这个方法会相当有效,当然选择权在你手里。我只是觉得,当所有的竞争对手都在尝试免费为客户提供优质体验时,继续坚持价格会使你的处境极为艰难。

长久以来,买东西花钱是天经地义的。但至少对于大部分的 App Store 游戏开发商来说,那些游戏每被下载 1 次就有近 1 美元入账的快乐日子已经一去不复返。目前,App Store 上的产品几乎都可以免费下载。不过,好消息是,2011 年,至少有 9 款游戏借助这个平台赚取了超过 3 000 万美元。芬兰公司 Supercell 发行的两款游戏——《部落战争》和《卡通农场》,通过向部分玩家销售虚拟道具,日营业额已达到 240 万美元以上。2013 年,这家公司以 7 700 万美元的价格向投资者出手了价值 1 300 万的股份。[12]英国开发商 NaturalMotion 日前公告称,旗下的热门游戏《CSR 极速赛车》在发行首月的营业额为 1 200 万美元。

身处"伯特兰德竞争"之中,你所面临的最核心问题是:无论你经营什么业务,只要你的产品存在替代品,竞争者就会一步步将产品定价降至生产的边际成本。在当前社会中,所有可以进行数字化分销的产品的边际成本都已为"0",或者几乎为"0",因此,竞争者们将不得不将产品价格下调为"0"。

各类市场的变革速度是存在差异的。音乐和电子书都属于小文件,下载的成本和时长都较小。但大型游戏和高清电影文件都很大,下载的成本和时间也较多。目前,许多实体产品不能十分便捷地以数字文件方式分销或按个体需求制作,根本原因是相关技术还没有像个人电脑和智能手机那样普遍。但这都是暂时的。宽带技术正在不断优化,3D打印的成本也在逐年降低。

你可以辩护说自己的产品更好。毕竟世界上只有一个齐柏林飞艇乐队,只有一个史努比狗,一个卡莎,一个阿黛尔。你可以按自己的想法定价。

但从长期来看,这种辩护是没用的。你的产品价格将由你的竞争对手和消费者期望决定。睁大眼睛,我们将发现大众市场即将终结,那么,我的以上推测也就不难理解了。

# 4. 一切,只为你

公元前 231 年,中国的秦王嬴政开始征战与之并存的其他六国。十年内,嬴政征服了六国,统一了中国,同时开启了中国绵延了两千多年的封建帝国统治。他自称为秦始皇,即第一位皇帝。

我要说的是,秦始皇的称霸要归因于规模生产。

秦始皇的征战将中国延续了 250 多年的战乱(即战国时期)推向了顶点。在此期间,随着军队逐渐摆脱对战车的依赖,转而重视步兵和骑兵,战争形势开始发生变化。十字弩的广泛应用使军队战斗力得到了极大提高,即使缺乏训练的新兵也能迅速走上战场。因此,这类军队的规模变得空前庞大。据各种史料记载,当时至少有两个诸侯国的军队规模超过 100 万人,同时,战争伤亡极为惨烈,马陵和伊阙之战的阵亡人数分别达到了 10 万和 24 万。

当然,这些阵亡数据可能并不十分准确。首先,当时杀敌数量是兵饷支付的依据,因此存在夸大数据的动机;其次,秦始皇为了使其统一帝国的平定安稳,与战国时期的兵荒马乱和民不聊生形成更加鲜明的对比,也可能有意更改战争数据。

但有一点是毫无疑问的,就是当时的军队规模极为庞大,且需要武装。对此,历史学家大卫·威廉姆斯(David Williams)凭借有力的证据,证明在武器制造的过程中,出现了最早期的规模生产。[1]

威廉姆斯提出,最初十字弩都是由个体工匠制造的。每个工匠都要独立制造弩的全部零件,包括扳机、木托等等。战争期间,秦始皇的部队在历史上率先在机械武器制造中,采用规模生产、流水作业和模块化工艺。木质弩托的生产相对容易,但触发机制需要能够大批量制造的精密机械青铜零件。[2]秦始皇的解决办法是,利用模具生产独立的触发和发射机制,再用两个螺栓将其固定在木托上。秦国的这项创新的最实际影响是,将十字弩变成了一种速效武器,跟其他武器比起来操作较为简便,于是,十字弩步兵也成为速效兵种。从此,规模化的生产方式开始萌芽。

根据我们目前的了解,规模生产是从 19 世纪后期开始兴盛起来的。19 世纪和 20 世纪交界处,当可替换零件、机床设备和动力等所有规模生产的前提条件都已具备时,著名的规模生产先行者亨利·福特(Henry Ford)走上了历史舞台。福特的最大成就是创立了流水作业的批量生产模式,并将其投入实际操作。当时,他的初衷是降低制造成本:

> 在路边的小作坊里,一位年迈的老人已经手工制作了一辈子的斧柄。他年复一年地拿着他的刨刀、凿子和砂纸,磨塑着风干胡桃木。每一把斧柄,他都认认真真地进行称重,磨匀。每把做好的斧柄都不一样。斧柄的曲线必须要完美的适合手掌的弧度,还要符合木材本身的纹理。老人一直从黎明做工到深夜,他一个星期平均能出 8 把斧柄,每个能赚 1.5 美元。但因为手工打磨得不那么匀称,有的斧柄可能卖不出去。
>
> 但今天,只需要几分钱,你就能买到由机器制造的质量更好的斧柄。并且,你不用担心不匀称的问题。所有的斧柄都一模一样,每件都堪称完美。现代大规模的生产方式,不仅把斧柄的成本降到了过去的零头,还极大地改善了产品质量。
>
> 最开始,福特汽车就是凭借类似的方式,降低了售价,同时提高了质量。我们仅仅是把一个简单的想法付诸了实践。[3]

然而,福特要做的并不仅仅是让价格低一些、品质高一些。

> 我想要生产的是一款为大众而设计的汽车。它的空间要足够大,满足一个家庭的需求,又要足够小,以便个人的使用和保养。它只需要具有最基本的功能设计,由我们最好的员工用最棒的材料制成。但是,它的售价很平民化,即便是薪资水平不高的人也能买得起,并和家人一起驾驶着它在上帝赋予的广袤空间里自由驰骋。

于是,1909 年的一个早晨,他向外界宣布,未来福特公司将只生产一款汽车,Model T,并且,所有汽车的底架将完全相同。他还补充说:"任何顾客可以将这辆车漆成任何他所想要的颜色,只要它是黑色的。"

对此,销售人员十分不满。他们希望能有更多车型来满足更多客户的需求。他们想去满足亨利·福特口中那 5% 愿意向销售人员表达自身特殊需求的消费者,而非剩下 95% 对于产品没有任何个人想法的群体:

> 销售员们当然看不出单一车型给福特汽车的产量带来的好处。不过,他们对此也并不在意。他们觉得我们的产量没什么变化,一直都很不错,但关键问题是,售价降低将会影响销量,那些追求品质的客户很可能就此流失,再也请不回来了。

现在我们已然清楚地看到,销售人员的想法是完全错误的。福特坚持压低生产成本的做法卓有成效。[①] 他的低成本汽车和积

---

① 福特降低生产成本的策略并不触及职工的利益。他每天支付给每个员工的薪酬为 5 美元,这比市场行情要高两倍,以至于技术最好和工作热情最高的汽车技师都跑来为他工作了。

极营销策略获得了巨大成功。截至 1914 年,福特公司共售出 25万辆 Model T。到 1918 年,美国马路上一半的汽车都是 ModelT。1927 年停产时,这款汽车的总计销量达到了 1 500 万辆。

亨利·福特长期坚持降低成本策略,并从中收益颇丰。产量越大,每单位产品的生产成本越低。他还在规模生产的同时,不断改良装配线,以改善成本。这个灵感来自芝加哥的肉制品加工。"我的这个想法是受到芝加哥工厂在牛肉加工中使用的传送带的启发,"福特说。[4]在饲养场里,屠夫们各司其职,每头牲畜传送到自己面前时,他们就将自己负责的那一部分切割下来,直到最终所有的肉都被剃干净。福特仔细研究后,把类似的过程运用到了自己的产品生产当中,他给每个机械师都分配了一项专门工作,让他们站在属于自己的工位上,所有工作需要的零件和工具都在触手可及的范围内。结果是:1914 年,福特公司的 13 000 名员工生产出了 260 720 辆汽车,而其他同业的产量总和几乎和福特一家的产量相当(286 770 辆),工人数量却是福特的 5 倍(66 350 名)。

福特公司向外界表明,通过大量制造相同零件,一个企业可以将成本在大量产品上进行分散,并降低人力成本。对此,杜克大学福库商学院的约翰·M·麦肯教授评价道:"从此,以加速下降的成本大规模生产同一物品,成为经济上可行的方式,甚至可以说是必要的方式。"[5]

规模生产的发展带来了一个显著的后果。人们一致认为,福特宣称只生产黑色 Model T 是因为单一颜色可以使他的成本更低。(事实上,售出的 1 500 万辆车中只有 1 200 万辆是黑色的。)[6]所有的大型制造商都希望他们的客户需要完全相同的产品,这样单位成本可以有效降低。问题不再是能不能得到想要的产品,而在于支付能力和价格。为了赚钱,企业需要大量生产同质产品。他们开始试图让客户的需求来适应自己的产品,而非改变产品去迎合客户。在这种情况下,大众营销产生了。但在第二次世界大战结束后，当前形式的大众市场确立，尤其是在美国确立时，"大众营销"这个概念才正式产生。

战争期间，美国有超过 1 600 万人在部队中服役。以前生产日用品的工厂转而制造飞机、坦克、弹药、武器和一切进行世界大战所需的军备物资。男人们都奔赴战场，大量的妇女进入工厂做工，当时的经济就业充分，消费品供给却十分缺乏。没有东西能买导致储蓄率超高，高储蓄也作为一项战争融资手段为美国政府所鼓励。麦肯教授评论说："战争结束后，男人们回到家，由于大量的财富积累，全社会存在着极大的潜在需求。"

于是，受德国高速路的启发，在汽车和石油业大发展的背景下，美国开始大规模投资州际公路建设。短短几年之间，城市与城市、城镇与郊区都通过优质公路连接了起来。电子工业，特别是广播和电视产业，以战争时期的军事需求为契机，已经得到了极大改善。分离多时后的重聚，使年轻夫妇们迫不及待地释放思念之情，制造了空前的婴儿潮，并产生了对大众市场的强烈需求，包括大量的产品需求、大批商品运输能力以及往返购物中心的交通方式，以及廉价的广播和电视等大众通讯设施。

在很多方面，我们今天熟知的营销，如20世纪50年代保洁公司赞助的肥皂剧、穿插着广告的形式雷同的小时电视节目和赞助了杂志和报纸的全页广告等，都是建立在一个前提之上，即产品是固定的，营销的目标就是让消费者愿意购买同质商品。因为那是我们低价获取优质产品的最高效途径。

大众传媒是因广告客户而非消费者的需要而产生的。当消费者仍然担忧产品的可获得性，以及是否能在保证一定质量的情况下得到合理的价格时，大众营销对于企业经营是有所助益的。然而今天我们已不再被可获得性和价格问题所困扰。如果以极低的价格就能买到优质的产品，我们最在意的就变成了这种东西能给我们带来怎样的感受。

　　管理学家詹姆斯·吉尔默(James Gilmore)和约瑟夫·派恩(Joseph Pine)分别在各自的著作《体验经济》和《真伪》中探讨过上述现象。他们认为网络已将世界带进规模个性化定制的新纪元。购买戴尔计算机,对于任何组件,消费者都有多种定制选择;星巴克供应87 000种不同的饮料组合,顾客可以在全球各地的任何一家门店,挑选自己最想要的饮品,花不多的钱就能同时享受到个性化和标准化体验。[7]人们出门度假最关心的不再是打包行李,而是休闲体验,因为我们越来越清楚地意识到,一种事物给我们带来的感受才是我们购买决策的核心。消费者不愿再单纯为了省钱去购买和别人一样的产品,个性定制就是为消费者创造价值的过程。

　　当然,享受定制化也要付出一定代价。心理学家希娜·连格(Psycholoqist Sheena),以果酱为例,说明了当面对过多选择时,人们宁可一个也不选。她的实验是这样的,在旧金山的一家名叫Draeger的杂货店,为顾客们提供免费试吃的威尔金森牌英式果酱。每名试吃的顾客都可以拿到一张价值1美元的单瓶威尔金森果酱优惠券。其中一组实验是在一张桌子上摆放24种不同的试吃果酱,第二组只摆放6种。起初,连格想检验的假设是"选择越多越好",即种类多的桌子将吸引更多顾客,促销结果也更好。初始结果的确证实了这个假设。当果酱种类为6种时,进店的顾客中有40%停下试吃;而当种类为24种时,驻足试吃的顾客比例增长到60%,较上组实验提高了50%。

　　但当连格检查店铺流水,查看到底有多少顾客凭优惠券购买了果酱时,却发现了相反的结果。在有24种果酱的实验中,只有3%的试吃顾客最终购买了产品。而小样本实验中,这一比例翻了10倍,达到30%。综合考虑两组数据,当人们的选择余地较小时,他们购买产品的意愿比选择多时高6倍。连格的研究助理认为,拥有过多选择的顾客往往难以决策:

那些大样本实验中的顾客会比较迷茫。他们不停地试来试去,如果旁边有别人,他们还会一起讨论各种口味的好坏。基本上讨论到 10 分钟左右,大部分顾客都会空手离开。相反的,只面对 6 种选择的顾客很快就能决定最喜欢哪一种。他们大步流星地走到货架前,坚定地取下自己最爱的柠檬口味,然后继续选购其他商品。[8]

"看门人"角色缺失的环境会使我们面临的选择增加,但这样看来,选择太多似乎反而会导致销量减少。幸运的是,对于如何在提供大量产品和服务的同时,帮消费者消除消费决策障碍,连格提出了采取技术解决方案的建议,目前类似的方法已在网络世界中被广泛应用。她提出的建议是"条理有序"。将产品进行分类可以有效帮助人们作出选择。例如,连格发现,当类别增加时,即使产品的总量减少了,购物者仍会觉得自己拥有了更多选择。在一个宽泛的大标题下设置一个稍微具体的杂志类别,如"健康与健身"或"家居 & 园艺",可以使选择过程变得更高效更愉快。[9]

分类工作并不一定要由销售方来做。基于客户反馈的产品标签可以为消费者在网上商店中寻找理想的产品提供便利。亚马逊推荐引擎可以根据你的最近浏览记录提供一个推荐产品列表,以及"看过这件商品的人还买过"的清单。同时,我们仍像以往一样依赖"口碑",社交网络可以将"口碑"的效应乘数放大,并且,人们在 Facebook、Twitter、LinkedIn 或任何类似网页看到产品推荐后,只需动动鼠标就能轻松下单。连格提出的问题的确尖锐,但她同时给予了技术性解决方案。目前,科技领域正不断探索,在提供无限选择的情况下,如何使客户的决策更容易。

这里有一个矛盾点。大众市场产品的统治即将终结。科技几乎使所有商品都能以低廉的成本实现个性化,无论是 3 万美元的汽车还是 100 美元的玩偶,或是 10 美元的袖扣。无限货架空间的长尾意味着，只要一种产品存在，就能通过网络营销。T 恤衫制造商纯金炸弹（Solid Gold Bomb）自称已通过亚马逊平台售出了超过 50 万种款式的服装，每件含邮费价格在 20 美元左右。[10] 其中绝大部分是印有类似"Keep Calm and Carry On"这种标语的 T 恤衫。其实这些产品并不存在。当有顾客订购一件 T 恤时，衣服会被自动打印并邮寄出去。这些 T 恤衫的货架空间是无限的，且不需要任何运营资本，因为只有被订购了，它们才会被生产出来。[11]

《连线》杂志的主编凯文·凯利（Kevin Kelly）指出，在货架空间无限、大量产品可以极低成本储存的长尾世界中，会有两类赢家：一类是亚马逊和网飞公司（Netflix）等极个别的聚合网络；另一类是 70 亿的潜在消费者。"长尾对于创造者来说是把双刃剑。独立艺术家、制作人、发明者和制造商并不是新环境的受益者。长尾不能使创造者增长多少销量，却会带来大规模竞争和无尽的价格压力。"[12]

有个办法可以解决这一问题，那就是我们必须转变观念。处于长尾后部时，应当避免一味坚持产品销量，而要首先思考自己的产品能给消费者带去怎样的感受，而后凭借个性化、自我展现和稀缺性增加产品价值。这便是发现和开拓缝隙市场的方法。我们可以感受到，小众市场、个性化、对真实和体验的追求正在萌生。矛盾点就是，互联网给予了碎片化市场生存的可能。借助互联网，戴尔可以成本有效地制造定制化个人电脑，纯金炸弹可以销出 50 万件 T 恤衫。是互联网开启了小众时代，开启了定制化时代。

但它同时也使原本强势的事物的地位得到了进一步巩固。


1977 年 12 月 25 日，2 800 万的英国人吃着火鸡，拆着礼物，收看着女王的演讲。再晚一些，他们窝进扶手椅和沙发，同时开始观看《莫克姆和怀斯秀》。[13] 埃里克·莫克姆（Eric Morecambe）和欧尼·怀斯（Ernie Wise）是英国最受喜爱的表演搭档。搞笑的高个子和直率的矮个子一起表演的电视节目有时像小品，有时又有点儿像是边唱边玩杂耍的情景剧。

这对搭档相识于 1941 年，那时他们都从事综艺娱乐工作。《莫克姆和怀斯秀》于 1968 年由 BBC 推出，一经问世便迅速成为全国最受欢迎的电视节目之一。直到今天，这个节目仍极受爱戴。2000 年，英国电影协会内部票选英国有史以来最佳电视节目，[14]《莫克姆和怀斯秀》名列第 14 位，排在它之前的有《黑爵士》、《荒唐阿姨》、《只有傻瓜和马》以及《神父泰德》等（第一名是《弗尔蒂旅馆》）。2006 年，一个为庆祝英国首家商业广播公司 ITV 成立 50 周年而制作的电视节目，通过观众投票，将莫克姆和怀斯评为英国最受喜爱的电视明星第二名（仅次于大卫·杰森）。

1977 年，不仅是这个组合的名气达到了顶点，《莫克姆和怀斯秀》作为一个电视节目的热度也达到了前无古人后无来者的程度。虽然准确的收视率数据尚存争议，但毫无疑问至少有 2 100 万，甚至高达 2 800 万人在 1977 年的圣诞夜，同时收看了同一个电视节目。考虑到 1977 年英国的总人口大约为 5 600 万，那么几乎半数人口都观看了那场脱口秀。

时至 2012 年，英国人口已经增长到 6 300 万。这一年收视率最高的节目——奥运会闭幕式的观看人数约为 2 450 万人。[15]如果剔除所有的一次性特别活动（奥运会开幕式和闭幕式，女王的钻石禧年，以及 2012 年三项欧洲足球锦标赛），最受欢迎的电视节目榜单的头名要数《英国达人》的总决赛，收视人数高达 1 310 万，但尚且不足《莫克姆和怀斯秀》记录的一半，仅占英国总人口的 1/4。这是市场碎片化、增多的选择（如新型地面频道、付费有线电视和卫星电视、越来越多的免费频道，更不必说各种非电视娱乐体验）分散了观众的一个典型实例。这一切使缝隙市场得以发展，并给广播公司和电视节目制作人的盈利和生存带来了巨大挑战。

事实上，市场分散远比想象的更严重。我们发现，观众被更多的频道分散了；被可以自由安排的娱乐时间分散了。起初是家庭录影机，现在是个人视讯记录器、回放电视和 Netflix 等流媒体服务器，都能让我们随时收看各种节目。同时，观众也被各种商业模式分散了，消费者如今越来越倾向于集中观看一整部剧集，为此，他们可能会花钱去买盒装光碟，或从 iTunes 及其他流媒体上以按集付费或会员订阅的方式下载来看。

但是，分散化同时也会创造新机遇。《洛杉矶时报》的电视评论员罗杰·劳埃德就将电视行业发生的变革看作是新机会的创造过程：

> 如今，电视节目的受众范围明显缩小了，但观众的整体质量，即他们对节目的热衷程度大大提高了，小众化的电视节目能以与流行音乐类似的方式，激发起观众的主体意识和情景带入感。具体到不论是《绝命毒师》还是《美少女的谎言》，《神秘博士》还是《危机边缘》，《开心汉堡店》还是《探险活宝》，瑞秋·梅道还是吉米·法隆，《美国之声》还是《绝望主妇》，都能给其专属观众带来某种象征身份的认同感，这种感觉与人们在追捧地下丝绒乐队、史奇雷克斯或阿拉巴马雪客乐团时所得到的感受十分类似。今天，各种流行音乐和电视节目五花八门。随着线缆和有线电视走进千家万户，需要有更多的独立或备选的电视元素来丰富主流内容。[16]

人们与电视这种事物的关系正在悄然变化。我们已经不再被局限于小小的客厅里，与所有的家人和朋友共同分享一台电视机，在为数不多的几个频道里换来换去，甚至不需要被局限在任何一个特定的房间里。听音乐的方式经历了从留声机，到晶体管收音机，再到随身听和 iPod 的一系列进化。电视正朝着可携带和个人化的方向发展，我们可以选择在任何时间任何地点收看节目。

BBC iPlayer 服务的用户中，有 30％是使用智能手机和平板电脑来回看节目的，且这一比例还在不断攀升。[17]

"任何一部电视剧的生命——在这个复刻极为容易的时代，其实可以称其为'电视的多渠道收看时间'——都可能被无限延长，"劳埃德说。"这与用以满足并依赖大众口味的传统联合运营模式有些类似，但又截然不同。"即便是电视，这种最后的大众媒体，也在慢慢小众化。

大众市场的终结和社交媒体的兴起改变了我们对很多事物的态度。音乐品味决定了一个人的气质。读书时期，如果被邀请到别人的家里做客，大家通常会偷偷地看看架子上排列着的 CD，来判断这个朋友是不是和自己志趣相投，有没有和自己成为长期密友的可能。现在的学生们都随身携带 MP3，并能以各种合法不合法的方式接触到海量音乐。所以，搜集了多少音乐并不重要，人人都能得到。重要的是"发现"音乐。与之类似，以往电视一直是种共享的娱乐方式，人们都会在同一时间收看《家族风云》、《莫克姆和怀斯秀》和《神秘博士》。今天，电视依然具有共享的特征，但又新增了时间自由安排、复刻碟片等新的收看途径，你可以在任何时间收看你想观看的节目，而不是被牢牢地束缚在那张节目安排表上。

小众市场正在兴起，而大众市场也仍未衰落。就如我们刚刚提到的，奥运会和女王钻石禧年以及重要体育赛事的转播仍能收获大票的收视率。甚至是英国最受欢迎的室内节目《英国达人秀》，也在顺应时代的发展，电视真人秀的结果一旦被广泛知晓，节目效果就会大打折扣。除去电视真人秀、体育和特殊事件之外，收视率排行榜的前 20 名只剩下了两个席位（电视剧《加冕街》以及年代剧《唐顿庄园》的单集最高收视率）。

当然，我们其实可以将所有特殊事件排除在外。广播电视往往是在做最为擅长的工作时收获最多的观众，如在事件关注度最高的时候,为观众提供实况转播和共享文化体验。大事件转播和真人秀节目是广播电视业的一种优势,它们一如既往地掌控着人们黄金时间的娱乐休闲,成为人们日常生活中,乃至各种社交网络上的谈资。

生活中存在着大量"强者更强"的例子。2012 年全球娱乐圈最红的明星要数 34 岁的韩流歌手 Psy,他的音乐录影带《江南 Style》在 YouTube 上的点击播放次数累计超过 10 亿次,并有 600 多万的 Facebook 粉丝,[18] Facebook 和 Twitter 转发量分别超过 2 500 万和 120 万次。Psy 进行了世界巡演,还曾亲自教布兰妮·斯皮尔斯、麦当娜和联合国秘书长潘基文等名人跳骑马舞中的标志性动作。我和两岁的小儿子也都超级喜欢这段舞蹈。

Psy 在此之前出过 5 张专辑,都没能成功在全球听众中激起什么波澜,对于今天的成功,他很淡然:"我并不称此为成功。这只是一种现象。我其实并没做什么。是大家成就了它,而不是我。所以如果我再出新歌的时候,大家不像今天这样去追捧了呢?"[19]

《江南 Style》蹿红为全球热点的速度着实让人惊叹。一个好作品恰巧在对的时间击中了人们对通俗娱乐的需求,作品的火花遇到了作为催化剂的社交媒体,于是,《江南 Style》之风迅速席卷全球。强者更强了。


2008 年 5 月,美国游戏厂商 Take Two 发行了近年来该公司最畅销的视频游戏《侠盗猎车手 4》。仅过了一周,公司便宣布该游戏已打破历史所有娱乐产品首发销售纪录。[20]《侠盗猎车手 4》发售首日的全球总销售量为 360 万,实现零售额 3.1 亿美元。一周之内,销量约达到 600 万,估计总营业额价值 5 亿美元。

2009 年 9 月,好事轮到了美国动视公司(Activision),该公司宣布旗下游戏巨制《使命召唤:现代战争 2》创造销售新纪录。发售的前五天,营业额达到 5.5 亿美元,创造了娱乐产品销售的历史。《现代战争2》同时打破了包括娱乐产业所有电影票房、书籍和视频游戏在内的首日和前5日销售纪录。其中包括，《哈利波特和混血王子》和《蝙蝠侠前传2：黑暗骑士》等热门电影的前五日全球票房（分别为3.94亿美元和2.04亿美元），以及由《哈利波特和死亡圣器》创造的发行首日图书销售最高纪录（2.2亿美元）。[21]

2010年，动视公司再度实现突破。紧随《现代战争2》，该公司又推出了《使命召唤：黑色行动》，这款游戏上市前五天的总销售额达到了6.5亿美元。[22]之后2011年的《使命召唤：现代战争3》再次以7.75亿美元的成绩刷新了同系列产品保持的5日销售纪录。[23]

你可能认为，这些成功意味着游戏产业仍然生机盎然。但是你错了。更准确地说，如果你指的是那些在专卖店里售卖的，需要在大型个人电脑和Xbox360、PlayStation3这种家庭游戏机上运行的盒装游戏，那么你的判断是错误的。

2010年11月，就在动视公司雄心勃勃准备继续刷新《使命召唤：黑色行动》的销售纪录时，（迪士尼的首席执行官）鲍勃·艾格（Bob Iqer）宣布他的公司将"很可能削减对于传统机动游戏的投资，因为人们的消费习惯正在改变。"[24]他们关掉了之前收购的多家在机动游戏方面极具专业优势的工作室，将经营目标转向手机、平板电脑和在线游戏。这类游戏大部分都是免费的，但玩家可以花钱进行版本升级或购买虚拟道具。2012年3月，英国最大的视频游戏经销商GAME陷入严重的经营困境，并接受了重组。上百家门店关门停业，数千名员工失去了工作。[25]就发行商THQ来说，其年收入一度达到10亿美元，但年利润仅为6 800万美元，[26]2012年下半年，该公司正式宣布破产。[27]

根据长期追踪游戏零售业的市场调研公司NPD的数据，2008年是游戏业的高点，从这一年开始，行业的整体零售业绩逐年下滑。[28]在动视公司和Take Two相继打破销售纪录的同时，市场悄然改变。就如电视和《五十度灰》等畅销图书一样,强者更强,其分割的市场份额也越来越大。

与此同时,对于执拗地希望自己的游戏有价格作门槛的守旧派和希望以更低的门槛让更多玩家看到游戏的创新派,他们都觉察到游戏的途径比以往增多了。独立游戏开始在 Steam 和 Kongregate 等游戏平台上繁荣起来。手机游戏的质量在不断改善,如今大部分人的口袋里都像揣着一台优质游戏机。Facebook 的存在,把一群从没玩过游戏的人变成了《开心农场》和《玛菲亚战争》的追随者。Jagex、Bigpoint 和 Gameforge 等游戏开发商通过推出只需要一个网络浏览器就可以进行操作的游戏,收获了大批忠实粉丝。

市场正在两极分化。最大众的东西越做越大,小众化正在兴起,而中间市场不断被挤压,以至于几乎难以生存。

我们所熟识的传统大众市场正在走向消亡。但那些能够引发所有人共鸣的全球热销品、重要体育赛事等文化盛宴、《X 音速》决赛等真人秀节目,以及巨制电影和游戏等,仍将拥有市场。同时,我们也能越来越多地看到以吸引个体为目标的小众化产品。这些小众产品并不一定要非常小。《神秘博士》是一种小众,《实习医生格蕾》也是。同样大多数的音乐、游戏、书籍和电视节目都是。

最大的变化是,如今你并不需要非得让自己的产品实现大范围热销。你可以仅将业务建立在真正喜欢你所做的一切的少数群体之上。这是对上百年来支配商业活动的基本假设的彻底颠覆。人类已然推翻了可称之为"物理暴政"的商业模式,新的机遇正迎面走来。

# 5. 物理暴政

罗伯特·潘兴·瓦德罗（Robert Pershing Wadlow）是人类历史上个子最高的人。1918 年，他出生于美国伊利诺伊州的奥尔顿，8 岁时，身高就达到了 6 英尺 2 英寸。瓦德罗患有脑垂体缺陷症，导致生长激素的分泌水平大大高于常人。成年以后，他的骨骼仍然没有停止生长。英国男性和美国男性的平均身高分别为 5 英尺 9 英寸和 5 英尺 9.5 英寸。1940 年，年仅 22 岁的瓦德罗因患传染病去世，当时他的身高为 8 英尺 11 英寸，相当于超出了平均水平的 55%。①

人类历史上最矮的人名叫钱德拉·巴哈杜尔·唐吉（Chandra Bahadur Dangi）。1939 年，他出生于距尼泊尔首都加德满都 400 余英里的一个偏远村庄。他的身高只有 1 英尺 9 英寸，仅为英国男性平均身高的 30% 左右。

著有《随机致富的傻瓜》一书的著名思想家纳西姆·尼古拉斯·塔勒布（Nassim Nicholas Taleb），在"人类难以准确衡量风险以及不确定性对于世界的影响"这一问题上，颇有见地，他将被物理极限所支配的领域称为"平均斯坦"。平均斯坦指的是受物理条件所控制的世界，是空间的世界，是遵循钟形曲线的世界。相信大

---

① 有这样一个不广为人知的现象，身高超过平均值的人通常能十分准确地说出自己的身高，而身高低于平均值的人几乎不知道自己到底多高。我想我应该在 5 英尺 8 英寸左右。

家在学校的数学课上都学过高斯分布（正态分布），对钟形曲线并不陌生。如果我们能将世界上所有的成年非洲象一一称重，并将它们的体重标示成图线，我们会发现，几乎所有记录点都将集中在一个中心数字附近，这个中心数字就是均值，也就是我们通常所说的"平均数"。图线近似一个钟形，于是以此命名。在这条曲线上，大多数的大象体重聚集在中心附近，意味着它们的体重与均值相差不多，体重数值越偏离中心，曲线下降越快。我们很容易发现，大部分的非洲象体重都在均值附近，体型特别大和特别小的都很少。正态分布的中心前提就是，大多数观察对象都徘徊在中游，也就是均值附近。离均值越远，越难找到样本。用专业术语来说，就是"随着远离平均水平，偏差的概率会下降地越来越快（指数下降）"。[1]塔勒布以人的身高均值为例说明这一现象。他假设美国人的平均身高为 1.67 米或说 5 英尺 7 英寸。那么，身高为 1.77 米（5 英尺 10 英寸）以上的概率为每 6.3 人中有一人。身高超过 2.27 米（7 英尺 5 英寸）的概率为 10 亿分之一。

换句话说，当你生活在平均斯坦中时，有人告诉你某种东西的平均值为 1.67，你可以十分自信地认为这种事物中的大多数都在 1.67 左右。瓦德罗和唐吉则代表了最极端的情况。只要稍稍瞟一眼，你就会立刻发现他们的与众不同之处。在平均斯坦中，微小的差别看起来都会十分不同。由于我们的身高基本上全部紧密集中于均值周围，因此一个 6 英尺 9 英寸的人通常被认为非常高大，4 英尺 9 英寸就显得非常矮小。

均值，其实是极具误导性的词语。对于那些试图去理解"当物理特征逐渐被数字特性取代后，世界将如何运转"这个问题的人来说，"均值"一词很可能会带来许多麻烦。为了对在学校里痛恨数学的读者表达歉意，我先来简单介绍一下三种平均的类型：均值、中位数和众数。

所谓众数，指的是一组数据中出现最多的数值。举个例子，我们将所有英国男性聚集到一起，并让他们分组站好。每个人按自身情况，加入精确到英寸的身高组。5 英尺 9 英寸的站在一起；5 英尺 8 英寸的分为一组；5 英尺 10 英寸的归为一类，以此类推。人数最多的那一组的身高就称为众数。[1]

中位数则是另一个概念。我们将 3 000 多万的英国男性按身高从低到高排列。站在队列最中间的人的身高就是全体英国男性的身高中位数。

均值是我们最熟识的一种平均概念：将所有英国男性的身高相加，除以样本中的总人数。在这个例子中，我们已经知道，答案是 5 英尺 9 英寸。[2]

我们很难全部得到英国男性身高的众数、中位数和均值。通常，均值是引用最为广泛的统计数据。我大胆地猜测，众数、中位数和均值可能是一样的。我可以十分肯定地说，英国男性身高的三个平均指标值都位于 5 英尺到 6 英尺之间。平均值聚集在一起，是高斯分布的重要结论，它就像是一把滤镜，很大程度上，我们是透过它来了解整个世界的。然而，这把滤镜只适用于平均斯坦。为了说明这个成果的危险性，我们再来看一个存在于极端斯坦的事例。

财富并不受重力或人体生物学等物理规律的控制。财富的分布是极为分散的。英国家庭的财富中位数为 23.2 万英镑（35.7 万美元），[2]其中包括财产、现金、投资和养老金。[3] 我不太清楚英国最穷的人有多少财富，但为了更加明了地说明问题，我们姑且认为他们的财富为"0"。

---

① 虽然我手上只有平均身高的统计数据，但我猜想英国人身高的众数大约为 5 英尺 9 英寸左右。

② 我仍然大胆猜测，众数为 5 英尺 9 英寸。

③ 要注意，大多数人并不将养老金算入净资产，因为这部分财富将一直被锁定到退休。如果你认为 23.2 万英镑听上去是个很大的数字的话，你必须认识到，这的确是笔不小的资产，但是年收益非常非常低。

英国最富有的人是全球最大钢铁制造公司 ArcelorMittal 的董事长兼 CEO 拉克希米·米塔尔（Arcelor Mittal）。据《泰晤士报》估计，他的总财富值约为 127 亿英镑（195 亿美元）。[3] 拉克希米·米塔尔的财富超过英国平均值的百分之 600 万（62 254 倍）。与此同时，美国的人口普查报告显示，2011 年，美国家庭的财富中位数为 68 828 美元。[4] 根据福布斯杂志的调查统计，美国最富有的人是微软公司的创始人比尔·盖茨（Bill Gates），2012 年，他的总净资产为 660 亿美元。比尔·盖茨的财富值几乎相当于中位数的100 万倍（958 912 倍）。①

因此，我们可以看到，历史上身高最高的人比英国男性平均值高出 50% 左右，而英国最有钱的人（还算不上全世界最富的人）比英国平均值要富有 6 万多倍。这就是平均斯坦和极端斯坦的区别所在。

最值得关注的是，所有产品可以被数字化的企业都在从平均斯坦向极端斯坦移动。在平均斯坦中，如果我说每个玩家在一款游戏上的平均支出为 20 美元，你可以合理地猜测大部分玩家的实际支出都是 20 美元。少数会花费高达 30 美元或低至 10 美元，几乎没有几个人的花销会超出这个范围。我们还可以推测均值、中位数和众数基本都是差不多的金额，并且这种猜测基本会是正确的。

然而，在极端斯坦，便很有可能完全错误。我们来看一个例子，德国公司 Bigpoint 是网页游戏的领军者，所谓网页游戏，指的是不需要任何专门的技术，也无须漫长的下载，就能直接在 IE、Chorme、Safari 或 Firfox 等浏览器上玩的网络游戏。这家公司有三款特别成功的游戏，分别是太空游戏《黑暗轨迹》，海岛游戏《海

---

① 注：美国的财富数据中位数不包含养老金和人寿保险，以及家居用品和珠宝，因此不能直接与英国进行对比。

战》和农场游戏《开心农场》。2009 年,该公司凭借 1.3 亿的注册用户,实现营业收入 6 000 万欧元(8 500 万美元)。[5]许多媒体工作者可能都会立刻得出结论:Bigpoint 的用户平均收益约为 50 分。

这是事实不假,但这种说法颇具误导性。真实情况是,Bigpoint 公司 80% 的收入,即 4 800 万欧元(6 800 万美元)来自仅仅 23 000 个玩家,这些玩家的平均支出为 2 000 欧元(2 800 美元)。Bigpoint 的用户并不符合平均斯坦的高斯分布。小部分的极端值可以对平均值产生重大影响。众数、中位数和均值完全不同。

为了理解上面的文字,让我们继续深挖。假设一个玩家可以对一款游戏投入任意金额的钱。大多数人将在他们进入游戏时,不得不支付最小金额(假定是 1 欧元)。因此,众数,即选择人数最多的支付额为 1 欧元。如果我们将所有玩家,按他们在这款游戏上花费的金额大小进行排队,其中一些用户的支出超过 1 欧元,因此你可能会预计中位数——位于这个有序队列中最中间的玩家的支付额——也许将大于 1 欧元,但是,众数组庞大的用户数量一定会让中位数维持在最低点。

另一方面,我们已经知道在《黑暗轨迹》游戏中,事实上只有极小部分玩家进行了大额投入。他们的存在对于中位数和众数基本不会产生影响,因为这两种平均指标都只计算各数组的人数,并不关心用户支付的金额。但大额玩家对于均值的影响却极为明显。一个支出 20 000 欧元的玩家对于均值起到的作用,等同于 20 000 个支付 1 欧元的玩家共同的作用。

在传统模式中,如果有人告诉你一个游戏公司拥有 10 000 个用户,且他们的平均支出为 20 欧元,你可以合理地推测大部分人的实际支出都是 20 欧元。而在新模式中,这个轻易说出的答案一定是错的。更加可能的情况是,90% 的人一分钱没花,另 10% 的玩家的平均花费为 200 欧元。但要注意的是,即使是这个新的平均值也暗藏玄机,其背后隐藏着属于新模式自己的分布曲线。

从经济学角度讲,极端斯坦是能力法则,即巴莱多定律统治下的国土。巴莱多定律是指,在任何事物中,80%的回报和成效,取决于约20%群体的努力。而这种能力法则,就是"曲线"的核心。

"曲线"理论是伴随物理暴政的消亡而诞生的。

比特和原子截然不同。许多人都难以抓住它们的根本区别。用实体材料制造产品,并将它们在物理世界中进行运输,通常会消耗大量资金。而对于数字产品而言,制作副本以及在全球范围内分销的成本正不断降低,变得越来越微小,微小到几乎可以视为"0"。克里斯·安德森认为,数字世界中的成本由三种要素构成——处理能力、存储和带宽,今天,它们都已如此便宜,我们甚至能够视其为"可以忽略不计"。这种情况已然发生在应用程序领域,当然,这归功于苹果公司承担了一切成本。随着这三种成本持续下降,电子产品的免费共享将越发容易。边际成本将趋于"0",伯特兰德竞争会驱使产品价格降至边际成本,也就是"0"。然而,成本下降的结果并不仅仅是分销成本收缩,更意味着更广泛地接触受众,以及物理暴政的毁灭。

当听到像我一样的人们谈论着"实体产品的终结将为新型销售模式创造空间"时,批评家们通常会回应说:"哎,你完全误解了产业成本模型,当创造和分销实体产品的物理成本只占机构成本结构的一小部分时,降低这一小部分成本对于整个公司的财务状况来说根本无足轻重。"

的确,制造的物理成本并不高,但是这种说法完全没有抓住重点。物理暴政并不强调制造的物理成本,而在于整个机构下大赌注所带来的严重后果。

生产实体产品所产生的成本极其巨大,远远超过实际制造成本。这些成本包括运输、仓库实物存储,以及追踪和管理存货所必需的 IT 系统等等。一旦仓储的产品长时间积压待售，企业为生产产品所支付的大额资金便迟迟不能回笼，即便售出，也可能需要等待更长的时间才能从零售商处收到货款。成本还可能包括管理和处理退货的资金。在决定应该生产多少产品、销往何处，以及以多大的规模销售等问题中，企业往往面临许多困难和挑战。他们通常会对机制设计进行相当大额的管理投入，尽量减少出错的风险。

这就是物理暴政。最令人费解的是，为了降低风险，企业却提高了风险。更准确地说，为了降低经营风险，即产品卖不出去的风险，多数企业增加了自身的财务风险，即一旦最终产品依然滞销将带来的损失额。有时，这种做法算是种理性投资。其他时候，额外的资金支出仅仅是在传统模式下，高管们为了证明，他们为确保产品销量投入了大量资金的一种后援支持手段。无论如何，财务风险确实提高了。

这种情况的发生很好解释。我们来思考一本书的出版流程。在数字出版时代，发表一本书只需要一个文字作者和一台网络连接设备来将书稿上传到亚马逊或 Smashwords 等网站。作者也许觉得如果能有专业编辑帮忙审阅，自己手稿的最终效果会更好。于是，她自掏腰包去请编辑。她的经营风险——书销不出去——有所下降，但财务风险提高了，因为她已经先行支出了几百甚至上千美元。她可能认为只用 Photoshop 画个封面还不够，便聘请图像设计师为图书设计一款专业的封皮。她的经营风险——书籍营销不出或潜在读者只看了一眼封皮就认定花钱购买这本业余的读物并不划算——下降了一些，但她的支出也变多了。她还可能希望为她这本书做做广告或花钱请营销机构协助推广。每一次，她试图降低图书可能卖不出去的风险时，她所面临的资金风险都随之提高。

我们再从一个大出版商的角度来考虑。这个出版商需要决策到底要花多少钱进行营销，要以何种程度的努力向零售商推行一本书。同时，每本书都有机会成本，即选择出版这名作者的这本书，出版社出于财务或能力限制就必须放弃出版其他图书，以及出版其他图书可能获得的收益。因此为了确保只有最好的图书可以拥有出版机会，出版社设置了一系列审稿流程、审稿委员会和授权程序。然而这些流程和程序都不是免费的。于是我必须重申，每一次试图降低经营风险都会提高财务风险。

在游戏出版业，涉及的财务风险就更大了。《现代战争2》的开发成本为5 000万美元，但总预算还包括营销、分销、制造和向Playstation和Xbox等公司支付的平台发布特许使用费等等，所有成本加起来超过2亿美元。[6]这样看来，游戏产业和电影业有那么多续集和类似的创意就不难理解了。

物理暴政正在走向终点，并使新的模式和机遇不断涌现。这对于那些已经在平均斯坦中发展出了减缓经营风险的流程和专业机制的现有机构来说，是个不小的威胁。毕竟他们已经习惯了自己"看门人"的角色和拥有的相关权力，但这种格局将迅速瓦解。


亚历克斯·戴是一个不走寻常路的娱乐明星。他身后没有唱片公司和经纪人，他的歌也不会在广播里播放。然而在YouTube上，他拥有64万的粉丝，他的视频播放量已超过1亿次。他还保持着英国自由艺人在最畅销歌曲排行榜上的最高排名纪录。

2011年11月11日，戴发布了新歌《Forever Yours》，并将这首歌称为"人人都会随之摇摆的简洁而伟大的舞曲"。[7]与此同时，他还发起了一项积极的推广活动，让他的YouTube粉丝军团去大量下载、分享和传播新曲，其目的并不仅仅是为了给这首可以在YouTube上免费观看的新歌MV造势，戴的终极目标是借此以自由艺人的身份登上圣诞节歌曲畅销排行榜的榜首，这将是史无前例的成就。

为了实现这个目标，戴动了点小聪明。英国官方排行榜公司在统计销量时存在一个漏洞,同一首歌的多个版本销售都会算入销量,用以决定排名。如果他同时发行原声带、现场版、小样等多种版本,假设他的粉丝会购买其中五种,那对于排行榜统计器来说,他们就是买了 5 次《Forever Yours》。粉丝们得到了 5 种不同版本的新歌,而戴收获了上升的排名。[8] 为了避免被人冠以圈钱的罪名,戴承诺将各种附属版本的销售额全部捐赠给慈善机构,主要是捐给长期致力于解决第三世界贫困儿童问题的慈善组织"世界宣明会"。

2011 年 12 月 18 日,戴为成为圣诞节排行榜头名而发起的宣传活动达到顶峰,仅通过 iTunes,《Forever Yours》的销量就达到了 1 万。圣诞节前一周,《Forever Yours》在英国官方排行榜公司发布的英国单曲榜单上名列第四,仅落后于单曲销量超过 50 万的电视节目合唱团"军嫂合唱团"、《X 音素》节目冠军"小混混"(116 000)和驴子多明尼克(92 731)。《Forever Yours》甚至超越了酷玩乐队,该乐队凭借单曲《Paradise》单周销量超过 5 万的成绩位列畅销榜第五位。那一周,戴的这首单曲在全球范围内实现了近 10 万的销量。

虽然最终戴并没有登上排行榜首位,但他仍然打破了自由艺人在单曲销量排行榜上的排位历史纪录。(他还同时创造了英国官方排行榜问世 59 年以来,排位下滑最快的纪录。圣诞节后的一周中,《Forever Yours》的销量仅为 4 938,榜单排名迅速跌落至112 位。)[9] 英国官方排行榜公司的马丁·塔尔博特说:

圣诞节前的那一周通常是全年销售竞争空前激烈的时点,因此,完全不借助任何传统唱片公司的力量就能够跻身Top10 榜单,造成如此大的影响,真的很令人钦佩。《Forever Yours》绝对可以称得上是我所见过的自发行的音乐作品中最成功的一首。英国官方排行榜的排名依据是销量,而且只是销量,因此,那一周亚历克斯的成就真实反映了他的粉丝军团的热情,当然,也反映出了社交媒体的力量。[10]

戴并不排斥唱片公司。他十分希望得到公司的协助,但是他发现似乎那些唱片公司并不懂得该如何与一个已经凭借自己的音乐闯出一片天地的艺人开展合作。"我想他们更希望你是一个与唱片公司面对面时略显拘谨,等待公司帮你改变命运的无名小辈。所以当我发问,'你们能帮我做什么呢?'他们便无言以对了。"

戴说他更希望唱片公司能把他们所能给予的东西说在前头。"如果他们说,'你就继续做你一直在做的事,我们负责让你的音乐上广播节目,然后收益我们分两成,'就挺好的。如果他们愿意负责他们最擅长的事,同时允许我继续做我最喜欢的事,就再好不过了。'你已经建立了自己的网络,继续做下去吧!'这样,每当完成一首新歌,我就可以立刻打开机器操作上传了。"

戴可能并不是你们心目中典型的明星形象。他高高瘦瘦的,顶着一头乱发,随时带着极具感染力的笑容。他最初的成功来自YouTube。戴的父亲给他买了一台手持录像机,而后他开始将热门电影里的精彩段落编辑到一起做成视频,再在片子顶部添加一些鬼马的玩笑话。戴说这些视频"有点像《哈利希尔的电视显灵板》,但是评论内容是电影。"朋友和家人都很喜欢这些作品,但戴希望让它们去接受严苛的观众的检验,于是,他将这些视频上传到了 YouTube。事实证明,他获得了成功。

之后,戴又开始制作只需一个小时就能完成的短篇视频日志,与以往那些要花费好几周的时间才能做好的电影评论视频相比,这种作品十分省事。并且,观看量并不比电影评论少。在这个过程中,戴还了解到了版权的概念。他将原本的电影评论撤下,从此以后只上传视频日志。同时,他也创作歌曲,每写出一首新歌,他都会立即上传到网络。

戴 18 岁中学毕业时,面临着人生的重大抉择。他的父母早年离异,如果他不再接受全日制教育,他的母亲就不能再拿到他的抚养费。他要么继续读书,要么必须找个工作分担家里的经济压力。起初,他进入大学研修哲学。("我对这东西实在没什么兴趣。")后来,他在丽晶街的苹果商店干过 6 个月。("我被开除了。")

"我对妈妈说'你已经看到了,我对这些东西都不感兴趣,我能不能以我自己的方式试一试?'"妈妈给了戴一年的时间去证明他能够凭借在 YouTube 上做的事养家糊口。2008 年 8 月,戴暗暗给自己定下了目标。2009 年 7 月,戴发行了自己的第一张专辑。那时,YouTube 刚刚启动合作计划,与播客们共享视频带来的广告收入。

"我开始能够赚到足够的钱去填饱肚子,而不再需要妈妈的接济。"第一桶金是从 YouTube 来的,数额不大,每次也就 100 英镑左右。到了 2012 年,戴的情况开始越来越好。这一年,仅凭音乐下载,他就入账超过 10 万美元。"那时候,每个月大概能有6 000—7 000 英镑的收入吧。《Forever Yours》发布后,一周内,我卖出了 10 万份,每份收入 50 便士。"虽然《Forever Yours》的绝大部分销售额都捐给了慈善机构,但剩下的作为生活保障也足够了。根据《Google 条款和条件》,戴不能公开他在 YouTube 上的收入,但他表示,音乐销售额占到他全部收入的 75%。"《Forever Yours》之前,比例五五开,现在我的收入更加依赖音乐销售。"他目前与 Shine 集团的子公司 Channelflip 合作,这家公司帮他提高了在 YouTube 上的广告收入,这是音乐销售之外,戴的最主要收入来源。

戴并没有像传统音乐人一样,通过在酒吧和餐厅演出来建立粉丝群。他选择运用互联网这种全球发布平台来接触听众。"我以前办过演唱会,而且做得不错,我自己也十分享受那种现场表演的感觉。我很少做现场,仅仅是因为 YouTube 的平台实在太广阔

75

了。如果我宣布要在某个城市开演唱会,不在这个城市的歌迷就会生出许多抱怨,他们会问'为什么不来我们这里演出呢?'所以,除非我有足够的能力在大部分地区进行巡回演出,否则我不会办现场会的。于是,我一直用 YouTube,而不是通过在酒吧里举行见面会来与粉丝接触。"

戴已经借助 YouTube 建立了约 60 万的庞大听众群。但他并不把这些人都视为超级粉丝。"是有 60 万人在看我的视频听我的歌,但我的专辑远没有销出那么多。2012 年 12 月,我发行《Stupid, Stupid》时,曾公开寻找愿意花时间帮我推广单曲的歌迷,想借他们的力量将这首歌打入排行榜前列。我请有意愿帮我的听众发邮件给我,并最终收到了 2 500 份左右。我十分感谢这些热心歌迷,但这个群体的数量和 60 万比起来,实在太少了。我想,这 2 500 个愿意牺牲自己的时间来支持我的歌迷就是我的超级粉丝。"

戴是新生代音乐人的代表。他担心的是,管理而非创作将消耗大量的时间。"有时,我感觉自己已经不是一个专业音乐人了,而是专门回复邮件的写手,音乐只是个爱好而已。"他在自己的卧室里,将制作精良的流行歌曲、搞怪视频和在线娱乐个人秀分享给全球的观众。23 岁时,戴已经收获了一大批支持他的事业,并赋予他优裕生活的粉丝,即便他们每年在戴身上花费远达不到 100 美元。戴没有请任何唱片公司或经纪人帮自己打理事务。他清楚地知道经纪服务可以带来很多好处,但他一直没有找到适合自己的公司或经纪人。亚历克斯·戴是"看门人"角色消失的受益者。他能够通过内容创作、分享和与听众建立密切关系来慢慢地获得越来越多的粉丝。但唱片公司和经纪人在管理、巡演、营销和与广播出版业的联络等方面的优势,都是戴十分重视并盼望得到的。问题在于,戴希望能够按照他的意愿和条件进行合作。然而,所有的唱片公司都还没有适应创作人和"看门人"之间的力量关系变化。想要在 21 世纪生存下去，他们都必须适应，且必须抓紧适应。

　　"看门人"可以为大众抵挡垃圾内容的狂潮。这是对于亚历克斯·戴的实践进行批判的批评家们的主要论调。社会需要图书出版商、唱片公司、电影工作室和电视广播公司，来确保人们可以得到信息量大、有教育意义和娱乐性强的高质量文化产品。没有发行人，人们将被淹没在儿童暴力视频，以及情节低俗、角色不清、语法混乱的恶俗言情剧和自我感觉良好的青少年们五音不全的歌声里。凭借策展功能，发行机构可以保护大众不被杂乱无章的文化所侵蚀，因此，其存在对整个社会来讲意义重大。

　　然而这种描述未免过于自我美化，并将"看门人"的角色过度理想化了。"看门人"的存在是为了赚取金钱。物理暴政下，由于生产、发行和分销内容的财务风险非常高，"看门人"的工作就是寻找一切方法将运营风险降到最低。大型发行出版公司通常主要将资金投向名人自传和知名小说家的作品续集，如格里沙姆（Grisham）、帕特森（Patterson）和 E. L. 詹姆斯（E. L. James）等，因为这些作品卖得出去。英国广播公司（BBC）的第一任总经理雷斯（Reith）勋爵借用公共资金将公司改组为公共广播公司，旨在传播咨询、教育和娱乐大众。该公司推出了《舞动奇迹》①、《疯狂汽车秀》，以及大卫·艾登堡（David Attenborough）的《生命的进化》和布莱恩·考克斯（Brian Cox）教授的《宇宙的奇迹》等平民化文化产品。唱片公司并不需要发掘能够提高听众音乐鉴赏力的艺术家，而是寻找能卖出唱片和演唱会门票的流行歌手。电影和游戏产业一而再再而三地发行续集，因为他们知道大众一定会买账。

　　当然，我对"看门人"的极端描述也不准确。在"看门人"中，有

---

　　① 这个名称（Strictly Come Dancing）混合了 BBC 电视台的长期舞蹈比赛节目《来跳舞吧》（Come Dancing）和电影《舞国英雄》（Strictly Ballroom）。在全球其他大部分地区，这个节目的名字为《与星共舞》（Dancing with the Stars）。

打造单向乐队和辣妹组合的西蒙·考威尔(Simon Cowell)和西蒙·富勒(Simon Fuller),也有专注于发掘新才华和新声音的 A&R 星探。市面上存在着大量的名人传记或枯燥无味的文学作品,但也不乏《少年派的奇幻漂流》或《死尸示众》等佳作。但优质的内容旁边总是会有粗俗低级的内容相伴。这与没有看门人毫无二致。

2012 年年底,App Store 里的应用程序数量已接近 13 万。但许多都是垃圾。互联网上存在着数百万的网页、博客、微博等信息,其中绝大部分都十分无聊、毫无思想。不过就像我之前说过的一样,这不重要。重要的是用户们能否在某处找到他们喜欢的优质有趣内容。看上去,这对他们来说似乎并不困难。

内容创作人和发行人总是在抱怨"发现"的问题。在货架空间无限的世界里,消费者怎么能找到优质内容? 在没有发行商的情况下,他们怎么才能找到好游戏、好书和好音乐? 然而事实证明,消费者并不太关心这些问题。这一问题其实是"看门人"自身的哀嚎:"当我们失去了对稀缺分销渠道的控制权,怎样才能让消费者继续购买我们的游戏、我们的书和音乐?"

消费者能够轻易从应用商店里找到好玩的游戏,而传统发行商们似乎对于推广那些难以迅速抓住玩家兴趣的游戏和维持游戏热度,有些力不从心。在过去的产业模式中,游戏发行商曾拥有过巨大优势。希娜·连格关于选择的研究和果酱实验也许可以解释这一现象,她认为,选择会让消费者产生困惑,选择的增加会降低人们的消费欲望。这种说法对于旨在保持较少产品数量的"看门人"机构来说,较为有利。然而,连格的研究还给出了另一个结论:消费者面临大量选项时的选择难题能够通过一种策展以外的机制加以解决。这便是信息过滤。技术的进步使消费者可以借助信息过滤,筛选出所需的产品或服务,而不再需要策展。

在策展的世界,没有"看门人"的允许,任何东西都无法上市。而在过滤的世界,几乎所有事物都能自由进出市场。相比于除依靠策展机构的评判外别无选择，在过滤的世界中，消费者面对的是无限货架空间上满满的产品。为了便捷挑选，他们可以运用搜索、推荐算法、亚马逊的"你的页面"、社交网络推荐等过滤系统来缩小选择范围。数字分享世界中，产品的种类数量急剧扩张，帮助消费者在充裕选择中进行决策的各种过滤工具和方法的范围和质量也在随之优化。"看门人"角色和功能的弱化给予了新产品、新服务和艺术发展的空间，使它们能够以与纯实物分销时代完全不同的方式接触广大受众。

"看门人"有自己的既得利益，可能有利于也可能不利于消费者。发行商很希望拥有可以严格管控的策展渠道，因为这样他们就能确保，通过这个渠道推出的产品的投入能够收回。一个强大的发行商可以通过向经销商承诺强势产品的优惠待遇或条件，来强迫其同时销售弱势产品。他们还能左右媒体的信息流，来保证见刊的都是有利报道。即使一款产品很差劲，但他们仍然毫不担心销量，只是因为这款产品是当周仅有的几款通过"看门人"渠道获得发行权的产品之一，稳稳地摆在零售商店里，等着消费者登门购买。而这种形式之所以行得通，全都要归因于物理暴政：产品成本的关键并不在于制造和分销，而在于投入其中的大量运作资本、机会成本和与之相伴的风险管理、达成共识和经营责任等高昂的基础网络建设成本。

随着这种物理暴政的消失，"看门人"的功能开始退化。"看门人"总以为自己的存在是为了让好的作品脱颖而出，帮助大众发掘他们喜爱的内容，丰富人类社会的文化规模。这些都没错，但看门人更大的意义在于其在财务方面的影响力。他们是为降低风险而存在的。如今，财务风险已经远远小于以往。"看门人"已然失去了他们对于曾发挥减缓风险作用的渠道的控制权。未来，他们的角色将越发弱化。

我们来换个角度考虑风险的问题。英国每年通过传统"看门人"系统,也就是出版社渠道出版的图书约为 12 万册。[11] 2011 年,美国全年共有 30 万册新书面世,[12] 其中 14.8 万册是自出版的,其余 15 万册以传统方式出版。[13] 我想你肯定要说:"这些书的质量一定参差不齐!"你还可能会抱怨:"我读过几本,都太烂了!我甚至都不敢想象那些被出版社筛掉,连出版机会都没有的东西会差到什么地步!"是的,有些弃稿可能相当糟糕。但其中也可能埋藏着像《苍蝇王》(被退稿 20 次)、《沙丘》(被退稿 20 次)和《哈利波特》(被退稿 12 次)那样的优秀作品。[14]

如果这个世界没有"看门人"又会怎样呢?之前我们提到过,出版社堆在图书代理桌头的高高来稿堆里,只有约 1% 的作品会被出版。也就是说每年仅英国或美国地区就有多达 1 000 万的初稿递交给出版机构(虽然存在许多一稿多投的现象)。我推测,全世界肯定还有更多根本没有投递出去的稿件,躺在书桌抽屉里、杂乱的硬盘里,无人问津。那些小说、漫画故事和非文学类书籍的草稿,很可能永无见光之日。数量会有多少呢?我们假设每有一本书投递出去,就会至少有一本没有投递,这样估计,每年英国或美国至少有 2 000 万册书以手稿的形式存在,而其中仅有 10 万册能够获得出版。

在没有"看门人"的世界里,又有多少本能出版呢?全部这 2 000 万册都有机会进入读者视线吗?我认为,答案是肯定的。我完全无法理解"不让大部分图书面世是为了让社会的文化环境更好"这种说法。

但请注意,我并不是说未来出版发行商将会毫无用处。在内容创作中,发行商有两种截然不同的功能。一是作为"看门人"和营销者的商业功能,二是作为内容创作过程的组成部分。本书就曾经过专业编辑的润色修改,文字质量得到了大幅提升。如果能够请其他专家参与到创作当中,阿曼达·霍金的小说和亚历克斯·戴的音乐一定会更加精彩(虽然这些服务背后的创作和财务成本对于创作者来说十分高昂)。我的观点是,说"策展对于社会极为必要,通过维护现有市场占有者,将新参与者挡在市场之外能带来极大益处",是十分荒谬的。

从消费者的角度来看,策展确实有一些好处。消费者如何认清哪些产品符合自己的要求,哪些值得购买呢?在不了解创作者的情况下,他们如何确定一本书是否值得阅读,一个 YouTube 视频是否值得观看,或者一首歌是否值得听?然而答案是,他们并不需要知道这些。如今有许多途径可以免费获取内容(音乐和游戏已大部分实现免费,图书很快也会如此),消费者可以亲自体验内容,然后判定是否对自己有价值。当然,这种内容的充裕引发了新的稀缺性,那就是"关注"。这就导致消费者会去寻找筛选机制来帮助自己,从海量的低品质和不适合自己的信息中选出自己可能喜欢的高品质内容。

这种趋势正在不断兴起。各种排行榜的数据显示,强势内容会越发强势。当某种事物成为一种全球现象,它将以更快的速度传播。消费者在挑选应用程序时,十分依赖应用商店的畅销排行榜,导致 App 开发商极端追逐畅销名次。在数字时代,读者更倾向于购买他们熟识的、有名望、市场占有率高的作者的书,以及那些符合我们的社交圈或构成文化潮流的,我们认为需要去看的电视剧和电影。

还有一些消费者会参考他们信任的朋友的推荐,来挑选内容。2012 年,情色小说作家 E. L. 詹姆斯的《五十度灰》三部曲总销量达到 1 060 万册,总销售收入超过 4 700 万英镑(7 300 万美元),仅她自己就占据了整个英国市场的 3%。《五十度灰》的成功得益于口碑相传,最终使其成为了一种文化现象。无论是接孩子的父母在学校门口的闲聊,潮人们在 Path 上共享音乐推荐榜单,还是青少年们互相交流在 Spotify 和 BitTorrent 网站上发现的歌曲,抑或是 Facebook 用户点击朋友从 YouTube 上分享来的视频,人们拥有越来越多的途径找到朋友们之前欣赏过的内容。更重要的是，获知朋友喜欢某种内容后，人们可以更加便捷地去亲身体验，特别是当这种内容是免费的时候。

然而，仍有很多人十分依赖那些历史悠久的知名出版品牌。他们会购买 Picador、Usborne、Portfolio 或 Virago 等出版社的图书，单看出版商的名字，他们就能大概了解内容的质量和特点。我想，当消费者未来能够通过许多方法，从世界上无穷无尽的信息中筛选出高质量内容时，也许出版商的名字会变得更重要（即使是对少数人来说）。

作为能够改善内容质量、推动需求的机构，出版商依然能够为产品增加巨大价值。但是他们已然无法再单单凭借"看门人"的身份攫取利润。出版机构必须要做的是争取为图书出版的权利。内容创作者已不再需要出版商对自己在出版过程中给予的惠赐了。

我在自出版图书《如何发行一款游戏》中，曾提出发行公司具有四种商业功能。（至于发行公司，你可以用唱片公司、电影工作室，或者如我们在探讨实体生产时提到过的负责监管实体零件的生产、营销和销售机构代替。）发行商具有销售功能，销售是资金从终端用户流向创作者过程的一个环节。事实上，发行商通常只需管理这个过程的一部分，尤其是在物理世界。首先，销售流程包含作者将作品卖给出版商（一般通过图书代理）。出版商再卖给零售商。零售商最终将书卖给消费者。至此，资金走完了一个销售流程，每个环节都会从中抽取自己的利润。专业销售技术工作，如译著权、销售规划、经销许可或与广告商建立商业合作等，通常都由具有相关专业资质的大公司来协助完成。

第二个功能是分销，它与销售相伴相生。仅仅说服消费者购买产品是不够的，你还必须将产品配送交付出去。仍以图书为例，分销过程包括图书印刷、接单、打包、陆运或空运至世界各地，直到这些漂亮的精装书交到买家手中。分销过程还包括运用技术和各种基础设施跟踪存货、物流和销售报告。这是出版发行商最重要的一个功能。在全球范围内将实体产品摆进零售商店,是几乎所有自出版人都难以实现的。[①]

我并不是说不能从销售和分销链中的各个环节中抽成(即便有些时候他们确实不那样做),而是想强调,当出版商是图书上市的唯一途径时,作者们在是否借助出版商渠道、付给出版商多少服务费、费用是否合理等问题上,没有多少选择余地。现实中,作者们只有两种极端的选择:要么接受一整套商业运作和内容创作服务,并支付你全部收入的 80% 至 90% 作为服务费;要么就不要出版。然而,由消费习惯改变和新兴商业模式推动,借助互联网实现的对于出版商服务的拆分将改变作者们的处境。

销售和分销都是物流功能。它们都要依赖于第三种功能"营销",来驱动需求。营销旨在通过设计、公关、与媒体合作,以及大规模投入制作精良的传统广告等方式建立市场对产品的需求。营销的程度和方法千差万别。有的发行商认为,自己的主要作用仅仅是将图书或音乐专辑摆上零售商的货架。也有的发行公司会广泛参与到产品创造的整个流程,包括明星包装、更改他们的名字、外貌、衣着和风格等等。

发行商的最后一个功能是为项目的顺利进行提供资金支持。通常专业投资人对于承担创作和财务风险会十分谨慎,而出版发行商可能是唯一一类能够大规模专业管理一系列创作项目的风险组合的机构。风险资金的数目可能会非常庞大。虽然给予一个作者的预付金通常只有数万元甚至更少,但一本书所包含的编辑支

---

① 你可能会说电子分销同样很复杂,但是也不一定非得如此。一个主流出版公司会选择投入精力把图书推广至所有分销渠道,制作成各种格式,来实现商业价值。自出版作者只需要去努力寻找自己作品的读者就好。将作品放上 Kindle 或通过 Smashwords 发表就足以达到让读者发现的目的。

持、文字加工、生产、营销和销售等在内的发行成本要远远高于预付金。这还不包括物理暴政的真实成本：当有大量风险运营资本时，降低风险规避冲击的支出，以及为了选择一个项目而放弃了其他项目所产生的机会成本。在长期内，出版发行商似乎成为创作资金支持的唯一来源。

在某些环境下，这的确属实，比如你想像前英国首相托尼·布莱尔那样凭回忆录《一段旅程》获得 460 万英镑的预付金（他将全部所得捐赠给了英国皇家退伍军人协会），或像纳西姆·尼古拉斯·塔勒布那样以 400 万的价格卖掉风险系列第三部；[15] 或者如果你想投资 2 亿美元拍摄一部《复仇者联盟》那样的巨制电影，或花 1 亿美元打造一款游戏（RealTime World 公司的 APB），再或者创造一款 iPhone 那样的新型电子产品。但是，如果你仅仅想为那些可能会买单的听众们制作音乐、写本书、拍个小视频或是开发某种实体产品，情况就完全不同了，你拥有另外一种选择。我十分感激 Portolio 出版公司给予我这本书的预付金。这笔钱让我可以推掉其他工作，安心写书。我通过这种方式，将风险从我，也就是作者身上转移给了出版商。但说实话，我也可以不借助出版公司发表《曲线》。当然那样的话，我可能要花更长的时间，我的文字也许会不这么专业，我也可能挤不出足够的时间写作，但无论如何，我是可以那么做的，就像我自出版的其他作品一样。

生产、营销、分销、销售、软件、硬件等所有的成本都在下降。能拿到预付金当然很棒，然而这不再是你的产品上市的先决条件。想让消费者买你的产品仍非易事，但生产产品的成本远低于过去。内容创作者对于发行服务的选择余地越来越宽了。

对于消费者来说，"看门人"角色的淡化是件好事，但也有不利之处。这会导致有太多的内容共同争夺消费者的关注，发现优质内容会越发艰难，虽然这一点到目前为止似乎对创作者的挑战要大于对消费者的困扰,但仍是不能忽视的风险。同时,这种"发现内容"的问题可能会导致内容大众化,而正如我们探讨过的那样,这在大众市场环境中也是一个相当严峻的问题。此外,即便可以通过从小做起、先建立粉丝基础再寻求大型项目融资的方式降低风险,但出版发行商仍很可能不愿与有创意的新型创作人合作,以至于好的作品被埋没。

我相信,对于创作者,尤其是能与粉丝建立良性互动的创作者,总体来说,"看门人"退化是个好现象。最大的输家是那些在传统模式中,排在能力次序最底端、勉强挤进市场的创作者;那些凭借着关系、操作或运气,仅仅是因为身处系统之内就能获得书约或唱片合同,而后售出小说和专辑的创作者。那些罗列在游戏驿站里平庸无奇的搭售游戏,过去有销量是因为稀缺,没有竞争对象。未来在数字世界里,它们将难以生存,游戏商店里将布满有趣高水准的内容。大众市场和小众市场的内容都将得到改善。那些陈腐无聊的内容,曾借助出版发行商的零售渠道,强行填塞给只有有限选择的公众,在新时代里,它们也将无处安身。

"看门人"消失最大的负面影响也许就是会使活跃外放的创作者收益颇丰。阿曼达·帕尔默是新音乐产业的前辈,她极擅长与粉丝进行沟通和互动,并使粉丝们乐意花大量的金钱来支持她的创作和表演旅行。她也是个极为开放的艺人,她常常赤身裸体拍摄网络照片或进行现场表演。为了磨炼表演技巧,她曾连续五年参与街头演出。她称得上是擅长与粉丝互动交流的艺术家。在这个无限关联的世界里,与受众沟通、自我推销等技能变得越来越重要。冰岛歌手、作曲人比约克之前的一次目标为 37.5 万美元的众筹活动以失败告终,最大的原因就是,她从不花心思与粉丝建立直接联系。隐居的小说家和孤僻的剧作家都很难在数字连接和"曲线"的世界里获得成功,他们必须使自己的工作方式适应新的环境。

班吉·罗杰斯(Benji Roqers)是网站 PledgeMusic 的 CEO,这家网站旨在帮助音乐人与粉丝沟通联络,同时为粉丝们提供协助所喜爱的艺人制作发行唱片的渠道。他说:"我认为,艺人和他们的经纪人,以及唱片公司是时候认清粉丝体验已成为了产业运作的一部分,而非附属物这一事实。当粉丝从艺人那里买到了好的体验,唱片公司把唱片卖给了消费者,各方就实现了共赢。"[16]

亚历克斯·戴并不排斥唱片公司。他很希望有一个机构来帮他分担商业管理的压力,好给他专心创作新内容的空间和时间。"我理想的状态是,在我的屋里安一条传送管道。当我写完一首歌时,我就把它抛进管道,'嗖'的一下,东西就传送进了唱片公司的大楼。收到作品后,他们就将它发送到广播电台或其他地方。但我还坐在我的房间里,继续写下一首歌。"现实中,他仍然没能找到合适的机构,他需要的是一家为他提供服务,而不是让他接受一切既定安排,并对公司给予的明星光环感恩戴德的唱片公司。九寸钉乐队的特伦特·雷泽诺重又回归了唱片公司系统。"为了拥有一个在全球营销方面比我自己做得更好的团队,我情愿切一部分蛋糕给他们。"[17]雷泽诺的经历赋予了他对唱片公司之于自身价值的全新理解,也为他在谈判桌上赢得了更强势的地位。

在工作生涯中,我发现了专业技术的重要性。2008 年,我开设了名为 GAMESbrief 的网站,内容都与游戏产业相关。在过去的五年内,这个博客的阅读量以每月 2 万的速度增长,读者都对游戏产业和如何从免费提供游戏出发盈利很感兴趣。在这段时间里,我几乎全部的收入都来自读者的咨询费。

一个商业作家靠咨询赚钱就好比一个音乐家靠巡回演出赚钱。这也没什么错,但忽视了作为一个创作者所面临的一项最重要的挑战:如何挤出时间来创作。我在做咨询时,并没有创造出新的内容。我没有花足够的时间去形成新思想,没能在我的行业里进行广泛阅读,或将我的想法整合成一些对读者有益的文字。

我与客户之间的互动无疑十分重要，因为这能帮我更好地理解和解决从付费模式向免费商业模式转换过程中存在的困难。但是，如果我一直做咨询，我对于客户的价值将迅速减少。因为我将没时间学习和思考，而这正是我所做的创造的核心。我将只能去机械重复已有的内容，我的价值便开始下降。这很像只进行巡回演出而不能创造新作品的音乐人，我很快就会过气了。

在没有"看门人"的世界，创造者拥有了其他选择。他们可以自己承担发行商的销售、分销、营销和融资等商业职责，来将自己的作品推向市场。他们也可以将这些服务外包给出版公司等第三方。或者他们还可以外包其中的一部分，自己做余下的部分。如今不少创作者都开始寻求各领域专家的支持，如网页设计师、团队运营经理、营销专家等，这些人以前很可能曾受雇于出版发行公司。对"看门人"需求的减少并不意味着发行人的工作内容无用，而是触发了"看门人"的创造作用从所有商业功能中分离出来的过程。

物理暴政阻碍了这种转变，并限制了试验多价格层级和新型商业模式的进程。多年来，"看门人"系统进化出了他们目前最为擅长的专业和流程。而向数字时代的转变意味着他们目前的工作正在丧失意义。

对"曲线"理论的应用包括探索让超级粉丝在他们真正珍视的事物上大把花钱的新方法。对于许多"看门人"来说，自己卖的东西，就是粉丝们觉得有价值的东西，无论是一本书、一张唱片，还是一件实体商品。而在现实中，价值的概念要复杂得多。上溯人类进化的初期，下至我们今天的在线社交网络社会，价值始终存在。价值很难确定，但如果我们想在 21 世纪实现盈利，就必须要明确"什么是有价值的"。

# 6. 价值几何？

　　维多利亚·沃克斯（Victoria Vox）是一位以音乐创作为生的独立尤克里里琴演奏者兼作曲人。她曾在波士顿的伯克利音乐学院获得过作曲学位。毕业后，她回到家乡威斯康星的格林湾，找了一份商场的工作。2003 年，她辞掉工作，开始了巡演之旅。"那次巡演是在中西部地区进行的咖啡馆巡演。起初根本不能确定会不会成功，听众不多，我在面前摆了个小费罐子，期待有人会买我的 CD。"到了 2006 年，她的巡演收入赶上了之前在商场的收入水平，但花销也在增长。"油费、衣服、设备、乐器和麦克风，样样都要花钱。"她开始建立粉丝网络，最初是在 MySpace 上，后来是 Facebook 和 Twitter。她列了一张愿意接受小型演出或专辑发布会通告明信片的听众名单，并建立了一个 2 000 人的电子邮件联系列表。

　　2005 年，她应粉丝的要求录制了一张尤克里里琴演奏的专辑，这也是她的标志性乐器。她给列表里的人发了一封邮件。"我大概是这样说的，'我正在录制一张专辑。我不清楚什么时候才能录完，也不知道什么时候才会发行，但如果你愿意预订，将来录好时，你可以获得一张 CD。'"最终，列表中的听众共付给她预订款 2 000 美元。

　　之后，沃克斯计划到尤克里里琴的故乡夏威夷举办专辑发布会。她预定了行程，并刻制了 1 000 张 CD，总共花费 4 000 美元，而她之前只筹集到了 2 000 美元。"我开始搜索在夏威夷的住处，但我根本付不起。所以我又一次发邮件给粉丝们，询问是否有人能帮我找个能落脚的地方，几晚就好。"

一位当时正在夏威夷读研究生的德国学生为她提供了一个房间，5 年前他曾在纳什维尔看过她的演出。类似的事经常发生在沃克斯身上。她通过咖啡馆、大场地演出和在线互动与粉丝建立了紧密联系，而粉丝们总能帮她走出困境。她总是在演出的间隙走到观众当中，和他们闲聊几句。每一张邮寄出的专辑上都有她的亲笔签名。她的粉丝不仅追随她的音乐，也乐于追随她的巡演旅程。

2008 年，她决定制作第二张专辑。她再一次向粉丝寻求帮助，粉丝们又为她筹集了 2 000 美元的预订款。显然，她对这张专辑更加自信，于是她又向祖父额外借了 1.8 万美元。"我花了 18 个月，把所有的钱都还上了，一分不少。"2009 年年底的外出演出中，粉丝们不断追问她何时推出下一张专辑。对此，沃克斯十分忧虑，她担心自己根本难以负担，预订机制并不能帮她筹集到足够的钱来创作新专辑。她必须想点其他办法。

她决定改变以往求助粉丝的方式。她让粉丝们支付比以往更多的金额。付 20 美元，你可以得到一张 CD；50 美元，你的名字将出现在专辑内页的鸣谢名单中；100 美元，你可以收到两张唱片和一件 T 恤衫。她还增加了更多等级：750 美元和 1 000 美元。"付 1 500 美元，我将去你家里，为你现场演出。"

一开始，她设定的目标是 4 000 美元，这个数字相当于之前专辑预订款的两倍。然而粉丝的响应远超她的想象。第一单就是 1 500 美元的家庭演唱会。在她筹资活动的那个月里，沃克斯不断调高预期目标，粉丝的支持也源源不断地涌来，1 500 美元变成 8 000 美元，再变成 1.2 万美元。最终，活动共筹集了 2.2 万美元。共有 5 人支付了 1 500 美元，请她到家里现场演出。

当然，沃克斯也确保这些粉丝们得到了应有的回报。她在艺术工作中全力以赴。她制作了一些限量版专辑封面,封面上她抱着一把尤克里里琴坐在一台洗衣机前。洗衣机里还有水在滚动。"这样做成本很高,但我觉得这是我做过最酷的事了。"她的大多数粉丝都已追随她十多年,他们盼望沃克斯能够成功。无论是花 20 美元还是 1 500 美元,他们都能在小型演出、限量版、支持艺人的乐趣和助她成功的体验中找到价值。

沃克斯已然找到了与粉丝互动的最佳方式。她凭借到各地巡演,为自己挣到了不错的生活(每年总收入约 10 万美元,支出约 6 万)。她目前的主要收入来源是巡回演出和专辑销售。此外,她还借助 Kickstarter 和 PledgeMusic 等网站众筹到了更多的资金用来出新专辑。沃克斯已经发现了赚钱的秘密,免费为粉丝提供内容体验,同时让爱她作品的人舍得在他们真正觉得有价值的东西上大把花钱。

一款视频游戏对你来说有多大的价值呢?

我想这本书的读者肯定大多都不是游戏迷,当然也许有一些。那么你在一款游戏上最多花费过多少呢?一款价格买不上一杯咖啡的 iOS 应用程序? 40 美元的电脑游戏? 还是在发布当天以 50 美元购得的手柄游戏?

一个叫李(Lee)的美国玩家,曾在一款游戏上总共花费过 5 000 美元。李是一位 42 岁的单身商务人士,他的年收入能够达到 6 位数。《连线》杂志曾经这样报道:

> 这是一个再平常不过的下班后的晚间:李脱掉皮鞋,拿着 iPad 爬上床,点开《部落战争》。他在游戏中的名字叫作"Metamorphaz",这款免费策略游戏很快便成为他释放压力的最好途径。游戏标识暗下去后,一个庞大的虚拟村庄跳入视野。

啊！对手玩家正在侵入领地，李的一个部落同伴正遭受攻击。李迅速点击了一些图标，将自己的军队调集过去帮同伴抵御弓箭手和蛮夷的疯狂屠戮。而后，他进入了《部落战争》的内置真实货币商店。虽然这款游戏可以免费下载，但开发商 Supercell 可以通过向忠实玩家销售虚拟道具来实现盈利。今晚，李的 iPad 页面上跳出了一个蓝色提示窗口，上面写着："你希望支付 99.99 美元购买胸前的宝石吗?"

有了这些宝石，李能够立刻强化他的部队。于是，他毫不犹豫地点击了"是"。他每天玩这款游戏的时间在两小时左右，不到一个月，他已经花了将近 1 000 美元。

游戏开发商用一个词来描述李这样的玩家：鲸。[1]

李是互联网催生的新型消费者的代表。你可以称他们为"鲸"，也可以叫他们"超级粉丝"。无论你如何称呼他们，他们都是数字时代中一切商业活动能够长久成功的关键。超级粉丝位于需求曲线的最左端，他们热衷于你的一切，并甘愿为之付出大笔金钱。特伦特·雷泽诺将专辑放到文件共享网站上供人们欣赏，或以低廉甚至免费的价格提供电子版本下载，但他的超级粉丝仍愿意花 300 美元去买豪华精装版，并在 30 小时内将全部 2 500 套一扫而空。

许多体育项目都拥有众多超级粉丝，在英国，足球绝对是首屈一指。2012 年 4 月，利物浦足球俱乐部宣布，将为球迷们预留 25 074 张足总杯决赛门票。足总杯决赛可谓是英国足球年历上最为重要的赛事。利物浦采用球迷投票的方式制定了一个较为公平的球票分配方案，所有现场观看了从小组赛一直到半决赛全部 5 场足总杯比赛的球迷都有资格参与投票。最终方案中，约 10% 的球票售价为 115 英镑（180 美元），46% 的球票售价 85 英镑，28% 售价 65 英镑，其余 16% 售价 45 英镑。[2]

黄牛票的价格则被炒到了 10 400 英镑(16 700 美元)。[3]

那么,足总杯决赛门票的价值到底是多少呢?是官方票价的平均值?还是报道中匿名购买黄牛票的价格?或是英国全国球迷愿意为观赛支付的票价总平均值?我对足球毫无兴趣。白送票我都不一定去看。对我来说,决赛球票的价值基本为零。当然如果我能在 eBay 上以 10 400 英镑把它卖出去,也算是对我有些价值。

这些例子都表明,价值是个很模糊的概念。对于一些人来说,花 1 500 美元请自己最喜欢的尤克里里琴演奏家到家里现场表演十分值得;我会觉得相比于足球,还是把钱花在视频游戏上更划算;九寸钉的粉丝认为花 300 美元买张限量版专辑没什么奇怪,而乐意不辞劳苦周末去客场看球赛的球迷就会觉得雷泽诺的粉丝简直疯了。因此,价值是十分私人、个性化和独特的概念。不过,价值也是可以人为制造的。

佩恩和特勒是美国著名魔术师。佩恩·吉列特块头较大,他身高 6 英尺 6 英寸,体型偏胖,在舞台上,他轻快的诙谐话源源不断。而他的搭档特勒,身高 5 英尺 9 英寸,在台上从不说话。[①] 2003 年,他们推出了在美国 Showtime 频道播出的有线电视节目《佩恩和特勒:胡话》。

节目第一季的主题是"疯狂的瓶装水"。据佩恩和特勒描述,2002 年,美国人在瓶装水上的总消费额为 40 亿美元。于是,他们进行了一系列街头采访,询问人们为什么对瓶装水青睐有加。他们得到的回答有"我喜欢它们是因为里面掺杂的污染物较少。我希望我喝的水里不要有太多重金属,瓶装水能满足我的需求","我觉得瓶装水比自来水干净",以及"瓶装水比自来水纯净,我真的不太信任自来水。"

然而,环境游说组织"国家资源保护委员会"的数据显示,瓶装

---

① 我本想叫他"小个子",但我们知道,实际上他的身高是英国平均值。

水通常还不如自来水安全。一方面，自来水受到环保机构的监管，那里有数百名工作人员对供水质量进行监督。而瓶装水由食品药品管理局管控，根本没有专门的机构负责监管这个行业。不仅如此，"食品药品管理局称，他们不会监管在同一个州内生产和销售的瓶装水。许多州压根没有关于瓶装水的监管条例"，国家资源保护委员会的饮用水专家艾瑞克·威尔森如是说。

佩恩和特勒的街头采访还得到了一些其他的答复，"自来水味道不太好"，"瓶装水不管是喝起来还是看起来，似乎都更好一些，所以我喜欢喝。"

佩恩在节目里说道：

> 好吧，口味，他们的理由竟然是瓶装水的口味比自来水好。我们到纽约做了一个非科学的搞怪测试。我们在 A 瓶子里灌装了成本几乎可以忽略不计的普通自来水，B 瓶子里装进了价格昂贵的超市瓶装水。结果，75% 的受测者都觉得纽约自来水的味道更不错。这样我们就排除了安全性、纯净度和口感的影响。到底人们为什么愿意多花那么多钱去买瓶装水呢？是心理作祟吗？

佩恩和特勒将外景设在了一家高档加州餐厅。他们创造了世界上第一位侍水服务生。[①] 蒂姆(Tim)身着整洁的服务生制服，面带着干净的微笑，唇边留着修剪整齐的小胡须。

"大家晚上好。欢迎光临，我叫蒂姆，今天将为您提供饮水服务。"

蒂姆手里拿着一张类似酒单的印刷精美的水单。其中一个示

---

① 我觉得这很可能不是世界上第一位，好像个别餐厅确实已经有这类服务生了。也可能，我这本书一出，这类服务生就更普遍了。但有时，你在效仿时要千万小心。

93

例条目是这样写的：

*L'Eau du Robinet* ····································· ＄ 4.75
每瓶

　　纯净，清冽，源于法国，水源地直接灌装，完美保留了其中的天然矿物质和营养成分。它极致的口感和高贵的态度将使其成为您佐食肉类的绝佳伴侣。

　　蒂姆将水单递给一对前来享受晚餐的男女。

　　"看上去跟酒单是的。你想喝点什么？试试这个吗？看名字像是法国的，"女士对他的同伴说。她稍有迟疑，又接着说，"要不帮我来瓶 L'Eau du Robinet 吧。"

　　"L'Eau du Robinet 对吗？"蒂姆点头道。"不错的选择。"

　　如果你们懂点法语，应该就明白，她其实是点了一瓶自来水。接下来，蒂姆开始施展他的推销技能，继续向她的同伴追销另外一款水。

　　"您呢？您要不要试试其他的，两种互相比较一下？"

　　"是的，我们再挑个别的尝尝，"女士说。

　　"好吧，帮我来一瓶富士山。"

　　这时，作为观众我们都已幸运地得知，水单上的所有不同名字的水，其实都是餐馆后面庭院里的花园水管里的自来水。当蒂姆拿着两瓶水回到餐桌旁时，这两位顾客开始一一品尝他们的精品水，并做出了在晚宴上品尝红酒似的，你所能想象到最夸张和造作的动作和表情。

　　"尝起来好清爽，"她说。

　　"别具风味，"他说。

　　"您觉得跟自来水比起来如何？"蒂姆问。

　　男顾客十分坚定地回答道："哦是的，绝对比自来水要好。没有任何杂质。喝起来很有滋味,就像是没有放糖和任何添加剂的饮料。"

蒂姆开始请他们品尝第二款,他像是将要展示梅乐红酒的侍酒生一样将水瓶拿在手上。

"这款水来自富士山顶,无比纯净,是天然的利尿剂和抗毒剂。"

这两位顾客继续着他们的品酒姿态。

"这个有种冰山的感觉……"男士说。他的同伴大笑起来,"确实有,像冰山水一样……"

"冰山上来的,"她继续大笑着。

"真的,真的很棒。"

蒂姆继续他的追销。"我刚才自作主张给您拿来了一瓶我们家的 Agua de Culo。"

"好的,"她说。

"一瓶 6.5 美元。"

继续尝……

"嗯!!"女士惊喜地拉高声调,语气有说不出的高兴。

"口感非常清甜。特别新鲜!"

此时,节目中传来了佩恩的画外音,他用充满怀疑的口吻说,"这对男女一定不具有代表性。"

然而大量其他顾客的相似表现说明了一切。

一个 40 多岁的中年男子,身穿灰色的套装和深蓝色衬衫,坐在排成一列的三个玻璃杯前。"你可以很容易尝出,中间这杯绝对是矿物质很多的水,我想应该是硬水。这杯,我在里面根本尝不出矿物质的味道。"

蒂姆绝对是个专业推销员,在一家洛杉矶的餐馆里,他能良好地利用道具、环境和用餐者对餐点的期待,不仅让人们心甘情愿花很多钱买下本可以免费获得的水,还能让他们说出装在不同瓶子里,但实际上完全一样的水之间的差别。

晚餐的最后,蒂姆终于承认了他的恶作剧。

"如果我告诉你们,你们刚才喝的所有水都是从后院同一个花园水管里流出来的,你们会作何感想? 其实,那些瓶装水都是我自己灌的。"

"不,这不可能,"一个穿着白衬衫正在咬面包的女士大笑起来。

"是真的。"

"你肯定在逗我!"

反应最强烈的是那位在中间和旁边杯子之中品出差别,说"我在里面根本尝不出矿物质"的男士。他突然大笑起来,完全停不下来。他的同伴也被逗乐了。知道事实后,那对最先上钩的男女恍然意识到自己刚才太把这把戏当回事了,也大笑了起来。

佩恩和特勒是魔术师。他们的节目主要是误导我们去相信一些假的东西是真的,以及一些真的东西是假的。他们一点也不靠谱。然而,他们的这些略带刺激的节目揭示了一个真相,那就是某种事物的价值与它们的原料成本是相背离的。

消费者对一种产品价值的判断,会受到价格、地点或呈现方式等外部因素的影响。以上只是一个小小的案例。

一个1月的周五,早上7点51分,一位小提琴手开始了他的街头表演。他看上去只是个平凡无奇的白人青年,身穿牛仔裤和长袖T恤衫,戴着一顶华盛顿国民队棒球帽。他静静地站在华盛顿市殷范提广场地铁站入口的垃圾箱旁。在之后的43分钟内,他共演奏了6首古典小提琴曲,期间有1 097名上班族从他面前走过,他们中的大部分可能都是联邦政府职员。此次表演,他共收到了32.17美元的小费。

这位街头艺人名叫约夏·贝尔(Joshua Bell),是全球著名小提琴演奏家,他的演出价码高达每分钟1 000美元。当天他所演奏的乐曲全部是世界上技术难度超高的曲目，包括著名的《巴赫恰空舞曲》，这首曲子在多个变奏中反复使用单音简洁旋律，创造出了色彩斑斓的音符盛宴。[4]而贝尔所用的小提琴据悉价值高达 350 万美元。

演奏中，共有 27 个人给了钱，只有 7 人稍加停留。约夏·贝尔称得上是当今世界最为杰出的古典音乐大师，他的演奏风格被描述为"充满活力、热情澎湃"。然而，他一旦走下华丽的舞台，失去了满怀期待的听众和大师的光环，没人会在意他的表演。[5]

行为经济学家丹·艾瑞里（Dan Ariely）对于人们如何判定价值和价值来源的问题十分着迷。在《怪诞行为学》一书中，他着重探讨了免费对于我们的理性感知能力的重要影响，以及我们会如何被锚定价格左右。他列举了詹姆斯·阿萨尔（James Assael）的经商经历，阿萨尔是一名意大利珠宝商，他在第二次世界大战初期从英国逃到了古巴，并在古巴重新开始了一项新买卖。[6]他利用在瑞士的人脉关系，为美国军队供应防水手表。

二战结束后，阿萨尔的手表存货大量增加。精明的他发现，他可以将表销给日本人，即便他们不能用钱支付。他让自己的儿子萨尔瓦多用手表去换日本人的珍珠，生意很快就红火了起来，阿萨尔成为人们口中的"珍珠皇帝"。

1973 年，"珍珠皇帝"面临了一项新挑战。他受人劝说开始与拥有一个塔希提小岛的商人建立了合作，这个岛盛产内含黑珍珠的黑齿牡蛎。最大的问题是，当时黑珍珠根本没有市场。

起初，境况十分艰难。那些珍珠甚至不是黑色，而是铁灰色，大小跟子弹头差不多，阿萨尔一单也卖不出去。他本想放弃这笔买卖或大幅降价，但最终他并没有这样做。相反，他将价格提升了好几倍。

阿萨尔在多种时尚杂志上买下全页广告版面来大力宣传。他将他的黑珍珠摆在潜在市场所熟识的钻石、红宝石和绿宝石等名贵宝石中间进行展示。他说服老友珠宝经销商哈利·温斯顿把黑珍珠放到第五大道的商店橱窗内,配上超高的价签。这些曾经无论如何也卖不出去的黑珍珠,在阿萨尔的运作下瞬间变得价值连城。曼哈顿的上流社会都为之倾倒。阿萨尔再次获得了"珍珠皇帝"的美誉。

艾瑞里认为,阿萨尔的成功应归因于他对锚定效应的机智运用。本质上,绝大部分人都不知道一种产品应该值多少钱。因此,我们需要用锚定的概念来帮我们建立对价值的认知。最初,锚定价格对市场很有帮助,如果我们知道了一品脱牛奶的价格,便很容易算出买两品脱多少钱。面包多少钱? 一台电视或一张 CD 多少钱? 都能借助锚定价格来解决。

但锚定价格也有不利之处。好比幼鸟孵化后的印随行为,它们会一直跟随见到的第一个活动物体,并将其视为自己的母亲。同样我们也有可能长时间被锚定价格误导。为了分析这一问题,艾瑞里进行了一项实验,来研究锚定价格是如何设定的。他让一组研究生对两瓶葡萄酒进行投标。红酒之所以能够拿来做标的,是因为很少有人非常了解葡萄酒的内在价值。同时,我们知道,不同的场合中,价格也会发生变化(比如,超市里和高档餐厅里同一种酒的价格会有区别)。

艾瑞里并不是想考察学生们的红酒知识,而是想检验锚定价格的影响。负责主持这项实验的是麻省理工大学斯隆商学院的德雷真·普雷莱茨教授。普雷莱茨向学生们介绍了两瓶红酒。一瓶是 1998 年嘉伯乐的 Côtes du Rhône Parallèle 45。"给不太了解红酒的同学们一个参考,《红酒鉴赏家》(Wine Spectator)杂志对这瓶酒给出的评分是 86 分。它混合了红浆果、摩卡和巧克力的口味,容量和烈度中等,酒红色十分均匀,能够带来愉悦的品酒享受。"

第二瓶是 1996 年嘉伯乐的 Hermitage La ChAppelle,《红酒

倡导家》(*Wine Advocate*)杂志给出的等级评分为92分。同学们要完成的任务如下:1)在表格的顶端写下自己的社保编号最后两位。2)在每瓶酒的旁边将自己的社保编号后两位以金额形式标注。例如,一个学生的社保编号后两位是23,他就要在瓶子旁边写下$23。3)用"是"或"否"表示他们是否愿意以这个价格购买这瓶酒。4)写下购买每瓶酒所愿意支付的最高金额,最终出价最高的人要以出价买下红酒。

艾瑞里得到的结果十分显著。学生们严重受到了可以被视为锚定价格的社保编号的影响,虽然这个编号和红酒价值之间完全没有联系。在艾瑞里的实验中,社保编号最高的一组(80至99)的投标价格最高,编号最小的一组(1至20)的投标价格最小。对于1998年的Côtes du Rhône,社保编号较小的学生投标均值为8.64美元,大编号同学的投标均值为27.91美元。对于1996年的Hermitage La ChAppelle,小编号和大编号学生的投标均值分别为11.73和37.55美元。通过对于红酒、图书、键盘和巧克力等一系列六种商品的实验,艾瑞里发现,社保编号结尾在80—99之间的学生的投标价格要比社保编号尾号在1—20之间的学生高出216%—346%。

我们极容易受到锚定价格的左右。

艾瑞里又做了第二个实验。他付钱请两组志愿者来听一段30秒的噪声。[7]其中一组完成实验可以拿到10美分,另一组可以拿到90美分。这个实验是为了检验锚定价格是否对价值判断产生影响。艾瑞里选择"听噪声"是因为这种商品在市场上根本不存在。没人知道忍受这样一段噪声应该被支付多少钱。体验后,志愿者需要告诉工作人员,如果让他们再听一遍,应该支付多少。10美分的那一组的结果平均值为33美分,而第二组则平均需要73美分才愿意再次体验。实验人员事先设定的价格预期改变了参与者的价值概念。

随意付策略之所以在效果上与"曲线"理论指导下的定价策略存在差距，就是因为初始价格设置对人们的价值判断产生了严重影响。价值是由环境创造的，并且因人而异。随意付策略留给潜在购买者的产品价值判定情景太过狭窄了。

2007 年 10 月，电台司令乐队发行了专辑《彩虹里》(*In Rainbows*)，并在营销中采用了一种创新定价方式。歌迷可以自由免费下载专辑，但也可以自愿支付任意数额的钱。发行首年，《彩虹里》的销量达到 300 万，与 2001 年的《失忆》(*Amnesiac*)(90 万)和 2003 年的《向窃贼欢呼》(*Hail To the Thief*)(99 万)相比，这个成绩值得庆祝。在这 300 万的销售中，175 万是传统实体 CD，10 万是售价 40 英镑(60 美元)的精装套盒，其余都是任意付费电子版下载。[8]

据 ComScore 估计，62％的下载用户都没有付钱，其余 38％的付费客户人均消费 6 美元，因此总体人均消费为 2.26 美元。[9]电台司令乐队对这些数据的真实性进行了驳斥，但拒绝透露准确数据，只是表示"这张专辑的数字版本所带来的收入，超过了我们这支乐队以往所有专辑通过网络获取的收入总和。"[10](部分原因是，电台司令与百代唱片签约时，数字分销渠道还没有出现，因此，唱片公司无法帮乐队以数字化的方式销售前几张专辑。)我想，真实数字可能比 ComScore 的估计更低。随意付模式中不存在锚定价格，并且缺少特定情景、社会认同和能使消费者了解价值所在的机制，这些都限制了随意付模式的效果。

让我们来看一个有关随意付的更有说服力的例子。Humble Bundle 是一家游戏网站，玩家可以付任意金额来获得游戏，之后网站会将部分收入分配给游戏开发商和慈善机构。Humble Bundle 采用多种策略为消费者设定支付情境和溢价参考。玩家可以支付一个任意的金额，获得三款游戏。如果他们的支付额超过所有玩家的平均值，他们将额外获得一款由 Double Fine 工作室推出的名叫《野兽传奇》的游戏。这个策略相当机智,有助于拉高玩家支出的平均值。如果他们支付 35 美元以上,他们就为 Double Fine 工作室的新游戏项目贡献了一份力量,这款新游戏由 Kickstarter 网站全资支持,并且已经启动。如果玩家支付 70 元以上,他们将得到一件 Bundle 的活动定制 T 恤衫。

Humble Bundle 网站公布了详细的活动数据。其中包括用户支付额的平均值,以及数额较大的支付款项。距活动结束还有 13 天时,Double Fine Humble Bundle 共收到的玩家付费 50 余万美元。[11]近 7 万名玩家的平均支付额为 7.89 美元。其中最高的支付数额为 2 048 美元,第二名为 1 337 美元。① Humble Bundle 向世人展示了其网站用户的杰作,并完美地运用情境为自己、开发商伙伴和用户创造了价值。

佩恩和特勒向我们揭示了,偏好和价值预期会受到产品营销和消费环境的影响。艾瑞里证明了我们在判断价值时,会被任意一个数字所误导。Humble Bundle 则说明了社会情境的重要性。

我的最后一个例子仍与葡萄酒有关。但是这一次,主角不是酒本身,而是饮酒用的葡萄酒杯。

里德尔公司(Riedel)是一家高档玻璃器具制造商。它的创始人约翰·克里斯托弗·里德尔于 1678 年出生在今天捷克共和国的一个名叫波希米亚的小镇上。250 年后,经历了 11 代的更替,这家家族企业仍在良好运转。克劳斯·里德尔是老里德尔的第九代传人,于 2004 年去世。此前不久,里德尔公司刚刚对产品推广的方式进行了改革。公司的官方文件里写道:"克劳斯·里德尔是历史上第一个发现杯子外形会对人们对于酒精饮料的感觉产生影响的人。"克劳斯认为玻璃杯的外形大有学问。玻璃杯并不仅应在品尝干红、干白和起泡酒等不同种类的葡萄酒时存在差异,每种单

---

① 如果你能说出这些人愿意花那么多钱的原因,就太棒了,给你加十分!

独的葡萄酒都应该使用特殊玻璃杯。

2004 年,《美食家》杂志的丹尼尔·茨沃德林应邀出席了由里德尔公司出资举办的红酒鉴赏会。对于里德尔的葡萄酒专家对里德尔酒杯功用的描述,他是这样报道的：[12]

> 品酒前,她指导我们仔细识读了品酒垫中心画着的"舌头味觉区域图"。这张"味觉图",将近似三角形的舌头分割成条条点点的多个区域,乍一看像是测绘平面图。图片显示,三角形的最尖端,是甜味区;之后狭长的舌头两侧是咸味区;再向后的宽阔条状带是酸味区;最后,舌根部较宽的区域是苦味区。

> 里德尔公司称,他们精心研制的玻璃杯能够使入口的每滴纯酿,都能迅速到达其所对应的味觉点。因此,击中味蕾的葡萄酒将淋漓尽致地发挥出其独有的风味。

里德尔公司为单一葡萄酒量身定制的酒杯,售价不菲。一套四件装酒杯标价 118 美元,其中包括 Vinum 波尔多、蒙哈榭、勃艮第和长相思酒杯各一只。赤霞珠和梅乐两只装售价 59 美元。单只勃艮第至尊杯售价 125 美元。

这些昂贵酒杯的推销宣传词中有不少过度夸耀的成分。以勃艮第至尊酒杯为例:

> 《品醇客》杂志曾这样描述这款酒杯:"这是有史以来最棒的勃艮第品酒器,新旧美酒皆宜。"1958 年,它的诞生是葡萄酒杯设计的历史性跨越,并已被纽约现代艺术博物馆永久收藏并展出。玻璃器具中的这款"美丽怪物"能够鉴别出次酒,充分暴露次酒的所有缺点。而如果装进顶级勃艮第、巴罗洛或巴巴莱斯科等佳品,酒的香味和色泽等一切优点将被完美

表达。这款大容量酒杯会使酒浆准确流向你的前颚,微灼你的上唇,弥漫出四溢的果香,酒的甘味被渗透到极致。特殊的酒和葡萄就是需要这样能够精准释放酒香的酒具与之匹配。用酒的酸味突出果香,并将两者加以平衡,这款酒杯必将给你一种三维的超级味觉体验。[13]

但问题是,听了里德尔公司员工或魅力超凡的现任 CEO 乔治·里德尔的叙述,品酒客们真的会对品尝过的葡萄酒的品质给予很高的评价。他们相信这种杯子里装的酒品质更佳,饮酒的体验也更好。

不幸的是,剔除销售员的推销和事先的预期升温,实验室的科学家们发现,杯子的形状根本不会对品酒体验产生任何影响。在一项著名实验中,波尔多大学的研究员弗雷德里克·布罗谢证明,葡萄酒专家们甚至无法辨别红葡萄酒和白葡萄酒之间的区别。布罗谢向专家们提供了两杯葡萄酒。一杯装有白葡萄酒,另一杯里是用食品色素染红了的同种白葡萄酒。57 位专家无一辨认出第二杯也是白葡萄酒。[14]

在后续实验中,布罗谢选取了一瓶普通波尔多葡萄酒,并将其分装到两个瓶子内。其中一瓶贴有华丽标签,看起来颇为高档,另一瓶则极为普通。受测者中,有 40 位专家认为"高档"酒味道更好。只有 20 人认为反而是"普通"酒比较好喝,虽然事实上,除了呈现方式,两瓶酒没有任何区别。

这项严格的变量控制实验证实,专家们无法辨认出染色后的白葡萄酒,也就说明,里德尔的酒杯根本无法影响酒的味道。

但这个结论其实毫无意义。

我们并不会在严格控制的条件下饮酒。品酒的内容也不仅仅是口味、色泽或香味。我们也会用眼睛去看,杯子的质感和所处情境也是品酒的一部分。我们会在自身的预期和环绕周围的预期的支配下,去品酒。科学家们试图证明,在剥离外在因素后事物之间没有区别,完全是抓错了重点。我们不可能在没有外在因素的情境下品酒。这些因素是我们体验的一部分,并能提升体验的愉悦度。如果我用 125 美元的杯子品酒可以有更美好的感受,那么还有什么必要去追究在科学的、只考虑口味的前提下,我是不是被骗了呢?

采访中,茨沃德林问弗雷德里克·布罗谢,他的研究是否想要证明其实大多数人都辨不出葡萄酒的优劣。

> 不,不,不,我不是想说这个。我想说预期的影响力是巨大的。事实上,人们是能够说出葡萄酒之间的差异的。但是他们的预期,如根据商标、色泽,或者你事先告诉他这瓶酒贵不贵、好不好,事先告知这是一种什么样的酒,所有这些因素,与一瓶酒的真实内在品质相比,都将对品酒感受产生更大的影响。

茨沃德林写道:

> 布罗谢说,他从未专门研究过葡萄酒杯,因此他无法证实他说的内容。但他和其他人针对预期的问题所做的研究,使他坚信他已找到了问题的关键:里德尔和其他高端酒杯确实能让葡萄酒味道更佳。因为这些杯子是那么漂亮、那么精美、那么昂贵,你可以预见,用它们喝酒味道一定更好。

我想马克·吐温对这一点有极为深刻的理解,在他的小说中,男主角汤姆·索亚向朋友们炫耀并让他们相信"粉刷篱笆是件非常有趣的事",最终使他的朋友心甘情愿地付钱来替他把篱笆漆白。马克·吐温说:"汤姆发现了人类行为的重要规律。如果你想让别人觊觎某样东西，只要让他很难得到就行了。"

Bigpoint 的《黑暗轨迹》是一款浏览器太空游戏。我所说的浏览器游戏，是那种只需要在网页浏览器中敲入网址 www.darkorbit.com，就可以立刻开始的游戏。不需要光盘和漫长的下载，就可直入主题。

Bigpoint 由海科·胡伯茨于 2002 年创立，公司起初专注于开发体育游戏。2006 年，公司推出《黑暗轨迹》，在这款免费游戏中，玩家可以飞行、射击，并探索神秘浩瀚的网络星空。这是 Bigpoint 公司最成功的游戏之一，注册用户已超过了 8 000 万。

《黑暗轨迹》中最受欢迎的道具是无人机。无人机可以在战争中为飞船提供支持。这款道具根据力量强度分为多个等级，从最弱的一级无人机直到最强的十级无人机。获得十级无人机需要支付真实货币。玩家需要不断积攒经验值，从一级无人机，逐步向上升级，并积累升级所需材料，搜索宇宙来寻找必要的线索图。2011 年，Bigpoint 决定限定 4 天的时间，供玩家自由购买十级无人机。

一般情况下，已经拥有 9 级无人机的玩家，才可以付费升级至十级。如果玩家还没有无人机，想要通过一次支付直接从零级升至十级，他们就必须在这 4 天之内完成购买。而这个升级价格极为高昂：1 000 英镑（1 400 美元）。4 天内，Bigpoint 共卖出 2 000 个十级无人机，但收入并不足 200 万美元。一些玩家之前已经处于升级过程之中，他们只需将无人机瞬间升顶。但确实有部分玩家花了整整 1 000 英镑买入了这款虚拟产品。[15]

对于《黑暗轨迹》的忠实玩家来说，这笔交易很划算。因为可以换来更好的游戏装备，因为游戏中包含了玩家的情感投入，因为游戏设定给予了拥有高级无人机的玩家一种特殊的身份和地位。但是，这些地位不是孤立存在的，而是能给玩家带来情感共鸣的社会情境的组成部分。要想更深入地理解这一点,我们需要首先认识到,免费玩家对于《黑暗轨迹》这种游戏的重要性。免费玩家不是免费模式的弱点,而是最大优势。是时候去积极接纳这些"吃白食之人"了!

# 7."吃白食之人"

2001 年,已经是互联网热潮后期,那年我买了一艘帆船,和我当时的女朋友,也就是现在的妻子在地中海附近进行了为期 4 个月的航海旅行。我在旅行准备期间,曾去过位于伦敦皮卡迪利附近的丹佛街上的一家名叫 O.M.瓦茨船长的船艇用品店。这家店简直让人眼花缭乱,各种绳子、挡板、防水布、六分仪,实用的和没用却很漂亮的物件应有尽有。店铺里间的小屋堆满了各种航海路线图,英国和地中海地区的都有。因为要航行 2 500 多海里,所以我买了很多图册。

我兴奋地在店里边走边看,什么都想买,又不得不把不太重要的一一挑出去。这时,我注意到了附近一个也在闲逛的人。这个男人个子不高,有点秃头,突出的啤酒肚低低地卡在蓝色牛仔裤上。他脏兮兮的黑 T 恤毫无设计感,这样一件衣服,藏还来不及,他竟然套在身上。他手里拿着一个依云矿泉水瓶,瓶底黏着黑褐色的污泥。他不时会拧开瓶盖,反复嚼几下嘴里的槟榔,然后向瓶子里吐一口混着烟草渣的浓痰。

如果我是这家店的老板,早就把他轰出去了。但人家并没这么做。结账时我正好排在他的身后。他拿出一张黑色的美国快付卡来付钱,如果我没记错的话,账单金额在 20 000 英镑(31 000 美元)左右。

你根本无法想象你的最大主顾会是个什么样的人。

107

平时，我会为正在从传统固定价格模式向新模式转型的公司，开设关于如何通过免费游戏盈利的课程。在人们熟识的旧模式中，消费者需要为一种产品预先付钱。如果以游戏为例，就好比付60美元买一款手柄游戏，或为早期的手机游戏付5美元。今天，iPhone和安卓的应用排行榜上已经有许多游戏可以免费下载。据统计，只有不到10％的用户会去下载付费游戏。传统游戏开发商们将那些只享受不花钱的用户称为"吃白食之人"，就差没说他们是"可恶的强盗"了。这种看法是完全错误的。

当被问道，该如何让这从不付钱的90％的用户从口袋里掏出钱时，大多数人的首选策略是广告宣传。广告的形式有很多，如平面广告、常见的弹窗和标语广告，或是引导式销售。引导式销售是指，如果我们在一个游戏程序中通过链接广告注册了另一个游戏，或办了一张健身卡，抑或是观看了一个商业视频，那么这个游戏开发商就能得到一笔佣金。

虽然与普通商业活动为了获取客户而开展高质量内容创新所需的技巧完全不同，但广告仍是一种很容易理解的商业活动。广告业务的前提十分简单。它是一种交叉补贴。消费者不用支付任何费用，或者有时只需付微不足道的钱就能获得广告产品。以免费收看的电视频道为例，广播电视公司出资制作和播放电视节目来吸引观众。想借此平台推销自己产品的广告客户可以付费请广播公司在频道中加入自己的广告。我们免费获取电视节目的同时，也付出了"关注"。广播公司凭借节目赢取了观众，同时通过收取的广告播放费来为节目制作买单。其实是广告客户在资助我们免费观赏节目。这种模式也被各种媒体和大型活动采用，而广告客户所支出的广告费，会转变为其在市场上的销量和收入。

在广泛联通的网络世界里，广告和引导式销售有一项十分严重的局限性。广告是一种大规模的宣传活动。要借助广告盈利，你必须有大量的受众，并让他们看到足够数量的广告。你可以通过持续关注一个特定的消费群体来保持较高的广告回报率,也可以通过增加用户数量或广告播放量来增加总收入,但你必须在这两种选择中作出取舍。借助广告获取收入的情况一般存在于"平均斯坦"。

广告营销最适用于业务规模巨大,最好是拥有某种形式的渠道垄断的企业,如广播电视公司。[①] 在网络或移动 App 这些开放市场中,激烈的竞争会对广告收益率施加下行压力。在多数情况下,换一种眼光看待"吃白食之人",将其视为可被转化的潜在消费者,会是更明智的做法。

维持企业运转和艺术创作最关键的一点,就是让消费者出钱购买自己的产品。很难判定一个免费用户是否永远都是"吃白食之人",或者像我在船艇用品店里碰到的那位朋友一样,可能会被转化成你的最大主顾。中国公司木瓜游戏的调查表明,那些支付较多金额的用户(每月花费 100 美元以上)至少要在同一款游戏中体验 8 次,才会开始花钱买道具。[1]当你需要努力与消费者建立联系,并让他们以多种金额支付时,过早将初期的"吃白食之人"踢出门外并不明智,除非财务压力使你不得不如此。

不同的免费增值模式背后的"曲线"含义也不同。多数免费增值模式的商业运作都是免费提供基本产品或服务,但对高级功能收费。曾投资 Twitter、Tumblr、星佳游戏(Zynga)、Etsy、Meetup和四方网(Foursquare)的著名风险投资家弗莱德·威尔森这样形容这种模式:"免费提供服务,打广告(也可以不打),依靠口口相传、推荐网络和有机搜索营销等方式高效获取大量用户,而后向用户群提供高价增值服务或升级版服务。"[2]由于微小的付费群体创造的收入规模,难以抵消大量"吃白食之人"消耗的成本,这种免费

---

① 广播电视公司事实上属于一种寡头垄断,即市场是由少数几家大型企业控制的。

增值商业模式正受到越来越猛烈的抨击。"软件及服务"供应商Basecamp 和 Huddle 等免费增值模式的最初拥护者，都在逐渐放弃免费供应策略，有的全面缩小免费范围，有的直接将市场定位转向大公司。大多数免费增值模式的消费用户转化率只有区区几个百分点，用以支撑免费用户的成本极其高昂，因此，许多尝试这种模式的企业都失败了。

他们失败并不是因为有太多的人不付费，而是因为超级粉丝们只能支付固定的金额，由此形成的收入规模过小。免费增值模式变成了一个大型游戏，在这个游戏中，企业只有两个变量：服务的用户数量和付费人数。

用专业术语来说，免费增值商业模式通常更关注用户规模和转化率，而非每个用户平均收益。在"曲线"的世界里，让你的超级粉丝尽可能多地花钱才是关键。免费增值模式下，你能够从超级粉丝手中获取的收入受到了严格限制。面临类似困境的还有订阅业务。固定的订阅价格限制了超级粉丝的付费数额，使你不得不花尽可能多的精力去获得订阅用户，而不是努力服务现有客户，并期望他们能付给你更多的钱。

在此，"曲线"理论提出第三个变量：价格。"曲线"理论不仅关注大量用户的获取（这很难，成本也相当高）和转化率提升（也很难），同时要求增加价格层级，使用户能够按自己的意愿支付超过平均值十倍、百倍甚至千倍的钱。"曲线"能让你的生意或艺术创作摆脱平均斯坦的束缚，在极端斯坦中红火起来。虽然大量付费用户的确能带来巨大成功，但你并不是一定要有大量用户才能实现盈利。《部落战争》和《卡通农场》的开发商 Supercell 就是很好的例子。你不一定要用高深的技术设计出高水平产品或服务，高金聘请广告公司宣传造势也非必需，并且不打广告的策略反而能让你潜心服务客户和粉丝。扩大用户规模不应是你增加收入的唯一途径，为了实现发展，你可以采取扩大规模，也可以提高价格，或者两种策略并用。

Tumblr 是一家微博客网站,用户可以在上面分享照片、短评论和视频。据用户测评公司 Quantcast 统计,Tumblr 是美国访问量最大的 10 个网站之一。2012 年 11 月,Tumblr 的独立用户达到了 1.7 亿,总浏览量超过 180 亿页。然而,《福布斯》杂志公布的数据显示,2012 年该公司的全年总营业收入只有 1 300 万美元。[3]

手机游戏开发商 Venan 娱乐公司则与 Tumblr 对比鲜明。这家公司的总部位于康涅狄格州的克伦威尔。2011 年,该公司发布了一款可以在 iOS 和安卓移动设备上操作的名为《书中英雄》的游戏。这款游戏的玩家数量并不多,每月活跃独立玩家约为 10 万人,每日活跃独立玩家约为 2.5 万。[①] 2013 年,该公司的总营业收入超过 300 万美元。

Venan 公司的《书中英雄》的独立用户不足 20 万,年收入却接近 2012 年 Tumblr 年收入的 1/4。具体来说,得益于对"曲线"理论的良好应用,Venan 以相当于 Tumblr 0.1% 的用户数量,赚取了相当于 Tumblr25% 的营业收入。

"吃白食之人"不仅是营业收入的来源,也是最有效的市场营销来源之一。营销员们一直将口碑推荐视为最重要的推销途径,但也最难实现。随着社交网络的兴起,向他人分享喜欢的内容变得越发便捷。

正是由于在全球层面的内容分享如此便捷,才使《江南 Style》和哈林摇形成了空前的轰动。对于应用商店来说,"吃白食之人"是极为关键的角色。用户的下载、使用或付费都是在为一款 App 的排行位次做贡献。要想跻身榜单前列,你要么在客户获取上大笔投入,要么维护好现有的忠实客户,让他们将产品推荐给身边的

---

① 这两个指标分别被称为 MAUs 和 DAUs,或月/日活跃用户数。The internet loves its TLAs。

朋友。现实中,你最好双管齐下。之前我们已经了解到,电子艺界等游戏公司通过价格策略,使自己的产品出现在了 App Store 的圣诞排行榜首页。苹果设备一开,这些应用就会立刻映入用户眼帘。我们也看到,索尼和亚马逊在英国电子书领域的竞争,导致许多电子书的下载价格大幅下降,并对畅销排行榜产生了重大影响。2013 年 2 月的一天,我在 Kindle 上花 20 便士买下了一本名为《1 227 件你不知道的小事》的书,这个价格仅相当于出版社推荐零售价的 2%。这本书在 Kindle 商店的排行榜中位列第四,仅落后于扬·马特尔的《少年派的奇幻漂流》、琼纳斯·乔纳森的《百岁老人出走记》和克里斯·尤恩的《安全屋》,它们的售价都是 20 便士。

用户的市场营销价值是极其巨大的。在社交媒体的影响下,强势的产品和市场越发强势,小众市场也开始拥有更多的发展空间。作为一种传染式营销途径,免费用户对这两种模式都至关重要。

生活中有些内容是不容错过的。比如我们在第 4 章中提到过的奥运会、女王伊丽莎白二世的钻石禧年,以及特定节目的总决赛等。2012 年,我周围几乎所有女性朋友都看了《五十度灰》。如果你没在 YouTube 上看过《江南 Style》的视频,没用 iPad 看过《行尸走肉》或没玩过《愤怒的小鸟星球大战版》,你可能就难以融入社交圈。

这并不是什么新鲜事。整个 20 世纪,我们都在分享文化体验。不同之处在于,即便是在今天这个时间自由安排的流媒体时代,充满个性化和小众文化的时代,仍有一些内容是人们都想讨论、分享和体验的,无论是面对面的交谈还是借助社交媒体。这些广受关注的文化内容同时也极大地受益于热议。

小众内容也一样。小众产品的繁荣发展需要口碑相传。但是只有当推荐能轻易转化为体验时,口碑相传才能发挥最大作用。目前,在技术的助力下,推荐向下载和支付的转化过程十分简便。

直接点击朋友在社交网站上的推荐链接,就可以直达付费页面。如果产品价格为零,这种转化的阻力就更小了。

实验证明,“免费”和“便宜”是完全不同的心理价位。心理学家丹·艾瑞里在一项著名的好时之吻巧克力实验中,验证了这种与免费产品相关的非理性行为的存在。[4]艾瑞里在一个公共场所放置了一张桌子,上面摆了两种巧克力。一种是优质的瑞士莲松露,另一种是普通的好时之吻。桌子上还放了一个大大的提示牌,写着“每人限购一块”。走到桌旁的顾客可以看到巧克力和它们的价格。

瑞士莲是品质极高的瑞士巧克力,艾瑞里描述说:“品质一流,口感丝滑细腻,让人无法抵抗。”他批量购买的成本价为每颗 30 美分。好时之吻就没那么特别,工厂一天的产量就能达到 8 000 万颗。实验一开始,艾瑞里分别将瑞士莲和好时之吻定价为 15 美分和 1 美分。“结果与我们的预期一样,消费者普遍较为理性,他们会对比两种巧克力的价格和品质,然后作出选择。73％的人选择了松露,27％的人选择了好时。”

这项实验的目的是为了测验免费对于消费者理性的影响,因此,艾瑞里将两种巧克力的价格都降低了 1 美分。这时,瑞士莲和好时之吻的价格分别变更为 14 美分和免费。免费的出现给结果带来了巨大影响。品质平平的好时之吻成了大热门。约有 69％的顾客(先前只有 27％)选择了免费的好时之吻,放弃了购买价格十分划算的瑞士莲松露的机会。与此同时,瑞士莲松露的结果变化显著,选择它的客户比例从 73％下降到了 31％。

艾瑞里又在各种其他环境和条件下重复了这个实验。他的结论是,免费是极具刺激性的价格。它给予人们一种所得之物的价值提升了的感觉。除此之外,我们更愿意选择免费选项,也是因为免费降低了损失的可能性,似乎风险更小。但由于免费的诱惑如此之大,我们常常会忽视它的外部效应,如下载一项 App 所要花费的时间,或者这个 App 要占用我们的 iOS 设备有限的存储空间。更重要的是,艾瑞里的实验向我们说明了,免费 App 和 99 美分的 App 之间的差别要远大于 99 美分和 1.99 美元间的差别。虽然 1 美元对于购买一款游戏来说不是个大数目,我们在买咖啡时会对这个数目毫不吝惜,但与免费相比,1 美元已经相当的、难以想象的极其昂贵了。("昂贵"也是一个重要概念,之后会在第九章详述。)

大卫·巴纳德对此有亲身体会。巴纳德是一个独立的工具应用程序设计师,他会将设计好的 App 发布在 App Store 上。他的团队 App Cubby 设计了一款用来追踪汽车油耗的 App 和另外一款名为 Launch Center Pro 的程序。第二款应用不仅能使 App 的启动更为便捷,也可以方便地对这些 App 进行操作,如使用快捷键发出"给家里打电话"和"搜索附近咖啡厅"的指令。

2012 年 5 月 31 日,巴纳德推出了一款操作非常简易的名为 Timer 的计时应用程序,这款程序甚至比苹果内置的计时功能还要好。他将售价定为 99 美分。在最初的 3 个月内,这款程序的下载次数接近 9 000 次,为他创造了 6 000 多美元的收入。但到了 8 月,下载量开始明显减少。巴纳德的经营理念是:"未来,要想实现 App 的持久发展,必须尽可能多地让利用户,再让那些认为获得了更多价值的人支付更多的费用。"[5] 因此,他决定让用户免费使用 Timer,同时提供"应用内消费"(IAP)项目,供有需求的用户付费享受。他所提供的 IAP 只是一些简单的程序主题,用户可以根据自身喜好选择特定的主题,来美化应用程序的外观,更改计时结束时的铃声类别。价格起点为 99 美分。最贵的产品是包含所有现有和未来可能会增加的主题和声音的终极主题包,售价 9.99 美元。这些应用内消费选项,对于 App 的使用其实并不必要。

Timer 改为免费的首日,下载量从每天 12 次跃升至 25 000 次。到目前为止,这款 App 的总下载次数已超过了 20 万,超出初期付费阶段安装次数的 20 多倍。免费以来,巴纳德凭借 Timer 共赚取收入 8 000 余美元。其中超过一半收入来自 672 名购买了终极主题包的用户,他们单纯为了美化升级 App,在核心功能免费的情况下向开发商支付了 10 美元。

尽管遭遇了一些困难,但结果是喜人的。最初的付费应用具有苹果特色,免费版本则截然不同。巴纳德说,自己在免费策略的实施中犯了个小错误。应用内消费的设置还没有就位,他就开放了免费下载。在很长一段时间内,下载量极高,却没能为用户准备可以消费的项目。即便出现了些失误,最终通过免费提供产品和给予愿意花钱的用户多种消费选项,巴纳德仍收获了高于初期 20 倍的用户数量,收入也增加了 1/3。从此,巴纳德成为免费魔力的忠实信徒。

但应用“曲线”理论并不依赖于免费。“曲线”理论的核心是让愿意花钱的人有机会大把花钱。虽然免费可以显著提高你的受众规模,但价格起点不需要非得是“0”。许多游戏公司正在尝试一种付费增值商业模式。在这种模式中,用户先行买下游戏,而后还可以付费购买“应用内消费”项目。这的确存在风险,相比于事先付费的产品,消费者往往对免费获得的东西更加包容。但这却使传统企业避免了经受免费提供核心产品的痛楚。

运用“曲线”理论可以抵御侵权盗用行为,因为在“曲线”策略下,消费者们可以合法获得免费产品。侵权盗用并不是真正的长期威胁。只有当懂得用高消费群体补贴“吃白食之人”的新企业或企业家导致的竞争,将所有可以数字化共享的产品价格压到“0”时,威胁才会降临。聪明的企业家和艺术家们将开始积极探索新的经营模式,使超级粉丝和大客户在他们真正认为有价值的东西上大把花钱,而不会拖到生存面临挑战的最后关头。他们在尚有选择余地时,可以犯错,并能从碰壁的经验里找到真正的生存法则。未来,终端用户与产品、服务和艺术内容之间的价格障碍将不复存在,聪明的人会提前为这一刻做足准备。

但对不同产业来说,这个时刻不会同时来临。不同的产业处于不同的发展阶段。游戏产业已经基本完成了向自愿、免费的转变。音乐产业正在不情愿地转变之中。而包括影院(仍能维系)和DVD(逐渐减少)在内的电影产品仍保持着较高的价格。我希望企鹅出版社(Penguin)能对《曲线》这本书的电子版收取费用,因为虽然总有一天所有电子书都能免费阅读,但我想现在还不是非常必要。如果消费者仍愿意付费,那大可以让他们继续这样做,直到你在"曲线"理论的指导下,找到了既能免费提供产品,又能让他们付给你更多的钱的方法。

免费是能帮你的产品、服务和艺术内容获得更多使用者的有效工具。免费用户并不是不想为应用程序、音乐作品或在线服务付费,而是对损失具有强烈的恐惧心理。如果公司能够以某种免费的方式让他们亲自体验一款 App、音乐作品或服务,这种恐惧就会减少或削弱。免费将使更多的用户接触到产品,向朋友推荐,或沿曲线移动,转化为高消费水平的客户。同时,这些企业和经营者还要为用户提供相应的消费情景。

"吃白食之人"之所以非常重要的最后一个原因是,他们还扮演着"围观者"的角色。本书将用独立的一章来向读者解释"围观者"的关键作用。

# 8. "围观者"

雄性园丁鸟是一种奇特的生物。

园丁鸟属于大中型雀类,体型大小与亚欧乌鸫和小乌鸦相近。在进化生物学家看来,它们最为显著的特征是,雄性园丁鸟在求偶时都会搭一个大大的"亭子"。比如,生活在澳大利亚东部的雄性缎蓝园丁鸟会用小木棍和细枝盖一个小建筑,并用收集来的各种小东西进行装饰,装饰品大多是蓝色、黄色或亮闪闪的东西。自从塑料产业开始生产蓝色晾衣架和一次性蓝色笔帽以后,园丁鸟能用的材料更多了。

雌性园丁鸟会来参观这些"亭子",并检查建筑质量。而后再回到挑中的几个"亭子"来看雄鸟的求偶舞蹈。最终,她会挑选一名伴侣,通常只有一名。到此,雄鸟的求偶过程就结束了。于是,生物学家们就不得不去研究一些令人疑惑的问题。为什么雄鸟要花费如此多的精力去造一个根本没有实用价值的"亭子"呢?这种"亭子"既不能防御自然因素的侵袭,也不能抵御捕食者,更不是一个巢穴,事实上巢穴还要雌鸟自己去搭。雌鸟又为何将"亭子"的质量和求偶舞蹈作为挑选伴侣的标准呢?

1975 年,生物学家阿莫兹·扎哈维(Amotz Zahavi)提出了一种用以解释雄性园丁鸟的浪费行为的理论。扎哈维认为,可以将那些生物学家们难以理解的生物特征,如园丁鸟的"亭子"以及孔雀的尾羽,视为"不利条件",生物通过挥霍自身的资源来显示自己

117

挥霍资源的能力。其实,园丁鸟建亭子就是在说:"快看啊,我盖的亭子多好看! 我在其中注入了多少心血! 我飞来飞去找来这么多闪闪的鹅卵石和蓝色塑料,浪费了多少精力! 既然我能花了这么多力气建一个毫无意义的玩意儿,我肯定还有更多更多使不完的劲儿来找食物,抵抗天敌入侵。你一定会爱上我的基因,并想把它们传给你的后代。瞧瞧旁边那棵树上的破'亭子',我这个可怜的对手也就拥有那5根破树枝和一个晾衣架,你绝对看不上他的,对不对?"

扎哈维的不利条件定理起初遭到了许多质疑,但却极大改变了主流生物学思想。杰弗里·米勒是一位进化心理学家,他通过研究不利条件对人类配偶选择的影响,进一步发展了不利条件定理的理论。在新解释中,米勒认为,人类不单单是为了生存而进化,还有其他许多原因。因此,人类的大脑要比达尔文选择理论中的简单理解更先进。他认为,人类大脑中那些看似对逃避天敌和寻找食物完全无用的因素,如艺术、文学、利他主义和创造性等,应该与性选择有关。人类的大脑已经进化为,能通过展示智力、创造力或其他一些优秀特质来帮助择偶的工具。

我们人类最好的特质,如艺术修养、慈悲心、爱心和利他主义,都是性选择中的炫耀品,这类炫耀品不仅包括我们的脑力,还包含扎哈维的不利因素原则中提到的体力因素。人类学家还找到了其他一些原因,用来解释人类为何会不自觉地去显示消费能力或作出某些特定的行为,包括伴侣选择、创造相互义务、巩固群体间的联盟,以及通过浪费来显示地位等等。米勒认为,炫耀性消费,就是人类在用挥霍的方式证明自己拥有剩余精力。我们挥霍的越多,我们肯定起初拥有的也越多,并以此来增加我们对于未来伴侣的吸引力。营销机构就是抓住了人类的这种本性(即我们需要用一些标准来评判潜在伴侣的质量)来让人们相信,展现性别魅力的最佳方式就是消费。

米勒的成果建立在美籍挪威经济学家索尔斯坦·维布伦 (Thorstein Veblen)的成果之上。维布伦是最早研究炫耀性消费理论的学者之一,1899 年,他发表了著名的《有闲阶级论》。维布伦商品就是以他的名字命名的,是指一种人们的购买欲望随着产品价格上升而上升的商品(因为价格越高,彰显的地位越高),这与经济学中的需求理论恰恰相反。维布伦商品的典型例子包括奢侈葡萄酒和烈酒、高级轿车、名牌服饰以及珠宝等。

本章标题里的"围观者"是炫耀性消费展示中的重要角色。炫耀性消费,或者压根就是所有的性选择展示的目的,都是想使自己区别于他人。拥有选择权的人需要看到某些东西,作为评判条件,而被选择的展示者需要观众来看自己的展示。在"曲线"理论环境中,性选择理论表明,多数归因于由性选择推动的进化的行为,都是出自某种社会情境之中,也就是观众,或说"围观者"。

在我们如何认识价格与价值这个问题上,罗伯特·恰尔蒂尼 (Robert Cialdini)是我最喜欢的两个作家之一。(另一位是丹·艾瑞里。)恰尔蒂尼是亚利桑那州立大学的营销学和心理学教授。他的专著《影响力:说服心理学》可称得上杰作,这部书能够帮读者理解人们为什么和如何购买,以及如何销售产品。

该书以一个小故事作为开端。这个故事是他的一个在亚利桑那州开美国本土珠宝店的朋友的真实经历。他的这位朋友收集到了一套质量上乘的绿松石,但怎么也卖不出去。并不是客流量的原因,因为当时正是旅游旺季,店里挤满了顾客,但这些绿松石仍一动不动地躺在架子上。她把它们移到了更加醒目的位置,还是没有起色。她不断嘱咐店员向客人推荐,也没有用。

后来,她要外出进货,出发前给销售员留了一张字条。"所有展示柜里的商品全部价格×1/2",为了清空存货,她不得不承担一些损失。进货回来时,她欣喜地看到,所有的存货都卖光了。尤其高兴的是,她发现销售员看错了字条。绿松石不是以半价,而是双倍的价格售出了。

恰尔蒂尼对此这样解释:我们在生活中都喜欢走捷径。火鸡妈妈会去养育一切发出小火鸡般吱吱声的东西,即便正在吱吱叫的是一只肚里塞了播放类似声音的录音机的假火鸡。雄性知更鸟不会去袭击自己领地里的一只胸前没有红色羽毛的填充知更鸟,却会对一团红色的胸羽毫不留情。这些行为被称为固定行为模式,只要受到类似小火鸡的叫声或雄性知更鸟的红色胸羽的特定刺激,就会以同样的方式重复出现。

在买绿松石的游客那个例子中,固定行为模式是一种思维方式,一种将"昂贵"与"优质"划等号的思维定式。大多数情况下,这种思维有很好的指导效果。在这个情境中,虽然只有价格发生了改变,但恰尔蒂尼朋友店里的绿松石珠宝似乎更珍贵、价值更高了。店主无意中打造了一款维布伦商品。

恰尔蒂尼继续评论说,虽然由于销售员的定价错误,游客在这种情况下做了错误的决策,但总体来讲,他们很可能因为"昂贵=优质"的思维定式获得了更好的体验。如果你想永远作出正确决策,你必须成为你想要买的所有物品的鉴定专家,无论是珠宝、葡萄酒、奶酪还是衣服。为了避免消耗这些精力,遵从思维定式是个理智的选择,虽然有时我们会受到一些欺骗。

我们已经探讨过,炫耀性消费可能是一种显示过剩精力的方式,借此来吸引伴侣(任意性别)。但炫耀性消费并不局限于财富炫耀。这种消费的目的是要证明,我既然能挥霍金钱去购买Cristal 香槟或杜嘉班纳的衣服,我当然有足够的能力负担衣食住行,并保护自己不受侵扰。米勒认为,市场营销者"仍然坚信,高端消费是为了显示财富、地位和品味。但他们忽视了人们真正最想展示的深层次内在特质,如仁慈心、智慧和创造力。"[1]

显示剩余能量的方法有很多。拥有 3 个学位的人在向别人证明，他们在能够维持生计的同时，还有剩余的金钱和精力接受全日制或在职教育。我头脑里关于星球大战游戏或 20 世纪 90 年代电脑游戏的丰富知识，似乎极不可能使我看上去更性感，除非你用不利原则定理加以解释。那些为了完成“100 件物品挑战”，而愿意凭借不到 100 种东西过活的人，是在证明，他们并不需要那些常人认为必不可少的配备。[2]不同的人有不同驾驭不利条件定理的方法，他们可能会通过公益活动、学习深奥的葡萄酒鉴赏知识、足球、烹饪等方式，也可以借助个人着装品位或独立设计珠宝。可以说，我们的所有行为都可以被追溯为某种形式的消费展示。

这并不是说所有的展示都是纯粹利己或为了赢得配偶。这些行为和特质已经成为人类社会的组成部分，是我们构建自我和自我意识的方式，也是我们创建交友圈和融入社会的必要因素。并非我们所做的每件事都是因为别人在看，千百年来的社会演进已经使这些行为成为人类本质的一部分。

不利条件定理、社会地位显示、炫耀性消费欲望，这些都是从进化生物学角度思考人类行为的方式。同样，“这些概念是如何转化为日常行为和我们用来描述它们的语言”也是一个值得探讨的问题。

我们的大多数行为，有意或无意，都属于自我表达。我们通过穿戴的服饰、选择的朋友、喜爱的事物、收听的音乐、阅读的书籍、学习的知识和参加的活动来塑造自己的身份，并有意或无意地将这种身份的展示作为日常生活的一部分。

我收藏了很多书。我家客厅的一整面墙，都被从地板一直到天花板的白色书架覆盖，上面密密麻麻排满了书。其中约有一半都与历史有关，包括布罗代尔的《地中海》，安德鲁·兰伯特的《海军上将》，以及伊恩·克肖的传记杰作《希特勒》等等。另一半是商业经济类书籍，有塔勒布的《黑天鹅》，克里斯·安德森的《免费》，赛斯·高汀的《部落》,尼古拉斯·凯尔的《浅薄》,威廉·高曼的《银幕春秋》等。如果有人来家里参观,我会希望他们知道我读过这几本书。

楼上还有我收藏的各种稀奇古怪的书,《星际战争》《汽车大战》、全套伯纳德·康维尔的《夏普》系列和帕特里克·奥布莱恩的《怒海争锋》系列。只有那些我愿意让其知晓我的内在"怪癖"的人,才有机会看到我的这类收藏。我越来越意识到,当我想要购买通俗小说、犯罪文学、机场惊悚案之类的书时,我都会先在 Kindle 上买下电子版,尤其是当我不太确定自己对一个作者的喜爱程度,是否达到了可以用他的作品来显示我的身份。

对我来说,我所阅读的书籍,或说用来显示我已读过的书籍,是我自我认同的重要组成部分。相信你已经发现,上两段文字,其实就是在炫耀性展示我的知识丰富和学识渊博(和怪癖趣味),也是在告诉其他人"我是谁"。

BuzzFeed 网站的创始人乔纳·帕瑞蒂认为,炫耀性展示并不局限于财物方面。很多人在网站上分享一篇文章或一个视频之前都会稍加思量,思量这种行为是在向别人传达怎样的自己。"社交分享事关你的身份显示。你想表达'看,我很聪明,很善良,或很有趣。'"[3]

自我表达,地位,身份,友谊,人际关系,择偶,所有这些因素都是紧密关联的,并对我们准确地理解"曲线"在网络主宰的世界中的作用机制十分关键。讨论这个问题之前,我们需要首先看清世界已经发生的巨大变化,比如,价值已不仅仅局限地存在于一些人错误地称之为"实体世界"的事物之中。

2011 年 9 月的《华尔街日报》上,尼克·温菲尔德报道称:"星佳公司之所以能成为新技术产业最炙手可热的公司之一,是因为它成功让消费者买下了根本不存在的东西。"[4] 2010 年 9 月,伊丽莎白·奥尔森在《纽约时报》上的一篇关于虚拟商品的文章的大标题为《在虚构的世界，新奇的虚拟商品大有市场》。[5] 2009 年，克莱尔·卡因·米勒和布莱德·斯通在《纽约时报》的一篇文章中写道："硅谷发现了一种完美商业模式：对现实中根本不存在的产品，收取真实货币。"[6]这些报纸似乎认为，在读者心中，报纸的价值在于这些木浆制成的纸张，而非包含在其中的文字、观点、思想和知识成果……

虚拟商品成为游戏产业的一种可行商业模式，这让许多传统媒体评论人都颇感意外。他们能够理解长期经营的游戏公司，可以通过销售精致光亮的 DVD、手柄游戏硬件装备或高端个人电脑实现 500 亿美元的全球业务规模，也可以理解这种长期以来形成的游戏体验能够借助 Steam 或 Xbox Live 等服务，而非碟片，通过光纤传送到家家户户。但他们无法理解，在游戏免费的情况下，消费者竟然选择在星佳公司推出的《开心农场》里花 10 美元买一个虚拟的农舍。

《开心农场》发布于 2009 年，是星佳公司早期最成功的产品之一。① 玩家在这款游戏中，可以管理一个虚拟农场。他们可以种植农作物、从虚拟绵羊身上收割羊毛，还可以安置田地、篱笆、果园和养鸭池。这款游戏在 Facebook 上运作，并且不收费用。人人都可以点击朋友转发的链接或宣传文字，直接进入游戏。在某段时间，《开心农场》是 Facebook 上最热门的游戏，每月的游客流量可以达到 6 000 万。[7]

6 000 万人！除了奥运会或超级杯等最重大的体育赛事，没有任何事件或产品能够博得 6 000 万人的关注。《开心农场》确实免费向玩家开放，但它也有自己的盈利模式。星佳公司向玩家销售

---

① 由于星佳公司没能适应不断变化的消费者偏好，已经失去了在游戏市场中的领导地位，但这种商业模式已广泛推展开来。

在现实中不存在,却能提升游戏体验的虚拟商品、道具。我曾购买过一个虚拟农舍,因为散乱没有焦点的农场看上去有种莫名其妙的空旷感,我很乐意花上 10 美元让我的农场漂亮一些。很多批评家会觉得,为这种不存在的事物花钱的愚蠢行为简直很可笑,因为他们坚信只有现实存在的事物才有价值。

一本书的价值是在于一册毫无生气的木浆纸,还是在于其中的思想、观点和知识呢?一张 CD 的价值是在于那张闪闪发光的塑料光盘,还是在于其中刻录的音乐所能吸引、愉悦和感染我们的力量呢?DVD 难道仅仅是一种人造工艺品吗?它们难道不是存储电视剧、电影或游戏软件等真实价值的一种传递设备吗?

500 年来,我们都没能真正理解书籍的价值所在。事实上,书籍具有两种截然不同的价值概念。书是一种存取设备,书也指容纳在这种存取设备中的内容。500 年中的前 490 年里,只有哲学家才会对这种价值区分感兴趣。而现如今,情况突然不同了。对许多消费者来说,存取设备的价值越来越小。电子书的问世,为人们提供了获取书籍另一种价值——更为便宜的内容和更为灵活的阅读方式。与之类似,MP3 和其他数字音乐格式也将 CD 分割为"存取设备"和"设备中的音乐内容"两方面。图书、唱片、电影的价值仍然巨大,而存储这些内容的实体媒介的价值,却随着更好更廉价的内容访问方式的出现而逐渐没落。

当然,实体物品还有第三种价值:地位象征的价值。[①] 根据不利条件定理或维布伦对于炫耀性消费的看法,作为自我表达和显示地位、学识和文化的手段,CD 或限量黑胶唱片和盒装整套 DVD 仍有价值。这就解释了,为什么在过去 5 年中黑胶唱片销量会不断增长。2012 年,唱片总体销量下降了 11.2%,而限量黑胶唱片

---

① 还有第四种价值:有人认为阅读精装书籍或拥有华丽包装的黑胶唱片能够带来更多愉悦。我倾向于将其归为地位的一部分,但对某些人来说,对实体物品的迷恋可能对他们来讲更重要。

的销量却上升了 15％。[8]

类似于《开心农场》里虚拟农庄的虚拟商品逐渐开始替代实体商品和体验在人们生活中扮演的角色，这并不是一个短暂的现象。不可否认，当你花很多钱去观看一台现场表演、旅行度假或在米其林星级餐厅吃一顿大餐时，你为之付费的事物是真实存在的，但体验结束后，它们将很快仅仅成为你头脑中的一种记忆。由于我们正在步入一个真实和虚拟交织的时代，我们的价值观念也需要同时对这两种领域加以适应。

这种适应过程已经持续多年，发展情况最受瞩目的当数使虚拟商品一跃成为主流的"社交网络"。社交网络通过改变交友和友情联络的本质，实现了这一成就。2012 年 9 月 14 日，Facebook 迎来了第 10 亿个活跃用户。10 亿人，占全球人口的 1/7，都曾在这个日期前的一个月内登录过 Facebook。这是一个惊人的数据，也正是这个数据，改变了我们对交友以及本书所要重点提到的"虚拟产品"的看法。

Facebook 拥有超过 1 400 亿个朋友链接，平均每个用户有 140 个好友。[9]这种好友关系与真实世界中的好友不尽相同。Facebook 还不能替代人们在现实中聚餐交流的需求和欲望，但它的成功告诉我们，我们在纯粹的虚拟环境中同样可以建立、维系和强化人际关系。如果人际关系可以虚拟的方式存在，那么我们在实体世界中所展示的很多行为特质，也非常可能会转移到虚拟世界当中。换句话说，如果我们在实体空间里，会为了获取或向现实中的他人展示某种知识或技能而去购买商品或投入时间、金钱和精力，当我们将那些人际关系搬到线上时，我们也有理由具有在网络环境里购买商品或展示知识、技能、地位和财富的欲望。

Facebook 将 10 亿用户带入了充满人际关系的虚拟空间。它改变了我们对于现实和虚拟之间差别的理解，减少了这种差别对大多数人的重要性。但并不是说差别不存在了。事实上，随着作为自我身份标识的实体物品的稀缺性和重要性的提高，未来，实体物品很可能更具价值。我想说，在人际关系向在线空间迁移的过程中，我们应该认识到，如果某种虚拟产品能在某种程度上影响发生在那里的人际关系，那么花钱购买这些产品就是有价值的。

让我来换种解释方法。大约十多年前，我的妻子向我解释了鲜花的意义，我指的是那种作为日常小礼物的鲜花。"花的意义不在于花本身，虽然它们的确很漂亮。它们代表了当我不在你身边时，你还想着我，代表你愿意在我身上花费时间、精力和金钱，代表你想告诉我你关心着我。"鲜花本身固然美好，但送花这种行为暗含的情愫更为重要。（虚拟商品在正确的环境中，也会带有与我妻子口中的鲜花同样的象征意义。）

我之前的一个客户在一款游戏中打造了一个中世纪虚拟世界。在这个世界里，用户可以购买虚拟产品来给自己的角色进行个性化装备。用户可以浏览在线商店，挑选胫甲和胸甲、头盔和臂甲、新款纹章盾，以及跟在身边的宠物。我仔细研究了这款游戏的设计，发现用户在其中不能看到其他人的角色装备。那家公司认为，人们挑选个性化装备是出于自己的喜好，而不是因为他们知道有人在看自己。

"我这样问吧，"我说，"当你一个人在家时，没人看你，你是会穿戴得华丽整洁，还是直接套件运动裤和旧 T 恤呢？"

当知道没人在看自己时，大多数人都不会十分在意自己的外表。在网络环境里也是如此。星佳公司的《开心农场》也曾面临相同的问题。当时，这款游戏发送的用户通知密集到类似大规模垃圾邮件的地步，Facebook 不得不关闭星佳公司的传播渠道。即便如此热门，用户们从没到访过其他人的农场。于是，星佳公司在其中添加了一个非常不起眼的迷你游戏。一天，我正在收割作物，一个弹窗出现在屏幕上。"有乌鸦正在吃你的朋友莱奥妮的庄稼。

126

你愿意去赶走它们吗?"我点了"是"(谁能拒绝帮助一个需要帮助的朋友呢?)。同时,屏幕上的画面从我的农场切换到了莱奥妮的农场。屏幕顶端又弹出一个新窗口,祝贺我吓走了乌鸦,并奖励给我一些虚拟货币。

由于这涉及我的专业,因此我停下来盯着屏幕,想弄清星佳公司添加这种新功能所要达到的目的。这样做并没有增加游戏的难度,也算不上游戏升级。我只是点了一下图标,吓走了莱奥妮农场上的乌鸦,并没有什么新鲜的体验。就在我思考的当口,我突然注意到莱奥妮的农场比我自己的大得多。她还有一个养鸭池。我查看着她的地图,想看看她是如何管理她的土地的。我简直被她的果园惊呆了。

我恍然大悟。星佳公司是在向我强调,《开心农场》是一个社交游戏,暗含有一切社会性后果。莱奥妮正在向我展示她作为一个《开心农场》玩家的实力,以及她的审美和个性。看着她的农场,我突然意识到也会有人以同样的方式去看我的农场。我立刻点回自己的页面,开始改造。当我知道有人在看时,我就一定会换下运动裤和旧 T 恤了。

这并不是说,只有在有人看时,虚拟商品才有价值。就像在实体世界中,我们不是只在他人对我们的财富和成就的看法中,才能获得满足或认同。我是想用人们到别人的农场去看他们的财产和成就的例子,来说明我们对在线体验的社会本质的感知,能让我们更好地理解虚拟产品的价值。如果明白了这一点,人们就可能不仅仅为了自我展示,同时也为了个人满足感或自我表达,而去购买虚拟商品。如果人们头脑里没有"别人在看"的意识,虚拟产品的营销会更难,但也不是完全不可能。

社会学家南森·杰金逊(Nathan Jurqenson)在对我们的实体自我和虚拟自我的人为区分方面颇有名声。他将这种区分称之为"数字二元论"。[10]数字二元论者认为,实体世界是"真实的",数字世界是"虚拟的"。就像《黑客帝国》里的尼奥,他要么存在于真实的实体世界中(锡安基地),要么存在于虚构的虚拟世界(矩阵),不能在两种世界同时存在。这种简单分解的观点认为,社交媒体是在引导人们牺牲掉丰富、有形和真实的面对面交流,去进行数字、虚拟和毫无价值的在线互动。这种观点被许多书籍采纳,如尼古拉斯·凯尔的《浅薄》、叶夫根尼·莫洛佐夫的《网络错觉》和安德鲁·基恩的《网民的狂欢》等。杰金孙还认为这种观点的错误,应该归因于将数字和实体世界进行了严格分离的系统性偏差;"这是一个零和权衡,在一边投入更多的时间和精力,要以减少另一边的投入为代价。"用杰金孙的话说,二元论简直荒谬。

就我个人而言,我的三个最好的朋友都离我所在的伦敦非常远。一个在美国华盛顿,一个在中东的阿曼,第三个在贝尔法斯特北部的一个小村庄。我经常通过 Facebook、Twitter、Skype 或电子邮件等数字渠道和他们联系,而在过去,我们只能互相写信。正是由于经常以电子方式进行交流,一年中那仅有的两三次见面中,我们显得更加亲密。另一方面,我一般都是在家工作,Twitter 成了我最好的解压工具。我不知道那些网友的真实名字,却立马能认出他们的 Twitter。我与他们成为朋友,但只有当我们在线下见过面交流过,我才将其视为"真正"的朋友。Twitter 是实体世界中一段关系的起点或延续,但真实与虚拟也不可分割地交织在一起。

数字二元论的危害有很多。那些顽固地坚持这种人为区分的作者和评论者都根深蒂固地觉得:改变没有好处。虽然准确地说,在实体世界、数字世界,或二者交叉的世界里,总会有一些特定的体验会比其他环境中更有趣、更有益、更具教育性和启发性,但这些二元论者仍坚定地认为,实体从本质上就比数字的要好。他们忽视了一个每天都在发生的事实,那就是越来越高比例的人口正同时自在地穿梭于两种世界之间(不要忘了有 10 亿的

Facebook用户)。他们拒绝承认,人们正随着迅速更新的技术而改变自己的行为习惯。或者他们其实内心是认同的,但却十分失落,因为这与他们所认为的世界并不相符。

从商业的角度来看,数字二元论也有危害。数字化策略的第一步,就是要取消实体产品,并将其转化为数字格式。(你可能会说,第一选择还是付费邮购,亚马逊并不是真正的数字业务模式啊!你说的也没错,亚马逊的大部分在售商品的确都还是彻底的实体派送业务。但是,亚马逊的产品目录是数字化的,正是有了数字化的目录,亚马逊才能有如此大的业务规模。)这种"走向数字化"的思维就是,消费者已经了解了产品的价值,因为它以一种实体形态存在;设计、销售和营销产品的商人们能够理解这种产品提供方式,因为他们将产品数字化的同时,就是在说:"我们已经取消了实体制品——狄多的《No Angel》的压缩光盘、装有《辛普森一家》全套DVD的套盒、内含《海底总动员》光盘的黑色塑料壳——并把内容毫无更改地制成了一种数字产品。"这种观点将实体和数字视为两种分离的现实,并且可以在两者间相互转换。

新的商业模式会避开这种数字二元论。杰金森将数字二元论的对立面称为"扩充现实感",我对这个词深恶痛绝。原因是,在过去十年里,这个词已经被游戏产业用烂了,游戏公司试图利用虚拟现实眼镜、能让人有现实世界之感的数字信息全息投影和其他一系列终端技术,来证明玩家更喜欢在更真实的环境里打游戏。我想他们完全把这个词玷污了。我更喜欢"数字整体论",即实体和数字是两种不同的现实,只有同时存在,才有意义。[11]

数字整体论解释了,为什么消费者会购买电子书阅读器、下载便宜或免费的电子书,而后还会去购买内容一样的精装版实体书。这种理论将我们在实体世界中对友谊的理解,与向那些只是在网络游戏中结识的虚拟朋友提供帮助的意愿连接起来。数字整体论也是商业营销中的必备理论,指导企业将只有微小兴趣的网站访客转化为肯花成百上千美元购买实体或数字现实中的商品的忠实粉丝。

2007 年,游戏书《战斗幻想》的作者、视频游戏开发商 Eidos 的名誉主席伊恩·利文斯通出访了韩国。回程中,他谈起在当地极为成功的一种商业模式。最典型的例子是一款名为《跑跑卡丁车》的游戏,这款游戏上市的头一年,就吸引了韩国本土 1 200 万名玩家,占了韩国人口总数的 1/4。[12]在这款游戏中,玩家要操控虚拟的卡通汽车在虚拟赛道上与其他真实玩家比赛。起初,这款游戏是完全免费的,直到 2007 年的圣诞节,《跑跑卡丁车》背后的 Nexon 公司在游戏中增加了付费购买的圣诞帽,供玩家装饰自己的角色。售价为 1 美元的圣诞帽,一周之内销出了 100 多万顶。

西方世界的游戏开发商对此十分惊讶。这样一顶虚拟圣诞帽只需要一个设计员一个下午的时间就能做出来,竟然一周就产生了 100 万美元的收入。简直就像拿到了印钞执照!但他们忽视了一个重要事实:玩家没有为游戏付任何费用。他们没有为用来管理构成娱乐体验的操纵杆、碰撞检测、动画和图像的昂贵的游戏引擎买单,没有为轨道设计买单,没有为平衡不同车型、角色美工、记分系统等各个环节的工作买单。他们没有为享受的内容支付一分钱,只是花钱买了一顶装饰自己的圣诞帽。

Nexon 在《跑跑卡丁车》之前推出过一款名叫《Quiz Quiz》(现在叫《Q-play》)的游戏。起初,Nexon 并没有计划采用虚拟商品的盈利模式。2001 年,在免费会员试用阶段结束时,公司宣布将在短期内开始收取费用。此言一出,会员数量直线下跌了 90%。于是,Nexon 公司重又免费开放了游戏,并尝试在游戏中添加了可以装饰玩家角色的付费假发、帽子和衬衫。很快,这些美化角色的产品就帮公司实现了每月 15 万美元的收入。[13]

在数字分销的世界中,内容传播的成本十分低廉,用伯特兰德竞争理论来说，价格将向分销的边际成本趋近，内容将趋于免费。与此同时，消费者将为他们珍视的东西付费，如自我表达、身份、地位、友谊表达等等。

如果你认为花1美元买一顶虚拟圣诞帽是种愚蠢的行为，那么请问，你每年在节日庆祝或装饰上花费的金额是不是超过1美元呢？如果你的答案是否定的，你要么是个吝啬鬼，要么就是骗子或孤僻的人。我想，在一个四周都是朋友的环境中，花1美元为社交庆祝活动买一顶圣诞帽是挺便宜的，而且比为办公室的圣诞聚会买一堆驯鹿角要物美价廉得多。

在《跑跑卡丁车》里买下第一顶圣诞帽的玩家可能会想："快看我啊，我是第一个拥有圣诞帽的人。酷不酷？"第二个购买者可能希望能够走在潮流前列。后来的玩家也许会想："别人都有了，我也得买一顶。"一顶圣诞帽满足了不同的心理需求：为了庆祝节日，想成为第一人，想突出自己，为了跟随潮流，与朋友和熟人分享体验，或单纯为了好玩。花1美元买到这些，真的不错。

我们已经知道，人们购买虚拟商品通常是出于与在实体世界购买商品相同的原因；企业需要"吃白食之人"来为人们的消费决策提供环境和情境；在竞争环境中，伯特兰德竞争的经济规律会将商品的价格压低到边际成本，对于数字产品来说，甚至与"0"无异。我们还知道，当你的产品变为免费，你将再也不能重新要求客户付费。他们中的大多数可能永远都不会给你一分钱。过去，100%的用户都会向你付钱，而如今，也许只有10%的人会这样做，那你该如何维持内容或产品的创新呢？

为了回答这个问题，我们需要认识另一种类型的消费者——超级粉丝。

# 9. 超级粉丝

飞鱼乐队是一支十分特别的乐队。他们的音乐很难定义。他们的多数粉丝都认为最好的体验是去看他们的现场演出,而不是听录音带。这个乐队已经组建了相当长的时间,他们一起即兴创作、尝试新形式,一起表演,每场演出都是不同的。在成立的 30 年里,他们只有一张专辑登上过《公告牌》杂志榜单的前十位。他们发行了 800 多首单曲,无一成为过电台热门曲目。迄今为止,他们只制作过一支音乐录影带。[1]

然而,2008 年至 2012 年,飞鱼乐队通过巡回演出创造了 1.2 亿美元的收入。仅 2012 年,他们就赚了 2 810 万美元,超过了电台司令、金属乐队和复出歌手尼尔·戴蒙德。[2] 因为飞鱼的现场演出有极强的即兴表演成分,粉丝们都不愿错过。乐队并不反对粉丝们私下交易现场演唱会的录音,反而持鼓励态度。约翰·埃利斯第一次观看他们的表演是在 2002 年的多伦多,至今他已亲临过超过 50 场演唱会。① 我问埃利斯一共在飞鱼乐队身上花了多少钱。

"演唱会的话至少 1 000 美元。如果加上油费、住宿、餐饮,还有购买 CD 的钱,T 恤衫还有书什么的,大概 2 000 元吧。"

埃利斯算是飞鱼乐队的超级粉丝。

---

① "约翰·埃利斯"是化名。埃利斯目前已经移居到英国,他不好意思让他那些不太欣赏飞鱼乐队的英国朋友知道,自己在这个乐队身上花了多少钱。

莎娜·杰克逊是一位三十岁的母亲。白天,她在泰特美术馆工作,为孩子们讲解馆内展出的艺术作品和它们的作者。晚上回到家,她便在一款名叫《伦敦回响》的在线游戏中,开始探索哥特式梦幻的维多利亚时期的伦敦。[3]

这款游戏是 Failbetter 游戏公司的创意总监亚历克西斯·肯尼迪的作品。《伦敦回响》能给人熟悉的亲切感,又与人们所熟识的伦敦完全不同。作为"一款每天只需花几分钟来玩的免费浏览器游戏",《伦敦回响》通过一系列简短的互动片段,将玩家带入一个黄雾和窃贼、侦探与噩梦的世界。

莎娜已经在《伦敦回响》中投入了 250 英镑(400 美元)。"我太爱这款游戏了。我爱它的内容,以及作者在里面创造的有趣的世界。最棒的是,它竟然是免费的。即使没钱,你也可以玩。你每天只能得到有限数量的免费操作机会,我一开始玩的时候,总是很快就把操作机会用光了。我就花钱去买机会,好继续游戏。我现在依然还在花钱。"

不管在家还是在工作,莎娜一直都会开着浏览器窗口,以便查看当前可用的操作机会数量。她的办公电脑上贴满了大大的便利贴,提醒她各种任务的完成进度。她是《伦敦回响》的超级粉丝。

本书已经提到过一些超级粉丝,后面部分还将提到更多。愿意在《部落战争》中花费上百美元的游戏玩家;支付 1 500 美元请维多利亚·沃克斯到家里开演唱会的歌迷;花 275 美元去佛蒙特州参加烘焙课程的人;或投入 4 000 英镑加入家庭烹饪大师班,跟 Le Manoir aux Quatre Saisons 餐馆的米其林星级主厨学做菜的人。

凯文·凯利认为,应与真正的粉丝而非大众市场建立紧密关系,这是未来独立内容创作者维系生存的途径。凯利是《连线》杂志的首任执行总编辑,他在 2008 年的一篇名为《1 000 个真正的粉丝》的博客文章中，[4]首次亮明了自己对于"艺术工作者该如何在互联网世界中求生存？"这一问题的观点。考虑到长尾的出现同时增加了竞争强度和价格的下行压力，凯利提问道："除了创造能够轰动一时的作品，艺术工作者们还有什么其他方法能摆脱长尾的魔咒呢？"

他提出了"真正的粉丝"的概念，来回答自己的问题。

一个创作者，比如艺术家、音乐人、摄影师、工匠、演员、漫画师、设计师、视频剪辑师或是作家，换句话说，所有生产艺术作品的人，只需要有 1 000 个真正的粉丝就可以生存。

真正的粉丝是指，那些无论你创作生产了什么，都会出钱购买的人。他们愿意驱车 200 英里去看你的演唱会；即便已经有了低端版本的唱片，还是会买下你新推出的内容完全一样的超级精装版；他们会将你的名字设置为 Google 新闻通知的关键词；你的绝版专辑一露面，他们就会收藏相应的 eBay 网页；他们会来你的各种发布会，让你在他们的唱片封面上签名；他们会买你的 T 恤衫、马克杯和帽子；他们迫不及待地想看到你的下一张专辑。他们就是真正的粉丝。

这篇简短的文章一出，凯利就受到了不少批评。很多人认为他根本不了解内容创作的真实成本。他的"10 万美元足以支撑一个创作者的生存"的观点，被批评为"忽视了许多创作活动都包含了多人的共同努力"（虽然他的博文中提到过，如果创作者不止一人，那么你需要根据参与创作的人数来增加真正粉丝的数量。）但是，与以往相比，凯利认为"创作者未来应与有限数量的忠实粉丝建立联系，而不能依赖'时来运转'"的观点，可谓向真理迈进了一大步。

从凯利发布这篇博文的那天起，"真正粉丝"的概念正式诞生了。技术也随之发展起来。互联网已经大大降低了与粉丝互动的成本，文化产品的生产成本也在下降。但最大的转变并不在于技术，而在于艺术工作者建立观众基础和向粉丝销售产品的方式。我们清楚地看到，将内容传递给粉丝的成本已经低到难以置信。无须花费多少钱，你就能借助 iPhone、网站、Kindle、音乐流媒体服务和许多其他技术，迅速将内容传递给广大观众。（但对于一项独立的新内容来说，想被观众注意到，也更加困难了。）找到喜欢你的作品和愿意为他们认为有价值的产品付钱的粉丝，也比以前更为容易了。我对凯利的观点的最大诟病在于，他在判断一个粉丝会为产品支付的金额时，考虑得不够深入。他口中的粉丝并不是超级粉丝。在凯利的理论案例中，真正粉丝每年的支出平均值为100 美元。但我们知道，"平均值"是具有误导性的概念。那些试图接受凯利的观点的商人和创作者仍被限制在传统思维当中，认为平均值就是大多数人支付的金额。互联网已经将我们从物理暴政中解放了出来，让我们可以去尝试更多样化的定价和盈利方式。事实是，人们希望在某种产品上支付的金额是多种多样的，非常不同。

伊恩和大卫·马尔什是圣地亚哥的一对双胞胎兄弟。他们的公司 NimbleBit 专门为移动平台，特别是 iPhone 制作游戏。伊恩是主程序员，大卫是美工师。"我们一个右脑发达，一个左脑发达，配合起来真的很完美，"伊恩说。[5]

起初，他们运营了一款名为《Scoops》的小游戏，游戏中，玩家需要倾斜手机接住下落的冰淇淋勺，尽可能多地收集甜品，把它们堆得越高越好。这款游戏销量很不错，但 NimbleBit 决定尝试一种全新的定价方式。他们将游戏免费开放，但允许玩家付费更换游戏的背景效果。主题包括怪兽、纸杯蛋糕、汉堡和帽子，每款的解锁价格为 99 美分。最终，这种模式实现了和先前几乎相当的收入规模,但却拥有了更多(也十分有价值的)玩家。[6]马尔什兄弟认为,如果他们必须在一款玩家少的盈利游戏和玩家多的盈利游戏中作出选择,他们宁可免费开放去获得更多的用户。2010 年 9 月,NimbleBit 宣布,未来公司旗下所有的游戏将全部免费开放。[7]

在一款名为《口袋青蛙》的免费起步的游戏中,这一决定给他们带来了意想不到的收益。在《口袋青蛙》里,玩家需要收集、饲养和售卖各式各样的可爱小青蛙。这款游戏可以免费下载,不需要玩家支付一分钱。但是,玩家可以选择在苹果的游戏商店中购买应用内产品。伊恩解释说:"不管你是否购买应用内产品,你都可以享受游戏的所有功能。可以在游戏中赚取的图章道具(也可以购买),能直接将你在游戏中订购或在池塘里发现的青蛙或物品递送过来。药水能迅速养大一只青蛙,你可以在游戏中赚取,也可以付钱购买。"

这款游戏十分受欢迎。2010 年 9 月正式发布后,《口袋青蛙》迅速上升至苹果免费应用排行榜的第三位。截至 2011 年 1 月 4 日,这款游戏总计被下载 400 万次,最火热的时候,每天有 35 万人在游戏里养青蛙。[8]《口袋青蛙》在 App Store 的总下载量前一百名的榜单中稳坐了一年之久。(要知道《口袋青蛙》发布时,App Store 里共有 46 466 款游戏可供下载。2012 年年底,这个数字增长为 128 125。)[9]NimbleBit 亲手制造了一场风靡一时的小轰动。

比下载量更惊人的是收入。NimbleBit 是一家美国的私人公司,不需要公布全部的财务数据。然而,这对兄弟却公开了详细的财务数据,帮助人们了解免费模式的效益。他们对于不同应用内付费产品的收入进行了细致分解。除了小部分广告收入,NimbleBit 的唯一盈利渠道就是这款免费提供给上百万用户使用的《口袋青蛙》。

为了便捷消费者的支付决策,《口袋青蛙》只设定了 3 种价位。支付 99 美分,你可以买到一个 10 支装的药水包。4.99 美元,你能买到 100 支装。1 000 支装,则要支付 29.99 美元。(对于类似于虚拟快递公司,可以加快在虚拟商店购买青蛙的递送速度的图章道具,也采取相同的定价方法。)

人们会在一个 iPhone 应用程序中支付 29.99 美元? 你确定? 是的,我确定。有 50% 的交易是 99 分的 10 支装;42% 是 4.99 美元包。最贵的 29.99 美元包只占所有交易的 8%。看起来,8% 似乎是个无足轻重的数字,但是,让我们抛开交易量,来看看图 2 中的收入结构。

如图 2 所示,从收入角度来看,结果完全不同。NimbleBit 的 99 美分业务只占《口袋青蛙》总收入的 9%。4.99 美元包的占比依然稳定在 42%。而只吸引了 8% 消费者的最贵道具包凸显出了真实价值,其对 NimbleBit 的游戏收入的贡献率竟然高达 49%。[10]

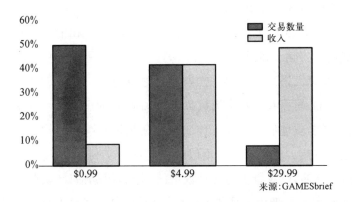

**图 2:NimbleBit 公司《口袋青蛙》的销售收入结构**

在 NimbleBit 推出《口袋青蛙》时,最普遍的免费 iOS 应用程序策略的目的是驱动高级版本销售,被称为"精简+高级"策略。精简版游戏一般都将完整版中的很多功能剥离掉了,或者充斥着太多的广告。而高级版本的功能更多,但也给大多数只愿意支付 99 美分的消费者施加了较大的价格压力。如果 NimbleBit 也采用了这种传统策略,他们就将丢掉《口袋青蛙》所带来的剩下那 91%

的收入。

正是由于《口袋青蛙》的超级粉丝有机会支付 29.99 美元，NimbleBit 才能从只占 8% 的用户，也就是超级粉丝们那里获取将近一半的收入。这些用户喜欢 NimbleBit 的产品，甚至希望开发商能设计出更多的东西供他们购买。

这里的 8% 并不是指 8% 的用户，而是付费用户的 8%。《口袋青蛙》是一款免费游戏，只有 4% 的用户被转化为付费用户。[11] 因此，NimbleBit 收入的一半，来自仅占 4% 的 8% 的用户，占总玩家数量的比例只有 0.32%。在游戏推出的首周，有 50 多万人下载了《口袋青蛙》，其中约有 20 000 人付费，而其中的区区 1 600 人贡献了总收入的一半。这与凯利所说的 1 000 个真正的粉丝相距不远。据我估计，这款游戏通过对超级粉丝的良好驾驭，发行第一年至少赚取了 300 万美元。

你可能会认为，这次成功只是侥幸，NimbleBit 的《口袋青蛙》是交到了好运。那么，2011 年 6 月，他们发行另一款免费增值游戏《小小摩天塔》时，便再一次被幸运之神光顾。这款游戏也是完全免费的，玩家在游戏中为被称为"Bitizens"的虚拟子民建造一幢摩天小楼，供他们居住和工作。这次又是带有购买虚拟货币功能的免费游戏。玩家也是以相似的模式进行支付。99 美分的产品包最受欢迎，购买量占总交易数量的 45%，但据估计，其收入贡献度不到 11%。低价产品包占据总销量的一半，却只占总收入的微小部分。[12] 最贵的应用内购买产品定价为 29.99 美元，销量占比仅为 4%，但收入贡献接近 1/3。

也许 NimbleBit 只是个特殊现象？完全不是。我们已经了解过，2009 年，Bigpoint 收入的 80% 来自约 23 000 个玩家。数百名玩家愿意为《黑暗轨迹》的十级无人机这种虚拟产品支付 1 000 欧元。《部落战争》拥有在游戏中支出超过 5 000 美元的超级粉丝。在我的个别客户的游戏中，有的玩家已花费了 1 万欧元以上。

西蒙·瑞德是《新星足球》的开发商,2012 年,这款游戏以狂风暴雨之势称霸 iPhone 应用排行榜。2012 年 3 月,瑞德以免费的方式发布了《新星足球》。6 月,这款游戏就问鼎了 App Store 的游戏下载第一名。最引人瞩目之处在于,大量免费用户转而付费,转化率高达 39%。瑞德在游戏中销售可以帮助加速游戏进程的游戏货币。数据显示,某一时点上,定价在 69 便士到 5.99 英镑之间的 6 种最便宜的应用内产品产生了约 5 万美元的收入。而尽管交易数量仅占总量的 1.7%,9.99 英镑的产品的销售额超过了其他产品总和的 3 倍,达到 16 万美元,约占瑞德总收入的 15%,巅峰时期,《新星足球》每天能带来 7 000 美元的收益。

在游戏产业中,让你的用户能够按照他们的意愿去自由选择金额进行支付,不仅有利于消费者,也有利于游戏开发商。这种方式并不是把实实在在的美元变成了虚拟的数字硬币,而是通过允许一些用户不付钱、一些用户支付少量的钱,以及一些真正着迷于自己产品的用户支付成百上千美元等多种付费行为,来实现盈利。他们将挣到比前数字时代更多的钱。这种盈利模式正在市场上不断上演。

对游戏产业的这种免费商业模式大加批判的人认为,那些在游戏中花大钱的行为一定不是有意为之。他们称,可能是不知道或不在意自己在做什么的小孩,或是被游戏的误导信息操控了大脑的成年人做的,他们并不是真的想要付钱购买。[13]的确,如果他们的电子设备没有设置好,孩子是有可能会误买应用内产品。① 各类小报通常对这种故事特别感兴趣,并声称,应当做些什么来确保人们不会误购虚拟商品。

然而这种批评根本站不住脚。这些游戏中,道具或产品的重

---

① 如果你让小孩用你的苹果设备玩游戏,一定要确保他们不知道你的密码。而且要给 App Store 设定一个每次支付都要输入的密码。我觉得"小孩"模式跟"飞行"模式类似,非常方便启动。所以如果我把设备给孩子玩,我必须保证他们不会花钱。

复购买率非常高。在很长一段时间内,同一个用户会重复购买虚拟货币或产品,这意味着,玩家清楚地知道自己在做什么。正如开发了 iOS 游戏《极速赛车》的 NaturalMotion 公司的 CEO 托斯顿·赖尔所说,"免费游戏并不是想让人们冲动消费,或误导消费,因为那样就会出现买家后悔现象。后悔的买家是不会再次购买的。"

大量收入来自小部分用户的模式,并不是游戏产业独有的。特伦特·雷泽诺在《Ghosts I - IV》发售的第一周,就从购买豪华精装版的歌迷手中赚到了 75 万美元。他在那一周的总收入为 160 万美元,也就是说超级粉丝为他带来了 47% 的收入,但他们的人数只占购买 75 美元精装版、10 美元 CD 或 5 美元数字版人数的很小比例。5 位希望能在家里看现场演出的歌迷花费的金额,构成了维多利亚·沃克斯全部收入的 1/3。

在过去,企业和创作者没有条件提供多层次定价,粉丝们不能支付自己意愿的金额。他们不得不在保证一定利润的前提下,制定一个平均来讲能为大多数消费者接受的价格。他们既要保证利润,又要尽量压低价格。这个单一的价格需要平衡市场承受力和他们能够达到的经济规模,来实现最高利润。但今天,企业和创作者需要考虑的是,怎样才能在允许用户免费体验的同时,让超级粉丝们能够在他们珍视的东西上大把花钱。在实践中,最典型最有效的模式就是众筹。

# 10. 群众的力量

蒂姆·谢弗是做不出好游戏的。

至少,那些能够决定他是否能继续制作他所钟爱的游戏的人们,一直以来都是这样告诉他的。幸运的是,谢弗并不是一个喜欢被别人定下的规矩玩弄的人。1989 年,他进入了游戏行业,那时他正在伯克利大学学习计算机。在游戏制作最风行的时期,他向 Atari 公司投递了简历,被拒绝。他又申请加入 Hewlett-Packard 公司,又被拒绝。他收到了一堆拒绝信,"但大部分都来自我不是特别中意的工作。"[1]

后来,一个晴朗的夏日,他在校园就业中心看到了一则广告。卢卡斯影业的游戏分公司正在招聘助理设计师/程序员。卢卡斯影业是传媒大亨乔治·卢卡斯的游戏分支,谢弗是他的粉丝。广告上附有职位要求,内容无非是一些陈词滥调:"优秀的口头和书面表达能力以及团队精神,对电脑游戏感兴趣,丰富的想象力和较强的幽默感。"谢弗立刻拨通了电话,并被接通到面试官大卫·福克斯那里。据谢弗自己说,"我告诉他,我非常希望能去卢卡斯影业工作,不是因为《星球大战》,而是因为我喜欢《彩虹弹球》。"

"'《彩虹弹球》?'"他说。

"'是的!我超爱《彩虹弹球》!'我说。我说的是事实,为了打通这款游戏,我用坏了 Atari 800 的一把操纵杆"。

"'游戏的名字是《滚球大战》。'"福克斯先生敷衍地说。"'盗版才叫《彩虹弹球》。'"

谢弗立刻觉得,他进入卢卡斯影业的幻想彻底破灭了。最后,福克斯在电话里让谢弗将简历和描述理想工作的求职信一并寄去。但他并没这么做,而是写了两页半叙事、半描绘,像是程序编码一样的文字,进行了一次冒险,并用他的 Atari 800 点矩阵打印机印好,寄了出去。


　　寻找理想工作之旅现在开始,从逻辑上讲,应在完美职业中心。一进门,你看到桌子后面坐着一位看起来十分乐于助人的女士。她笑着说:

　　"有什么可以帮你的吗?"

　　>是的,我想找份工作

　　"啊,"她回答说,"你想在哪工作,洛杉矶、硅谷还是圣拉斐尔?"

　　>圣拉斐尔

　　"不错的选择,"她说。"你可能会对这些工作比较感兴趣,"然后给你三本册子。

　　>翻看册子

　　三本册子的标题分别是:"HAL 计算机公司:数据等你来处理。""Yoyodine 防火墙技术公司:来帮我们处理潜在威胁。""卢卡斯影业公司:游戏,游戏,游戏!"

　　>打开卢卡斯影业宣传册

　　册子中介绍说,卢卡斯影业正在寻找想象力丰富、幽默感强、具有团队精神、沟通能力优秀、具有编程经验,并且热爱游戏的员工。说来奇怪,这段描述下面,竟然印着你的照片。

　　>提交简历

　　你获得了这个工作。祝贺你! 你立刻开始工作。

　　>去工作

你很快到达卢卡斯影业大楼,发现那里的人都很友好,并带你找到你的工位。

＞查看办公桌

你的桌子上放了一台高能电脑、一部电话、一些个人装饰物,和一些工作任务。

＞查看工作任务

很具挑战性,你很有信心完成。

＞开始工作

由于你对工作很满意,你拿到了 100 分,求职结束。然而,你在卢卡斯影业所要面临的挑战才刚刚开始。

结束


最后,谢弗得到了这份工作,准确地说,是一份年薪 27 000 美元的"全职临时工"。谢弗参与的第一个大项目就是有史以来最受欢迎的冒险游戏之一《猴岛秘密》,他在团队中负责写脚本和编程。这款游戏是 LucasArts 设计师罗恩·吉伯特的作品,但 2/3 的编程工作和大部分的喜剧效果设计都是由谢弗和同事戴夫·格罗斯曼完成的。[2]之后,谢弗还参与了续集《猴岛 2:勒恰克的复仇》,以及《触手也疯狂》、《烈火战车》和《冥界狂想曲》等 LucasArts 的其他作品的开发。积累一定经验后,谢弗辞职创立了自己的公司 Double Fine,并于 2005 年推出了被人们视为他迄今为止的最佳作品《精神世界》。

在谢弗初入行的 15 年中,游戏产业发生了翻天覆地的变化。消费者期待和制作预算同时快速提高。谢弗在学生时代玩的那些游戏,一个人用一年的时间就能设计出,据吉伯特说,成本只要"三到四万美元"。[3]《猴岛秘密》的制作成本约为 20 万美元,销售数据不是很清楚,但谢弗说过,"90 年代初,如果一款电脑冒险游戏能卖出 10 万份就谢天谢地了。"[4]开发《烈火战车》,花了一年半的时间,成本超过 100 万美元。而《精神世界》的研发用了 5 年,截至 2007 年,总销量约为 50 万份。

于是,"看门人"开始发挥作用。之前,谢弗设计的游戏都是针对旧式学校电脑,尤其是个人台式机。但到了 2005 年左右,手柄游戏开始占领市场。轰动一时的《光晕 3》或《使命召唤 4:现代战争》仅在美国市场就销出了 300 万份。与之相比,耗时 3 年制作、销量只有 50 万的《精神世界》处境艰难。似乎那个让罗恩·吉伯特和蒂姆·谢弗声名鹊起的冒险游戏时代已经走到了尽头。

在电动游戏市场的鼎盛时期,有无数人没日没夜地沉迷于化险闯关的世界里,那时的谢弗和吉伯特相当成功。他们获得了一大群热爱挑战的粉丝玩家。他们甚至成为游戏界众所周知响当当的人物。他们拥有忠实的粉丝群。

谢弗坚信,点击式冒险游戏的时代并没有终结。但发行商并不这样认为。"如果我当时立刻去找发行商,推荐一款冒险游戏,他们肯定会对我大加嘲讽,"他说。[5]"看门人"认为,转而运作那些销量大的游戏,能有力降低风险。主要是指一些含有星际舰队或现代战士等真实感画面的第一人称射击游戏。但是,用谢弗的话说,"如果确实存在很多想玩冒险游戏的游戏迷呢?我很想找到一种能够直接与之对话的途径,脱离发行商的束缚。"2012 年 2 月,谢弗在 Kickstarter 上启动了一项由冒险游戏迷共同出资,来支持一款全新的冒险游戏开发的筹资活动。

创建于 2009 年的 Kickstarter 网站是最著名的众筹平台,为创作者提供了一种新型筹资方式。创作者无须依赖看门人,就能与粉丝进行直接接触。Kickstarter 的众筹页面通常需要包括一段描述项目的视频、一些叙述文字以及各种支持金额和回报。支持的回报下至获得最终产品一件,上至一些特殊回报,如与创作人共进晚餐或直接让你出现在作品中等。但这些支持回报只能局限于创作者的创意产品(和一些对成本和物流等的实际考量)。重点是,不能给予支持者该项目未来收益的财务股份。其实这种模式更像是,支持者为了能够享受项目的成果而向开发商支付预订款,和所有创作项目一样,他们需要共同承担项目失败的风险。

蒂姆·谢弗这次筹资活动的目标是 40 万美元,30 万用于游戏开发,10 万用来将游戏的开发过程制作成一则纪录片。与许多众筹人一样,他的筹资等级也是从很低到很高。

赞助 15 美元,支持者将得到完整版游戏,优先有在 Steam 上体验贝塔测试版的特权,视频纪录片的观看权和专属论坛的使用权。赞助 30 美元,你还可以免费高清下载纪录片和游戏原声配乐。赞助 60 美元,支持者将获得一本 PDF 版的《Double Fine 冒险》游戏手册,"内含 100 多张概念美工彩页、原始图片、开发人员简历、游戏手稿摘录、创作花絮等等!"赞助 100 美元,支持者将获得特别版套盒,包括游戏光盘、纪录片 DVD、一件专属 T 恤、海报以及游戏积分奖励。

但谢弗并不止步于 100 美元。对于赞助 250 美元的人,谢弗为他们准备了 900 张由谢弗、吉伯特和其他设计团队成员签名的《Double Fine 冒险》限量海报。赞助 500 美元,你将得到有谢弗签名的实体《Double Fine 冒险》游戏手册。赞助 1 000 美元,你的迷你肖像将成为游戏中一个人物形象,这份回馈只有 100 个名额。赞助 5 000 美元,你将获得 10 张游戏最终使用的原始手绘图中的一幅。赞助10 000美元,你将拥有以上所有礼物,并获得与蒂姆·谢弗和罗恩·吉伯特共进午餐和参观 Double Fine 办公室的机会。

《Double Fine 冒险》的这次筹资活动于 2012 年 2 月 8 日启动,目标为 40 万美元。只用了一天,他们就完成了任务。一个月后,筹资活动结束,《Double Fine 冒险》共从 87 142 位支持者手中筹集了 3 336 371 美元。[6]

你一定立刻就能算出,每位支持者的平均支付金额约为 40 美元,这与在亚马逊或 Stream 上购买一款全新的盒装电脑游戏的价格几乎一致。[①] 但如果你好好读了这本书,就该知道,平均值通常十分具有误导性,在这个事例中也是如此。

图 3 是各支持等级的筹资额分布结构,显示每一级别的支持人数。[7]

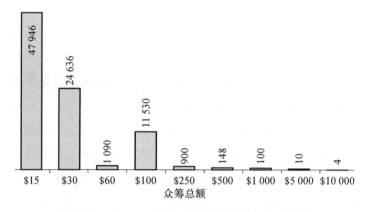

**图 3:《Double Fine 冒险》筹资额:每层级资助人数**

不出所料,支付人数最多的价格点是 15 美元。100 美元处有一个回升,因为这个等级给予的回报对多数较忠实粉丝来说是最具价值的。但即便如此,选择 100 美元的人数也只有 15 美元人数的 1/4。图中,其他金额较高的等级显得极其微不足道。尤其是对于那些只将人数,而非价格作为衡量成功的标准的人来说,更是如此。如果我们再来看看每个等级所产生的收入,情况就完全不同了,见图 4。

当从这个角度来分析各个等级时,图形发生了彻底改变。比例最大的支持者(支付 15 美元的人占 55%)只形成了 22% 的收入。小高峰 100 美元产生的收入占比最高,没什么人问津的高金额等级占据了总收入的一大部分。

---

① 准确数字是 38.26 美元。

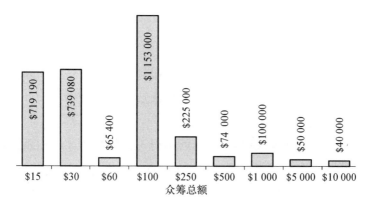

**图 4:《Double Fine 冒险》筹资额：每层级筹资总额**

让我们更进一步分析。赞助了 1 000 美元以上的支持者占总人数的 0.1%，收入贡献度却达到了 6%。支持 250 美元以上的人占总人数的 1.3%，收入占比为 15%。支持 100 美元以上的总人数占比为 15%，却产生了 52% 的收入。

我们可以这样来看，如果 Double Fine 采取的是传统的筹资途径，他们将会把游戏价格定为 15 美元。假设所有支持了 15 美元以上的人都会买这款游戏，他们将最终赚得 $15×87 142，大约为 130 万美元。而事实上，通过设定多价格层级，让粉丝能够按自己的意愿在认为有价值的东西上花更多的钱，谢弗获得的收入总量超过这个数字的 1.5 倍。通过释放需求曲线，让粉丝可以支付多种金额，他们打造了一次成功的众筹活动。

Kickstarter 将自己定位为“创意项目的融资平台。这些项目涵盖任何与电影、游戏、音乐、艺术、设计和科技有关的内容。Kickstarter 平台上充满了有雄心、有创意和想象力的项目，等待来自四面八方的直接支持来赋予它们生命。”自 2009 年 4 月 28 日平台创立以来，已有 300 多万人为 35 000 多个创意项目筹集了超过 4.5 亿美元。

对于许多人来说，Kickstarter 只是摆脱那些扮演着“看门人”角色、进行风险管理和难以创新的发行商外的一种途径。这是实话,但他们却忽视了这个平台的另一个成就,那就是允许创作者让他们的超级粉丝在自己觉得真正有价值的东西上自由选择支付金额。在《Double Fine 冒险》的例子中,我们看到,支付 100 美元的人仅占 15%,但他们创造的收入比例高达 50%。而类似的分布在现实中不断出现。

说到新商业模式和互联网,就不得不提阿曼达·帕尔默。帕尔默是从一个马萨诸塞州剑桥市的街头艺人起家的,她曾是组合"德累斯顿玩偶"的一员,后与 Roadrunner Records 不欢而散。2012 年 4 月,帕尔默在 Kickstarter 上为新唱片《Theatre Is Evil》发起了一项筹资活动。她设定的支持金额等级从 1 美元开始,最高为 10 000 美元。支持 1 美元,粉丝能获得专辑的电子版。支持 5 美元,获得电子版和一些额外资料,"歌词、乐队照片、亲笔签名、额外的小挂件、草稿、花絮,当然还有裸照。我们喜欢对你毫无保留。"支持 50 美元,获赠限量黑胶版,"折页包装的两张 180 克重的黑胶唱片。还附带一组美工图片、歌词和照片的插页。"如果付 300 美元,你就可以在柏林、伦敦、纽约、旧金山、洛杉矶和波士顿举行的专辑发布会中任选一场参加。支持 500 美元,你可以发给帕尔默任何一种东西的黑白照片,"我将用我的魔法在硬纸板上为它重新上色,并装满我的爱意邮寄给你。我在填色方面绝对拿手!"支持 1 000 美元,粉丝将获得包含以上所有内容的回馈大礼包:帕尔默的涂色画,专辑的 CD 和黑胶版,全部 7 种附加单品,以及签名画册。

对于那些支持 5 000 美元的超级粉丝,或者一群朋友共同筹集 5 000 美元进行的赞助,帕尔默将到他们的家里办一场现场演出。如果你支持 10 000 美元,你将可以与帕尔默共处一个下午或晚上,面对面交流艺术,并共进晚餐。"我们可以找一个气氛不错的地方共处,我将帮你暂时脱离原来的生活,穿不穿衣服随你挑。"

除此之外还有其他的等级。一些金额等级被认购一空,也有些没有被订完。这次活动,让帕尔默成为 Kickstarter 首位筹集资金超过 100 万美元的音乐人,共有 24 883 位支持者付钱,总金额达到了 1 192 793 美元。人均支持额为 47.93 美元,明显高于蒂姆·谢弗在《Double Fine 冒险》中的成就,也远超一个乐迷愿为一张专辑支付的平均金额。

再一次,收入的部分再一次集中于较高的支持金额等级。帕尔默接近一半的收入(48%)来自 3.8% 的赞助额度在 250 美元以上的支持者。收入的 2/3 来自支付 125 美元以上的人。这意味着仅占 1/10 左右,愿意付钱获得签名画册和专辑唱片以及更高等级的支持者所产生的收入,占据了帕尔默总收入的绝大部分。有 34 位支持者支付了 5 000 美元以上,邀请帕尔默到家里现场演出。他们只占总支持者人数的 0.15%,却创造了 15% 的收入。

从这些成功的众筹案例中,我们看到了一种重复发生的现象:约有一半的收入来自 1/5 的客户。大卫·布拉本重新制作曾在 20 世纪 80 年代使他一夜成名(至少对于特定年龄段的欧洲人,尤其是英国人来说)的电子游戏《精英》的经历,以及查理斯·塞西尔开发《断剑》游戏续集的过程中,都出现了这种现象。另一家众筹网站 Indiegogo 表示,与其他等级相比,使用该平台的艺人们通常能从 100 美元的回报等级上赚得更多的钱,这个等级的收入在总收入中的占比一般能够达到 30%。定价为 50、100、500 和 1 000 美元的回馈(Indiegogo 称之为特权享受)共构成总收入的 70%。定价 500 美元和 1 000 美元的回馈产生的收入占比超过 25%。[8]

对于未来的发行出版行业来说,众筹是极为重要的概念。并不是因为它将取代发行商(尽管确实如此),而是因为在众筹模式中,你可以剥离零售商、经销商和推销人员这些媒介,与粉丝建立一对一的联系。你可以尝试以不同的价格向粉丝提供能产生不同程度情感共鸣的产品。Kickstarter 以一种公开明了的方式,简洁地告诉我们,需求曲线是如此多变。它的新颖不在于筹资的民主化,而在于它利用网络的力量使创作者能够让他们的超级粉丝在其真正认为有价值的东西上花很多钱。

对于一些粉丝来说,支付 10 000 美元在音乐偶像的裸体上涂鸦就是真正的价值。每个粉丝心中都有自己的价值评判标准。而这,就是 Kickstarter 最为成功和新颖之处。

对 Kickstarter 和类似的众筹模式最常见的批评是,大多数比较成功的众筹活动背后的公司或个人,之前都是被传统传媒体系追捧和培育起来的。蒂姆·谢弗曾借 LucasArts、Majesco 和电子艺界等传统电子游戏发行商推出过多款作品。阿曼达·帕尔默曾是 roadrunner records 唱片旗下的歌手,2007 年,这家公司被华纳音乐集团部分收购。[9]特伦特·雷泽诺曾先后进入 TVT 唱片和环球音乐集团的子公司环球唱片。"这些人当然能众筹成功,"批评者说道。"他们只是利用了发行商在他们事业早期给予的支持和宣传的优势,然后把筹到的钱一股脑地归为己有,而最初出资造就他们的发行商却一分都没拿到。"

这种说法既对又不对。在众筹网站上取得成功的并不都是知名创作者。斯图尔特·艾森是来自英格兰东部诺维奇市的一名喜剧演员。2006 年,艾森开通了自己的 YouTube 之旅,在这个平台上向观众展示些破旧古老的电子设备。在过去的 7 年中,他总共制作了 240 个视频,点击观看量超过 6 400万次。艾森在 YouTube 上出了名,他的频道已经吸引了 28 万多个订阅用户。

2013 年,艾森想要拍一部故事片。从商业角度上,他的 YouTube 频道下属于多频道网络 Channelflip,主要通过广告招商来帮创意人在 YouTube 上赚取收入。Channelflip 又隶属于鲁伯特·默多克的女儿伊丽莎白创立的新闻集团下属的电视制作公司 Shine。《厨艺大师》《梅林》和《超级减肥王》都是 Shine 出品的节目。Channelflip 同意为艾森的电影提供 2/3 的预算。为了筹集剩余的部分,艾森向粉丝们发出了求助。

艾森使用了 Indiegogo 来筹集剩余的 5 万美元制作预算。[10] (众筹活动也是对于市场需求的真实检验。)支付 10 美元将获得艾森的"衷心感谢",25 美元获得电影 DVD 碟片。如果支持 7 500 美元,这位粉丝将获得独一无二的在电影中出镜的机会。历经 30 天的活动共筹集到了 73 690 美元,比艾森的目标高出了近 50%。 Channelflip 的创意总监贾斯汀·盖纳这样告诉我:

> 我们当初是想借斯图尔特·艾森为众筹试水。因为我们认为他可能是最难筹到资金的案例。你在他的视频中从来看不到斯图尔特本人。你只能看见他的手,在简陋的棕色沙发上摆弄着破旧的电子设备。我们肯定不会用亚历克斯·戴或凯莉·弗莱彻这些名人来测验众筹。问题是,一双手加上一个搞笑的画外音真的能与粉丝建立足够的联系,而让他们愿意付钱吗?如果这个项目成功了,那么我们所有其他的创作者都可能成功。

为大家熟知的名字当然更容易筹到钱。粉丝们为一部华纳兄弟拒绝投资的电影《美眉校探》筹集了 570 万美元。《实习医生风云》中的明星扎克·布拉夫在没有制片公司帮助的情况下,为《心在彼处》筹集了 280 万美元的制作费。很多成功众筹的电影和游戏项目背后,都是已经成名的创作者,因为他们拥有现成的粉丝群,在粉丝们的眼中,这些人的项目的失败风险较低。

但是,在亚马逊取得自出版成功之前,阿曼达·霍金从没被任何机构推捧过。没有唱片公司支持便登上英国排行榜第四位的亚历克斯·戴,身后也从没出现过任何机构。与之类似的还有维多利亚·沃克斯,以及英国专注于电视惊悚剧,创作了《语法编年史》的制作团队。在 YouTube 上获得了庞大粉丝群的华人小胖,2011

年利用 Kickstarter，成功为 9 集网络剧《游戏学院》的制作筹集了27.5 万美元。[11]2013 年，他再次通过 Kickstarter 为第二季筹到 80万美元。[12]从本书的前面章节中我们已经看到，获取观众和粉丝不再需要公司机构的运作。从粉丝那里赚钱，同样不需要。

事实上，即便是知名艺人，也不一定能保证众筹活动的成功。2013 年 1 月 28 日，比约克在 Kickstarter 上公开筹集 37.5 万英镑（58 万美元），用来将一款名叫"Biophilia"（《生物恋》）的 iOS 应用程序转化为安卓和 Window8 版本。项目很快被取消了，因为 10天内，活动只筹集到了 15 370 英镑（23 000 美元）。[13]

"Biophilia"是一款混合应用，旨在以互动的方式帮助人们，尤其是孩子了解音乐。《Biophilia》专辑中的每首歌在应用中都伴随某种互动体验。比如，《Thunderbolt》播放时，屏幕中会出现闪电，随着琵琶的韵律舞动；《Moon》播放时，潮汐会带动旋律时高时低。《Solstice》会用钟摆来表达旋律的起伏。

这次众筹失败的原因有很多。首先，粉丝们并没能被融入将一个创意转化为作品的过程当中，18 个月前"Biophilia"已经在iPhone 的平台上发布过了。并且，对于一款 App 来说，37.5 万英镑实在太多了；在旁人看来，8 个程序员 5 个月的时间，比约克似乎高估了这种版本转化所需的工作量。比约克的许多粉丝，或说有钱的粉丝，都已经买过"Biophilia"的 iPhone 版本了，除非是出于纯粹的奉献，否则根本没有支持众筹的动机。

然而，失败的最主要原因是，比约克并没有与粉丝培养直接的关系和感情。虽然她在 Twitter 上有 40 万追随者，但是她发布的内容，读起来更像是一个公关实习生写出的一连串公告和声明。2012 年，她一共发布了 60 条推论，每一条都像是别人代写的。众筹活动期间，她只在 Twitter 上提过一次。《公告牌》杂志曾写道，"大多数都是单向信息（'现在开始预售'，'请预订唱片'等），完全缺乏与粉丝的沟通。当今时代，如果在 Twitter 上都不活跃，一个艺人根本不可能与粉丝之间建立密切联系。"比约克的经历证明了这一点。虽然她在 Facebook 中有 260 多万粉丝,但她没能与他们建立应有的联系,而致在自己需要帮助时根本得不到多少响应。

这也是本书想要强调的一点。你需要的是一个愿意听你倾诉的群体。在 Facebook 上拥有 260 万个只需要点点鼠标的粉丝毫无用处。重要的是有多少人真正喜欢你的作品,喜欢到愿意在你寻求帮助时伸出双手。当蒂姆·谢弗需要帮助时,有 87 000 人支持他;25 000 人为阿曼达·帕尔默自掏腰包。当亚历克斯·戴询问他的 60 万 YouTube 观众,有没有人愿意帮他把《Forever Young》推上排行榜时,2 500 人回复邮件说乐意效劳。

一个仅将粉丝视为购买自己专辑的摇钱树的艺人是不会成功的。"曲线"理论要求创作者和企业与消费者之间建立关系,并让那些愿意花钱的人有渠道消费。"曲线"就是"借助网络利用免费的力量扩散你的内容"和"发挥粉丝的消费潜能,让最爱你的粉丝在你身上大把花钱"这两件事之间的纽带。


众筹模式的意义并不在于它能取代出版发行商,而在于,在众筹国度里,创作者们可以根据消费者们支付意愿的不同将他们差别对待,并允许不同的客户在不同的内容上支付不同的金额,实现成本的高效率。但其中存在一个明显的缺点。在控制市场入口的同时,看门人也身负一些其他功能,如销售、营销、团队管理、公关、融资等等。即便任何人都能自由进入市场,这些服务仍然十分关键和必要。

我是一个自出版作家。我已经同时以纸质版和电子版的形式出版了四本关于游戏产业书,还开设了一个每周发表 3 到 4 篇原创文章的博客。对我来说,独立管理写作、咨询和游戏设计等所有事,实在太难。于是,我组建了一个专门帮我打理事务的团队,由 5 名自由职业者组成——两个文编,一个网页设计和一个编码员,以及一个"私人助理"。虽然他们都不是全职工,但我的确拥有了一个团队,并且十分依赖这个团队。

这不是我的个人行为。阿曼达·帕尔默成功的 Kicksarter 筹资活动背后有一支庞大的运作团队。Double Fine 是一个 65 人的游戏工作室。没有团队支持的亚历克斯·戴由于必须回复大量邮件,而无暇创作或与粉丝交流。"群众革命"并不意味着出版发行功能的消失,而是创作者拥有了决定谁来做这些事的选择权。是的,选择。

选择,是众筹诞生、物理暴政终结和"看门人"消亡给市场带来的最大改变。选择权的出现,不意味着那些运作产品、服务或艺术作品上市的专业公司完全没用了,只是说他们丧失了对分销渠道的垄断控制。今天,任何生产某种产品的人都有权选择去接受一些条件,来让自己的创作进入消费者的视野。反对的声浪并非来自害怕自己可能被淘汰的企业,而是那些发现本能通过稀缺的入市机会赚取的溢价正在消失,并不得不改变自己经营方式的企业。

我们已经知道,互联网可以帮助创作者与粉丝建立联系。Kickstarter 和其他类似的网站的成功说明了,粉丝们会愿意在他们真正认为有价值的东西上支付截然不同的金额,从而启发创作者和企业去思考,在 21 世纪应该创作些什么,以及他们的客户到底需要什么。我们已经探讨了,在大多数人看来最容易被互联网影响的产业:电影、图书、游戏和音乐。但还没有思考过,那些仍未严重受到随意盗版侵权威胁的产业将会受到互联网怎样的影响。他们的经营在未来所要面对的最大威胁是,最爱他们产品的粉丝可能会选择以免费的方式来与他人共享这些产品,并不是因为粉丝们吝啬,而是因为他们太喜悦。因为他们太想将产品给他们带来的喜悦分享给朋友,以及朋友的朋友。

这种威胁将很快降临于实体制造业。欢迎来到 3D 打印的世界。

# 11.  自己动手

如果每个人都能随时制造出他们的所见之物会怎样？

如果你只需要用手机内置摄像头拍一些照片，再用一些智能软件将其转化为 3D 模型图，就能用你厨房台面上的 3D 打印机制造出真实产品，会有什么结果呢？这个目标还远不能实现，但我们已经在朝这个方向进发了。如果你以实体产品制造为生，而你又想避开传统音乐产业走过的弯路，那么现在是时候好好想想该如何适应数字化制造的世界了。

我们已经探究过那些完成从物理原子到数字比特转变的产品。分享这些产品已经极为容易，粉丝们也更容易成为"侵权偷盗者"。由于书籍、游戏、音乐和电影的分销传播越来越便捷和成本低廉，粉丝们可以更轻易，也更愿意将内容分享给他人，或者试图以不花钱的方式拥有它们。市场竞争者能够以新型免费模式向市场提供自己的内容，并通过与粉丝建立密切关系来实施多样化的盈利策略。生产小饰品、珠宝、厨具和零件等实体产品的企业和创作者似乎可以幸免于数字化和随意侵权盗版的影响。

但是，这一定是暂时的。

克里斯·索普（Chris Thorpe）一直想成为一名科学家（Boffin）。"我年少时，一直想当一名科学家。这可能就是我修读化学专业的原因吧——上课能穿实验服。"[1]

"Boffin"是一种特殊的英国式表达。它指的是一种理论家,一种特殊类别的科学家。一些小报在谈论科学时,最爱用这个词,比如《太阳日报》报道希格斯波色子存在证据的文章标题是:"'Boffin'发现了'上帝粒子'"。[2]索普非常希望成为最前沿的新型科研企业家。

2012 年 11 月,索普到北威尔士群山之中去游览巴拉湖铁路。这是一条迷人的窄轨旅游铁路,沿湖铺设在先前的标准轨道路基之上。但索普并不是去看铁路的,而是去观看和记录历史上最著名的火车头之一——威尼弗雷德。

威尼弗雷德是一台专为彭林板岩采石场设计的窄轨蒸汽火车头,诞生于 1885 年。她持续工作了 80 年,起始于维多利亚女王时代,终止于伊丽莎白女王时期,历经和见证了两次世界大战和翻天覆地的技术进步。1965 年,彭林采石场决定将所有蒸汽火车头出售,其中,包括威尼弗雷德在内的三台卖给了经营印第安纳波利斯赛车场的美国商人托尼·哈尔曼。哈尔曼计划把这些火车头摆进他在建的新博物馆。但博物馆后来没有建成,因此之后的近半个世纪,威尼弗雷德都静静地坐在 Indy 500 赛道看台后面的仓库里。

2012 年,她与其他四台矿场火车头再次回到了他们共同的故乡巴拉湖,那里风采依旧。索普的这次朝圣之旅,就是为了去看她。并不仅仅是看她,还要用尖端的 3D 技术将她记录下来。只花了一个下午的时间,他就用激光扫描专业设备 Digital Surveys 获取了 15 张威尼弗雷德的详细扫描图像和 1 000 张高清图片。他仅以 4 500 英镑(约 7 000 美元)的成本,便将扫描件和图片中的数据转化为了一个复杂的 3D 模型图,有了它就可以随意再造威尼弗雷德。索普也正是这样做的。他向 Sculpteo 公司提交了订单,这是一家可以用 3D 打印机将上传的模型进行打印的公司,他们的生产基地就在巴黎附近。一周之后,索普收到了一件 1∶25

尺寸的威尼弗雷德模型,甚至连弯曲的刹车手柄和顶棚的凹陷都准确无误。

这次针对威尼弗雷德的试验,是索普创立 Flexiscale 公司的开端。索普使用现代勘测工具对现实中的物品进行测量,就像他用激光扫描仪探测威尼弗雷德一样,将数据制成精确的三维模型图。而后,Flexiscale 将整个三维规划图分割成便于组装、精加工和上色的简单部件。这些部件可以利用 3D 打印技术按需生产。Flexiscale 的特别之处在于,客户可以依据自己的喜好订购任意尺寸的部件或模型。每个部件都是依个性化需求打印出来的。1∶1 尺寸的 3D 模型会十分精确,也就是所谓的原尺寸。3D 打印产品的尺寸只会受到两种限制,一是消费者的购买需求,二是打印机的物理容量。[①]

今天,在 Flexiscale 的网站上,你还能买到当时在彭林采矿场用来拉板岩的迪诺维克小火车模型。Flexiscale 提供三种尺寸供选择:16 mm 模型的售价 34.5 英镑(55 美元),9 mm 的售价 22.5 英镑,7 mm 的 售 价 14.5 英镑。全 部 按 需 求 打 印,全 部 以 Flexiscale 电脑里存储的数字文件中完全相同的几何框架为模板。

索普估计,每年仅英国的火车模型的潜在市场规模就能达到 1 亿英镑。他希望通过俘获模型爱好者和火车发烧友群体,在他们的帮助下创造和管理大量能够生产出任何尺寸复制品的三维电脑模型,来打破 Hornby 和 Bachmann 公司在模型领域的垄断地位。索普试图融合两种技术革命——分销传播电子文件的低成本和利用 3D 打印技术逐一生产成本高效的实体产品的能力——来改变人们制作模型的思维。

而正是由于这些作为,他将不得不去面对,在过去十年中音乐产业曾经遇到过的相同问题:如果人们喜爱 Flexiscale 的产品,他

---

① 目前,世界上还没有几台能够打印出原尺寸威尼弗雷德模型的 3D 打印机。

们就会想要去分享。如果他们想分享的东西是数字化的,他们就可以在自己保留原件的同时,制造并分享一件完美的复制品。随意侵权盗版的现象便光临了制造行业。

    Thingiverse 是一家 3D 模型网站。目前,该网站上可供下载的数字模型图超过 30 000 个,并能借助激光切割机、CNC(电脑数控)设备或 3D 打印机制造出实体物品。该网站能帮你把 iPhone 中的图片变为一个电子相框、一个可以按比例伸缩为适合你家出水孔尺寸的节水阀,或是美国队长的盾牌样式的耳环。许多东西都可以根据你的特殊偏好进行个性化生产。

    2013 年,位于得克萨斯州,由 25 岁的法律系学生科迪·威尔森运营的 Defense Distributed 公司遭到了无数抨击。起因是,该公司宣称成功制造出了 3D 打印手枪"Liberator"。这款 3D 模型的数据文件上线的头两天,下载量就突破了 10 万次。[3]但也仅仅两天,Defense Distributed 就立刻被政府方面要求撤下这款产品。但那些数据文件仍在网络中迅速扩散,再次上线应该只是时间问题。虽然枪械专家一再表示对"Liberator"的潜在危险性十分担忧,并警示大众,这种 3D 打印手枪存在走火炸膛的风险,但政府对于枪支获取的控制力仍受到了不小的冲击。为了深入理解"Liberator"图纸文件的重要性,我们先要了解数字化制造的过程。

    数字化制造过程分为三步。首先,你需要包括待打印物品的三维几何结构在内的数据文件。用户可以利用电脑辅助设计(CAD)软件组合,自己制作这些文件,可以效仿克里斯·索普在威尼弗雷德中的做法来扫描物体,也可以从网站上下载已有文件。用软件翻译数据文件(第二步),将命令发送给硬件设施打印机(第三步),成品就做好了。有时打印出的不是完整物品,如"Liberator"手枪最初是 15 个分解部分,需要在制作出来后自行组装。最后一块,撞针,需要是金属质地的,当时还不能打印,但随便一家五金店就可以买到。

从原理上讲,一台 3D 打印机与我们办公桌上的普通喷墨打印机没什么不同。里面也有一个和喷墨打印机类似的打印头,上下左右来回移动。为了制造三维物体,3D 打印机需要增加一个也能同时上下移动的电机。有些打印机中,放置被打印物体的机床保持静止,打印头绕着它移动;另外一类,打印头不动,机床移动。

3D 打印机有许多不同种类的制造工艺。一些 3D 打印机,比如 Makerbot 采用的是一种叫做熔融沉积造型(FDM)的叠加工艺,在这个过程中,塑料被高温熔化,并从一个加热的小喷头中挤压出来,热塑料层层硬化,最终形成模型。更贵一些的设备一般是在一个容器内固化液体树脂(立体平板印刷或 SLA),或者层层硬化粉末状金属、塑料或陶瓷(选择性激光烧结或 SLS)。使用激光的设备适用的材料比塑料挤压型设备更为广泛,出品的分辨率更高,但价格也更贵。"Liberator"手枪是用一台售价为 8 000 美元的二手 Stratasys Dimension SST 打印出来的。而一台全新 Makerbot2 的价格也只有 2 199 美元。

3D 打印机能够驾驭多种塑料、不锈钢和银等金属以及陶瓷等材料。随着市场的快速发展,材料品质的上升与价格的下降同样迅速。数字化制造的品质和价格也会在可预期的未来逐年改善。

爱丽丝·泰勒(Alice Taylor)是伦敦一家名为 Makielab 的 3D 打印公司的董事长。这家公司的目标是利用 3D 打印技术取代玩偶大亨 Hasbro 和 Mattel 的市场地位。[4]客户可以在 Makielab 网页或平板电脑上设计自己的个人玩偶,可以变换娃娃的脸型、鼻子、眼睛和耳朵,可以选择不同的肤色。他们可以通过个性化设计,获得全世界独一无二的玩偶造型。只需要 70 英镑(105 美元),客户就能得到这款 3D 打印并包邮到家的 10 英寸高、四肢灵活的唯一专属定制娃娃。

"摩尔定理在其中发挥了作用",泰勒说。[①] "一款商业级 3D 打印机的成本一般在 5 万至 50 万美元之间。不过,近年来,机器的品质一直在提高,价格却在下降,这简直太棒了。仅在 Makielab 成立的头一年,我们就清晰地感受到,随着我们的打印合作伙伴改良他们的设备流程,Makie 玩偶的质量有了显著提升。"

Makielab 想要打造一个虚拟世界或游戏,吸引玩家来亲自设计虚拟 Makie 玩偶,亲自设计一些新物品,打打游戏或随便逛逛。这款游戏将免费开放,这种免费游戏运作模式已经有过很多成功的例子,当然其中的一些虚拟商品也会收取一定费用。一些玩家最终会选择制作一个实体 Makie 玩偶,还有一些将会花更多的钱为他们的 Makie 玩偶购买实体产品,如衣服、帽子、装饰品等等。Makielab 通过提供网站和平板电脑体验收获了许多新客户(同时,还采用传统的公关策略,比如向首相大卫·卡梅伦和哈里王子赠送定制玩偶)。那些选择消费的客户将至少支付 70 英镑购买一个基础玩偶。超级粉丝则有可能买很多定制玩偶,并花更多的钱为玩偶购置装饰品或新衣。

所以,Makielab 是一家遵从"曲线"理论的企业。它通过免费的数字内容来建立受众群,并让喜爱 Makielab 的产品的人能在他们认为有价值的东西上大量消费。泰勒和 Makielab 的团队并没有与免费抗争,也没有制定高价,而是热情接纳需求曲线上的每一个价格群体。

泰勒认为,这种新环境势必会对知识产权形成极大挑战。"我想版权和商标将是最大的问题。人人都能随便拿起一样东西,扫

①  "摩尔定律"是由 Intel 的合伙创始人戈登·摩尔提出的,他在 1965 年注意到,一个集成电路中的晶体管数量每两年将翻一倍,并且这种现象将持续下去。半个世纪以来,他的这个定律一直在被证实。在实践中,"摩尔定律"正广泛应用于其他计算能力领域中,如存储容量、带宽以及处理速度等。对于遵从"摩尔定律"的产品,有两种可替代的实际结果:每两年,你的收入将会翻一倍;或者,每两年,处理能力、存储容量或带宽的成本降低一半。

描进电脑,轻而易举地造出复制品。这对原版的制造人意味着什么呢? 我认为最好的解决办法是,为侵权而创造。大多数情况下,这只是个服务问题:比如,定价限制还是开放渠道。"[5]

泰勒的这席话对于每个制造商来讲都大有裨益。当所有的实体物品都能被压缩到一个数字文件中,终端用户就无须考虑可获得性的问题了。如果需要,他们可以到 Thingiverse、Pirate Bay 或BitTorrent 等网站去下载合法或非法版本。在很多人看来,这种未来十分可怕,制造商失去生存空间,家家都是小工厂。然而,即便我们在朝这个方向进发,但 3D 打印技术对制造业的影响也绝不会像互联网对唱片行业的影响那样汹涌澎湃。如果制造商们现在开始开拓思路,还有足够的时间去适应数字时代,并取得成功。

我们首先来思考,3D 打印技术和相关的数字化生产流程最擅长的是什么,弱点又是什么。如果你想以极低廉的价格生产大量同质产品,那么传统的制造方式仍比 3D 打印技术更具优势。注塑制造法需要巨大的前期投入,用以生产制造磨具,假设为 10 000美元。如果你只生产一个零件,你的成本是 10 000 美元加上几便士的原材料钱。如果你生产 100 个,那么平均一件产品的成本是100 美元加原材料钱。而当你生产了 100 万件产品时,你每件产品的初期固定成本就被稀释掉了。注塑模式下,一件产品,如一个芭比娃娃的基本成本不足零售价的 1/10,价格中的绝大部分都被零售商和品牌所有者 Mattel 瓜分了。[6]

用 3D 打印技术生产一个零件的成本要比注塑模式低得多。我们假设第一个零件的成本为 20 美元,而上面提到的注塑流程中,成本高达 10 000 美元。第二个零件的成本还是 20 元,第三个也是,一直到第 100 万个都是。在这种模式中不存在规模经济。如果你将 3D 打印技术视为传统制造方式的直接替代品,你就大错特错了。

数字化制造的好处在于它创造了运用全新方法进行商业运作

的新机遇。数字化制造能将旧秩序彻底颠覆。它从两个方面改变了制造业，一是影响了原型制作和产品创新；二是能够高效地制造出产品。

在前数字化制造时代，创造者的生存十分艰难。克里斯·安德森在他的著作《制造者》中讲述了他的外公弗雷德·豪泽的故事。豪泽是一位瑞士移民，一生发明了 27 项专利。但其中只有一项被加工成了商品。这是一款自动喷洒灌溉系统，后由 Moody 公司以"Rainmaster"的名称制造推广上市。豪泽的这个创意于 1943 年获得专利，他用了整整 7 年的时间，其间不停地向制造商投诉，花了大量律师费，才使运用自己专利的产品与消费者见面。

当时，豪泽只能受制于物理暴政。他不得不与很多潜在制造合作伙伴交涉，来寻找一家愿意将他的创意转化为产品的公司。每家公司都要单独进行市场调研和可行性分析，来判定他的产品是否有市场（尽管我十分肯定，一些公司的拒绝根本就是出于所谓的直觉）。Moody 必须要确定他们对"Rainmaster"的初始生产投资能够得到应有的回报。豪泽产品的成功，被牢牢掌握在控制着生产工具的"看门人"、工厂主和制造商手中。

但如今不同了。如果豪泽愿意将自己的发明免费公开，他可以将其上传至 Thinsgiverse，那些 3D 打印机的早期使用者用一个周末的时间，就能为自己的花园造出一台喷灌设备。如果他想使发明商业化，他也可以自己用 3D 打印机打印产品，并通过自己的网站进行销售，同时建立起一个园艺师群体，帮他试用和改良产品，来满足客户的定制需求。他还可以带着喷灌系统去参加园艺展或园艺节，一件一件地卖掉自己的产品。他可能会从真实用户那里得到许多有益于产品升级的反馈。在 3D 打印的世界中，每一件打印出来的产品都可以视为新品种。有的客户可能需要用于城市露台的小型设备，也有人需要为大农场置备巨型灌溉系统。他们还可能会额外付给豪泽高额的费用，来现场参观并提出系统的设计和安装建议。豪泽将可能成为"曲线"理论的践行者。

这些听上去似乎很繁琐,但事实就是,的确如此。"曲线"理论从没说过你坐在那什么都不做,钱就能流进你的口袋。物理暴政的终结和"看门人"角色的消逝意味着,即便寻找客户仍很困难,但将有更多的人能在空前开放的市场中检验自己的创意和想法。很多人会失败,但也有一些人将创造出在旧的生产模式所需的规模上难以成行,现在却可行的商业模式。甚至有个别人将创造出能与 20 世纪的产业巨头直接抗衡的庞大企业。发明者和创造者将会花更多的时间与他们的客户进行交流,这些最终使用产品的终端客户将对他们升级、改良和提炼创意提供许多帮助。数字化制造必将加快产品优化的速度。

第二种变化是,个性化定制改变了"什么便宜"和"什么昂贵"。在传统生产模式中,大量生产相同的产品的确能使单件产品的成本降到很低。如果目标是尽可能地压低价格,那么你完全有理由生产尽可能多的同质产品。消费者们只能拥有和其他人完全一样的东西。这也是为什么,亨利·福特说,他的客户可以拥有任意颜色的 Model T 汽车。为了以极便宜的价格获得一件优质的产品,消费者不得不作出一些牺牲。但对于个性化定制生产来说,限制条件则完全不同。

你只需要一份数据文件和一台 3D 打印机,就能制作出一款独一无二的产品。高额的前期设备投入和大规模生产都已不再必要(虽然我不得不做一个你不想听到的推论,规模经济也在慢慢消失)。如果每一件单独产品的生产都由电脑操控,那么,每一件都可以与众不同。这种方式完全可以胜任复杂物品的制作,因为一台电脑打印一个埃菲尔铁塔的计算难度并不比制作一个简单的立方体高多少。发明者和创造者可以犯错误,因为他们在用 3D 打印机生产下一件产品之前,有足够的时间来改正这些错误。

你无须任何额外成本,就能获得多样性、复杂性和灵活性。这些特点已不再稀缺,成功的企业将会找到有效利用这些新的充裕品的途径。Thingiverse 上有一个大类叫作"定制产品"。在这里,你可以买到为你单独定制的压花领口衬料,也可以制作一对各面都印有定制化字样的骰子,以及上百个样式各异的电子钥匙链。

这与传统制造业是截然不同的。如果你想制造数万个完全相同的产品,传统模式很可能更加成本节约。但是消费者越来越希望获得更具个性化的产品。伴随着从交易品(是否可获得?)到商品(价格是多少?),再到服务(质量好吗?)和体验(能给我带来怎样的感受?)的发展进程,21 世纪真正具有价值的产品必须同时融合个性化、社会化和情感体验,而制造业才刚刚走上新的起点。

在 Google 中输入"超标准设计柠檬榨汁器",并点击图片搜索,出现在你面前的所有图片很可能都是同一种产品。一台球状容器下面支撑着三根细细的脚,看起来就像是一只三脚蛛或是《星际战争》里入侵地球的火星人后代。这款产品是有史以来最具代表性的厨房设备之一。

1989 年,意大利制造商 Alessi 请著名法国设计师菲利普·斯塔克设计了一款新型柠檬榨汁器。成果就是上面提到的火星人榨汁机(Juicy Salif),12 英寸高,通体采用几乎完全不实用的铸铝材料。由于高度原因,占用空间太大,这台设备放在厨房台面上使用十分不便,凹槽也很难清洗,只是外观设计比较漂亮。[7]

这款榨汁器在英国连锁百货商店约翰·刘易斯(John Lewis)的网站上的售价为 48 英镑。而它的数字模型已经能够在 Thingiverse 上找到,不久我就可以用任何材料制作出任何尺寸的翻版榨汁机,树脂、塑料或不锈钢随我意。那些喜欢斯塔克的设计的人将把这个消息分享给自己的朋友。其中一些甚至会把包含自行制造榨汁机所需内容的所有数据文件直接发送出去。这时,制造商们便开始对一种新的知识产权风险产生了担忧。他们并不担心那些炮制伪劣生产线的造假犯罪团伙，而是担心在世界各个国家的每间房子里都可能会发生盗取知识产权的行为。

显然，他们还没有为此做好准备。

Makerbot 二代复制机是一款极了不起的设备。2012 年 12 月，我在伦敦摄政街上的 Wired pop-up 商店里看到过一台正在工作的 Makerbot2。打印头来来回回地移动，喷头一层一层地喷出黏稠的塑料，一点点塑造出一个用来装饰圣诞树的圣诞天使的 3D 形状。我高高兴兴地带了一个回家，久久不能从亲眼看到一件产品制作过程的惊奇中摆脱出来。我把它拿给我的妻子。

"我根本搞不清你在兴奋什么。这个小东西完全不如我们的其他装饰品精致啊！要是在外面市场上，50 便士我都不会出。"①

其实她说的一点没错。3D 打印技术才刚起步。Makerbot 二代复制机售价为 2 199 美元，主要面向喜欢尝鲜的特定消费群体。这些消费者会认为，这款产品的核心价值在于能够制造任何你想制造的东西，而不在于制出的成品的质量。因此，这对于有实力投入大笔初始资金建立生产线，规模生产火星人榨汁机的 Alessi 来说，还不能构成太大的威胁，虽然未来很可能会有那样的一天。

克雷·克里斯丁森的经典著作《创新者困境》，重点探讨了最初被市场统治者忽视嘲笑的颠覆性技术将如何取代和毁灭他们。这本书认为，许多被毁灭的企业失败的原因不是他们做错了什么，而是每件事都做得太对。他们重视质量，生产消费者需要并愿意购买的产品，并不断改良。而与此同时，一些名不见经传的小企业推出了一种售价只有原版 1/10 的产品。这款产品看上去不太好，缺乏特色、品质和一切传统企业视为长期可持续的优势。慢慢地，

① 其实我根本没花钱。当时我四岁的儿子看打印过程看入了迷，Wired 的店员十分亲切地把它送给了儿子。

这些新企业进步越来越快,仍保持低价,却不断添加各种特色。品质的提升使他们开始成为尝鲜消费者的另一种选择,而后变成主流。他们知道如何以传统企业难以复制的方式来向消费者传达体验和感受。当有一天,传统企业终于幡然醒悟,发现竞争对手正在以比自己低得多的成本制造实力相当的产品时,他们可能就只能停业了。

3D打印技术就正处于这样的时期。对 Alessi 的管理层来说,从斯塔克的创意厨具与仿冒的 3D 打印柠檬榨汁机的对比来看,很难想象 Makerbot 会构成什么实质性威胁。Alessi 柠檬榨汁机的全部意义在于它的独特品质,设计的品质,原材料的品质和制造工艺的品质。一个塑料条纹的劣质 3D 打印品是不能满足消费者需要的。

然而,Makerbot 和其他 3D 打印机将会越来越好。某些人会制作出斯塔克设计原稿的 3D 图形,并进行改良。他们可能会把支脚缩短一些,这样你就不用抬高手臂或站在椅子上榨柠檬了。他们也许会尝试其他容易清洗的凹槽。还可能会有人把它改造为折叠式,或是分解为多个部件以方便存放。我也不清楚人们到底会做些什么。

这就是 3D 打印技术对传统企业的最大威胁。很少有生产实体产品的企业会为了控制一款产品的生产运营风险和推广上市,而在产品试验中投入太多的时间和资源。在 3D 打印的世界中,试验的成本极低。普通消费者变成了设计师和制造人。普通人中所有那些小发明家和喜欢动手造物的人,都可以发挥创意,并试验他们的新设计。也许大多数的更改都会使现有产品更糟,但也会有一些将使它们得到改善。这些改良将在人们搜索"好用的超标准设计柠檬榨汁机"时出现在网页中,并被广泛传播。Alessi 在榨汁机制造上的垄断将被终结。

2000 年,为了庆祝"火星人榨汁机"的 10 岁生日,Alessi 推出了一款限量版。总产量只有 1 万件，每一件都镀了金，且独立编号，定价为 640 美元。[8] 作为一台柠檬榨汁机来说，它们并不实用。因为柠檬液汁中的柠檬酸会使镀金褪色。它们只是一种价格昂贵的工艺品，类似于特伦特·雷泽诺为超级粉丝们发行的豪华精装版《Ghosts I – IV》。

事实上，这款华而不实的工艺品，很可能是 Alessi 的救星。Alessi 可以放弃在固定价格基础上，依靠扩大销量来驱动盈利的商业模式，从而选择另一条道路。由于所有拥有便携扫描仪和某种产品的人，都可以在很短的时间内制作出产品的 3D 几何结构数据文件，Alessi 完全可以将产品设计公之于众，这并不算是很大的妥协。Alessi 可以继续为那些不愿麻烦自己动手的消费者生产基础产品。还可以开发 100 美元、1 000 美元和 10 000 美元等多种价格等级，将不同层次的相关情感体验，如地位、独占、拥有、自我表达等，融入其中。

简而言之，Alessi 应当脱离制造产品的商业模式，转而为消费者提供情感体验。这就是在互联网时代与随意侵权盗版抗争的最佳方式。

微软集团的创始人比尔·盖茨说过，我们高估了技术的短期影响，而低估了它的长期影响。对 3D 打印技术来说也是如此。有生之年，我盼望能看到家家户户都能像现在拥有 2D 打印机一样拥有 3D 打印机。这个过程将十分漫长。初期，会有喜欢尝试新鲜事物的人花大价钱购置，并以爱好者的角色来使用 3D 打印机，单纯为了享受造物的乐趣。之后，会有一些便利商店开始购买，这样就相当于每个小镇都有了自己的 3D 打印机。就像每个小镇都有照片打印店一样，所有地方也将会有 3D 打印店。虽然大多数人可以用自家的打印机来打印旅行照片，但通常人们会觉得只需将电子版传给当地打印店，就能坐收高清晰度成品的方式更为便捷。同样,当我们需要 3D 打印品时,我们也会首先寻求第三方的帮忙。

也许我们会需要替换坏掉的床铺或儿童座椅的一个零件。如果一款已经停产的抽屉把手坏了,我们要么把厨房里的所有把手全换掉,要么只能想办法找到一个能够匹配的替换件。你可能想做一款个性化定制的钥匙环作为礼物送给朋友。无论你需要的是什么,我们最终都会发现,3D 打印是极好的解决办法。

办公用品公司 Staples 已于 2013 年在荷兰和比利时的店面开始提供 3D 打印服务。这就是 3D 打印时代的起点。总有一天,这种技术将无处不在。但最终会发展到什么程度,没人知道。

随着企业家们开始测试市场,在各种尝试和碰壁中探索消费者需要并乐意购买的产品,我们已经买入了试验的第一阶段。市场上一定会出现失败和破产,因为这就是资本主义经济筛选和过滤不够优秀的创意的方式。3D 打印或其他类似形式的个性化定制生产将在接下来的 20 年内,成为西方世界制造业的重要构成。

传统制造业很可能会吸取唱片产业的教训,不去试图状告消费者。他们可能会利用数字版权保护和法律手段来延缓数字化制造对传统企业的冲击,但最终,他们将发现,最大的威胁并不是侵权盗版,而是那些懂得了如何借助免费的力量获取更多客户的竞争对手。

在数字时代,一个成功的企业需要采用三种相关联的策略。运用低廉的互联网分销渠道发现客户;使用技术手段甄别出优质客户;让他们在他们珍视的东西上大把花钱。制造商在这里拥有一项绝对优势:有很多人希望避免自己动手制造产品的麻烦。这意味着网络对于实体产业的毁灭性较低,它不能消灭现有企业。但对于制造商来说,挑战性仍然增加了,因为他们将不得不同时适应两种完全不同的策略。

企业的首要也是最迫切的任务是与最终用户建立关系。制造商可以运用内容营销将用户吸引至自己的网站；他们与消费者建立关系的方式将越发成熟。

一家厨房用具企业或工具制造商可以免费提供关于厨具或木工、DIY 的各种建议。玩偶公司可以创立有趣的网站（很多公司已经开始这样做了，如乐高）。这些举措将在烹饪、制作或娱乐方面为人们提供许多帮助，也能拉近公司与消费者的日常生活的距离。

一些公司很清楚，没有几台 3D 打印机做出东西的质量能与自己的产品相媲美，因此便免费公开产品设计。以分享为起点，他们开始建立起与粉丝之间的关系。他们会将数字文件上传到 Thingiverse 和 The Pirate Bay 等网站，并在 Etsy 之类的网站上销售实体产品，以此来发掘愿意自己付费来测试产品的顾客。他们会在数字文件中嵌入鼓励用户访问制造商网站或购买产品的信息。由于清楚地知道，营销员口中那些能够创造价值的品质、品牌和地位在个性化生产中依然存在，他们将鼓励用户使用 3D 打印机，将其作为原型改造工具。他们将运用客户关系管理，把与客户的联系摆在企业经营的首位。

制造商在低价市场上的收入会大幅削减，但在高价端将赚得更多。他们必须让自己成为创造需求，以及运用技术甄别永久"吃白食之人"和潜在超级粉丝的专家。他们还应停止传统的企业对企业（B to B）商业模式，开启全面零售局面，与客户建立一对一的关系。他们无须再依赖由批发商、经销商和零售商组成的长长的销售链。为此，他们必须学习一些新技术。

他们需要去适应消费者化的业务模式。

# 12. 如今，我们都是零售商

几乎没有什么商业贸易活动是真正的消费者业务。

消费者业务是指，在企业和消费者之间存在涉及金钱流动的直接联系。街头兜售属于消费者业务。一家咖啡店属于消费者业务。你雇佣一名水管工到家里维修漏水管是消费者业务，但如果这位管工是房子的开发商为你提供拓展服务而雇佣的，就不算消费者业务。

图书出版商不算消费者业务企业。一个图书出版商的销售过程包括游说街头商店、零售商或亚马逊作为一级买家来库存它的书。这种销售不需要劝说 10 000 个读者每人买一本，而是说服一个"看门人"一次性买下 10 000 本，再进行分销，将产品卖给个人消费者。

一家音乐公司会将唱片销售给音像店。玩偶制造商直接面对玩具店。游戏发行商卖给游戏商店。音乐人卖给唱片公司，游戏开发人卖给游戏发行商，作家卖给图书出版社（通常借助文学代理）。这些业务模式可以为那些与消费者没有直接联系的普通人提供产品和服务，但中间的链条很长。面向消费者的营销部门，往往采用电视广告、杂志宣传和街头广告牌等间接方式来激发最终体现在零售贸易中的需求规模。他们利用残缺的信息和营销直觉，去开展一些他们认为可能有助于增加销量的活动。因此，很难说一项活动是否有用，或者是不是即使不做活动产品也能卖得出去，也很难判断这项活动中的哪些部分有效、哪些部分无效。仅仅通过与特定的样本群体进行交流，以及与零售商的对话或高水平数据等间接方式，你很难全面地了解客户的真实需求——"哦，从数据来看，这个作家在波士顿比在亚特兰大更受欢迎。我猜这本书是不是在北方的销量会比南方更好呢？"

所有这一切都在发生变化。互联网已经把世界带入了新纪元，在这个时代，任何业务中含有面向客户因素的企业都需要与客户建立适当的联系。只做一个 B2C 的营销机构和 B2B 的销售机构是远远不够的。每一家企业还都需掌握向消费者销售产品的必备技巧和方法。如若不然，他们将会在瞬息万变的竞争环境中遭遇价值流失的风险。这就是业务消费者化，它正不断出现在人们的身边。你可以去接受它，适应它，却不能阻止它的来临。

我并不是提倡完全的去中介化，不是让所有的生产者都在没有中间人介入的情况下与客户建立直接的联系，也不是要打造一个没有商业摩擦、"发现"极为容易、举个"我很棒"的牌子就能建立关系的数字乌托邦。变革中的数字领域会用一些新角色替换旧的中间人。区别在于，人们在单一的零售渠道之外，能够拥有其他的选择。不仅创作者需要掌握一些过去由发行商完成的工作内容，发行商也要学习零售商的工作技巧。

中介体正在逐步适应新的环境。在发行电子书时，图书出版商所需与之商讨的中间机构减少了。多数平台都会全盘接受出版商上传的所有内容。出版商只需提供内容、上传网络、定价，以及刺激需求就可以。新环境对出版商（或者数字世界中的任何前看门人）的工作内容和技术的要求正在发生变化。

我们先来讨论一些基础内容。"曲线"理论的核心是，你要利用免费的力量为你的产品获得尽可能多的受众，而后借助网络与他们进行互动，最终让你的超级粉丝在他们真正认为有价值的东西上花大量的钱。这并不要求你的受众群体十分庞大，或者你的产品要符合大多数人的口味。"曲线"理论下，大众市场和小众市场都有生存之地。面临危机的是那些勉强通过"看门人"的系统挤进市场，"很好"又不够好的事物。过去，谁能进入市场，谁能更受消费者的欢迎都是由"看门人"来决定的。

但这并不意味着你要完全砍掉中间人。专业零售商、超级市场和遵从"曲线"理论的网络伙伴仍有其存在的意义。"看门人"也不会完全消失，因为在全新的数字世界里，Google、Facebook、亚马逊、Steam 和苹果等公司都是新型"看门人"。

这些"看门人"通常比传统看门人更加开放。他们让市场来选择和过滤，而非采用策展管理。抛弃了物理暴政的他们，清楚地知道未来将有更多的企业生产出更多的产品来满足更多消费者的需要。然而，他们也会成为创造者和消费者之间的重要瓶颈。

成功的创作者、发行商和分销商将会学着把握与这些新型"看门人"合作或规避他们的时机。他们会去学习新型"看门人"的工作机制，来为自己在选择合作领域和方式时创造优势。在下一章中，我将探讨多个产业，并列举详细事例来讲述这个产业对"曲线"理论的应用。但在那之前，我们必须先来说说在新环境下到底该掌握哪些技巧。

詹姆斯·伍拉姆（James Woollam）是 F＋M 国际传媒公司的总经理。这家公司是美国 F＋M 传媒的英国分公司。F＋M 将自己称为"为爱好者和发烧友打造的内容创作人社区"。[1]这家媒体围绕通俗意义上的兴趣和爱好，如工艺美术、生活品位、健康、户外、收藏、写作、设计、宗族、缝纫、剧作、小说等，建立垂直社区，在独立社区内开展业务。它为这些社区提供一系列产品和服务，比如设立了 225 个免费或付费网站；上传了 4 000 本书，并正以每年 600 本新书的速度继续发布；经营着 46 种杂志、20 项大型活动，出版了 3 800 本电子书。但 F＋M 并不仅仅是一个发行商，它还运作

了多个专注于小众市场的在线商店，包括为户外社区创建的
ShopDeerHunting. com，为园艺师创建的 GardenersHub. com 和
为作家和制片人建立的 WriterStore. com 等等。

伍拉姆解释说："为了将出版发行和消费者业务结合起来，近
些年我们做了很多工作。作为发行商，我们进行了全面的自我改
造。"[2]伍拉姆认为这些显著的改变主要发生在三个关键领域。

目前对 F＋M 来说，客户发展，特别是电子邮箱地址获取，是
一项公司层面的目标。仅仅开发、发布和试图销售一种产品是不
够的。F＋M 已经明白，要想成功驾驭需求"曲线"，把消费者从
"接触过你的产品的人"转变为"愿意在他们认为真正有价值的事
物上大额消费的粉丝"，你必须能够以自己的方式，不需要经过零
售商或亚马逊等任何"看门人"的允许，与消费者尽可能多地沟通。
你在考察每一个新创意、新项目或潜在合作伙伴时，都要将"客户
发展"牢记心中。

客户发展，或说是与消费者沟通和了解他们的行为和对产品
设计、支付形式偏好的能力，极为重要。但首先，你要拥有客户。
伍拉姆说，F＋M 已经在全公司范围内对员工进行了搜索引擎优
化（SEO）的培训。"至少一半的员工能够良好地完成关键词分析
工作，并了解这项工作的重要性。通常我们会对销售数据和
Nielsen 数据（图书数据）进行回顾分析，但在内容决策过程中，我
们会使用网站流量和关键词分析。"

SEO 是可以让你的内容排在 Google、亚马逊或 App Store 搜
索结果前列的一种不正当操作。在 20 世纪 90 年代，SEO 被视为
一种秘密武器。专门提供这种服务的公司会向客户收取大量费
用，来确保他们的产品出现在 Google 搜索结果的首页，一般是通
过向其他的网站付费将客户的网站链接嵌入其中，当然，还有其他
更不堪的手段。SEO 活动是 Google 和 SEO 专家们之间无休止的
战争，Google 希望为用户和广告客户提供高质量的搜索结果，而

SEO专家们则不断寻找和利用搜索引擎设计的缺陷。

我的建议是,不要钻这种空子。如果你在网络中创作出了优质内容,Google(以及Bing和其他搜索引擎)将会主动帮用户找到它。在描述内容时,最好从那些想要搜索到你的内容的用户角度出发,将用户在搜索时可能会用到的关键词加入到你的内容中。但最终,相比于钻Goolge引擎设计的空子,搜索引擎优化更应该通过创造用户真正希望看到的内容来实现。

我们用两个小例子来说明,为什么生产人们会去搜索的好内容是有效的策略。Google上的很多搜索结果都是来自ehow.com和about.com等网站,这些网站中聚集了大量为了优化在Google中的搜索排名的外包内容。这些内容通常都很无聊,且不太可能吸引未来有可能大额消费的热心粉丝。事实上,这是一种规模游戏,利用Google的漏洞,花不多的钱来获得足够的眼球。这种模式与"曲线"理论完全相悖。

美国杂志《哈珀》的出版商约翰·麦克阿瑟(John MacArtchur)对Google的抨击同样站不住脚。麦克阿瑟认为,Google根本无法帮助读者找到《哈珀》杂志中的优质内容。"如果在Google里输入'发表短文的杂志'或'发表短篇小说的杂志',你很难找到《哈珀》,"他说。[3]

竟然有人完全不了解搜索引擎的工作机制,尤其这个人的业务本应让自己的优质内容被轻易地找到。麦克阿瑟大概认为,当用户寻找《哈珀》杂志的文章时,会搜索"发表短文的杂志"或"发表短篇小说的杂志"。在搜索引擎中输入这些字眼的原因,我能够理解,因为我是一个作家;我也能理解想让自己的文字被发现的愿望。但如果我是一个读者,我想阅读最近同一期《哈珀》杂志上,关于阿富汗经济崩溃倒计时或内布拉斯加州农村地区移民问题的文章,我会去搜索与这些词类似的词条。《哈珀》(订阅网站)的文章将立即出现在我面前,同时还可能会有《纽约时报》、《福克斯新闻》

和《国家报》的相关文章。麦克阿瑟还忽视了一个事实，如果一家网站需要付费阅读，Google 蜘蛛通常不能对其中的内容进行索引和显示；Google 无法告诉用户自己都不知道的事。

我访问了麦克阿瑟公司的网站主页。我既不是 SEO 专家也不是网站设计师，但我运用了所有浏览器都具有的功能简单查看了程序基础源代码、HTML 中的原始文本，并用 CSS 将其制作成我能读懂的网页。我在网站中搜索了"短文"或"短篇小说"。这两个词在主页上一次都没有出现。如果麦克阿瑟真的认为人们会搜索"发表短文的杂志"，他就应该至少把这些词语加入到网站当中。

（与上面的方法相比，SEO 更加复杂，也更加简单。更简单是因为 Google 的宗旨是帮人们找到相关的搜索结果。它通过为用户提供搜索问题的答案在搜索引擎大战中取得了胜利。更复杂是因为，你要做的并不仅仅是将人们在搜索你的内容时可能用到的关键词嵌入网站。比如，Goolge 十分重视人们在超链接一个网站时所使用的文字，借此告诉用户，其他人对这个网站有什么看法。Google 还能根据我们的搜索历史和我们访问过的网站来呈现个性化的搜索结果。如果你在两台电脑上搜索同样的词语，显示的结果很可能是不同的。）

随着我们越来越多地通过其他更具社交性的途径来发现内容，如 Twitter、Facebook、Pinterest 或 Tumblr 上的链接或推荐等，SEO 的重要性逐渐降低。这意味着出版发行人正在用推销员的思维进行思考。"别人怎样才能发现我的产品呢？""他们会找些什么？""如果他们在搜索引擎中输入一个问题，我希望他们输入什么关键词，对我的产品来说才最好呢？"这并不属于 SEO 的不正当行为，仅仅是把你自己放置在消费者的角度，在制定营销策略时更多地以客户的身份来考虑问题，就像马库斯·谢里丹在他的游泳池生意中所做的那样。

伍拉姆所说的第三个变化的领域是作为一门独立学问的"市

175

场营销"概念。

> 市场营销是整个公司,而不仅是一个部门的责任。我们的营销员负责许多重要的工作,运作专门的营销活动,但他们的另一项重要职责是开展更广泛的多部门综合运作。每天,我们的编辑和内容团队、营销和客户开发部门都在通力协作。编辑撰写博文、上传至网络,并鼓励和支持作者们做同样的事,同时负责管理这些社交媒体内容。

伍拉姆所关注的重点是:

> 建立受众群,向他们销售我们已经创作出的东西,无论是书还是其他产品。现在,我们正在源源不断地获得用以精确定位新产品的充足数据和观点。我们可以直接向客户询问他们的需求,但更有价值的方法是分析他们的行为。我们可以分析在线内容的市场表现、搜索结果、转化率和用户行为,并在其中寻找缺口和机遇。利用这些数据,我们可以去创造或寻找有市场的新产品。
>
> 这种模式潜力无限,十分令人振奋。但最棒的地方在于,我们才刚刚触及它的表层。

在理想的世界中,我们都拥有庞大的忠实客户群,喜欢我们的一切。在那里,我们可以控制和主导交易关系,市场上只有我们一家产品供应商,我们做什么,客户都十分乐意接受。但很抱歉,没有那种理想世界。

我的博客 GAMESbrief 每个月都会有 20 000 左右的访问量。在那里,我拥有对话和内容控制权。我可以通过销售漏斗引导访客注册邮箱地址(我们的第一个目标)、购买我们的产品(我们的第二个目标），并参与到对话中来。大多数访客都是短期用户，他们登录这个网站可能是因为点击了其他人 Twitter 中的链接，也可能是在他们搜索某个问题时，GAMESbrief 在结果中很靠前，还可能是由于另一个网站引用了我的文章。作为一个出版人，我的工作就是尽我所能地获得更多的用户，与他们保持长期联系，为他们创造在真正有价值的东西上大把花钱的机会。

获取新用户并不简单。对于 Facebook 可以稍加放松，但在 Twitter 上我必须积极活跃。（对你来说哪种社交网络更重要，取决于你的受众群体。我的观众都是游戏产业相关者，他们在 Twitter 上，要比在 Facebook、LinkedIn、Tumblr 或 Pinterest 上活跃得多。我们正在测验 YouTube 是否可以成为另一种帮用户发现我们的新渠道。）我需要在知名博客和网站上撰写博文，需要制作文字、视频和博客格式的采访录，还要想办法让对我的内容感兴趣的人们能方便地找到我的网页。

这就是我和同事罗伯·费伊（Rob Fahey）将共同撰写的《免费游戏设计法则》作为电子书放上 Kindle 的原因。从很多方面来讲，我不太愿意与亚马逊合作。在亚马逊上，我根本无法了解我的客户。我既不知道他们的名字也不知道邮箱地址。我不知道他们是买了一本书还买了我所有的书。我无法通过分析每用户平均收入来获知我是向一小群人卖出了一大批书，还是大多数人都只买了我的一本书。

科幻小说作家科利·多克托罗（Cory Doctorou）指出，许多与亚马逊合作的公司或机构的销售模式都是错的。2013 年 2 月，他的青春小说《家园》在美国出版，并被《纽约时报》评为最畅销图书。之后，多克托罗踏上了遍及美国 23 个城市，为期 25 天的作品推广之旅。途中，他的一个互联网专家朋友问他："你目前为止一共卖出了多少本？"这样一个看似简单的问题却难住了多克托罗。[4]

如果你是 Bookscan 的订阅用户，你就能从中找到详细数据。

其中包含所有合作书商的销售数据。但电子书的下载数量还不可查。正如多克托罗的朋友问的那样，"你是说亚马逊、苹果和Google明明准确地知道买书的人是谁，知道他们是以何种途径发现你的书，也知道他们从哪来、何时使用何种设备，但他们就是不会告诉出版社？"

我在借助Kindle自出版时，经历过相同的事。亚马逊共享给我的有关销售情况的数据简直让人难以接受。销售期间，亚马逊有权决定价格、版税和一系列其他事项，但用来通知我销售情况的竟只有一张关于单一产品的印有几十个条目的电子表单。我至少还能知道我的电子书通过亚马逊的六个主要商店销出了多少，也许有用的也只有这一点。

我们与亚马逊抗争的焦点并不应该是合作营销或定价，而是有关我们产品销售数据的知悉权。我们需要去检验销售页面上的不同营销内容，来找到有效部分。我们要能跟踪用户的使用过程，来确定制作一条视频是否可行、客户对价格敏感程度如何，以及换一种封皮颜色能否提高客户转化率。亚马逊拥有所有这些数据，却不与外界共享。它控制着客户关系，控制着客户信息，也控制着追加销售和交叉销售的机会。那我为什么非得费力去改善亚马逊的生态系统呢？我为什么不将我所有的精力投入到我在www.gamesbrief.com网站中的小系统当中呢？

答案很简单。亚马逊是客户的集中地。如果我想让人们能够找到我所销售的产品，我就有理由首先将它摆进世界上最大的商店。我需要到我的客户们所在的地方去，尽管会面临一些不利条件。但这并不意味着我必须愚蠢地依赖于它。我将亚马逊视为一个客户获取渠道，而非盈利渠道。通过亚马逊获取的收入即便不菲，也只是恰巧发生。当然，我也并不希望自己通过在亚马逊上销售产品赚钱的机会消失，但我认为这件事的确会发生。有效的运作方式应该是这样的：

亚马逊是一个十分成熟的推荐引擎。在这里，我有机会接触到远远多于我能通过自己的网站获得的受众。因此，我将把我的一些书，实体也好电子也好，放到亚马逊上来，利用推荐算法、关键词和其他一切可用的方法，让我的书出现在可能会对我所做的事感兴趣的读者眼前。我也会在社交媒体上分享链接，将我的读者和观众引向亚马逊，因为这样他们就可以将链接转而分享给超出我接触范围的人。如果我的产品定价处于有意购买的消费者的承受能力之内，我就将获得一些收入。

这时，我就在作品销售中拥有了一些主动权，而不是完全依赖于亚马逊。我需要将那些书作为与读者直接联系的垫脚石。我可能会在书中设置链接（尤其是电子书），引导读者来我的网站浏览更多资源。也许我会在网站以外设立一个书友们交流讨论的社区，并向购买产品的读者免费提供社区账号。我还可以给予读者另一本免费电子书、特别网络交流区的账号或视频观看权限等实际激励品，来促使他们访问网站并提交邮箱地址。我在这个阶段的目标是，将购买我作品的读者，从一个亚马逊客户转化为GAMESbrief 的读者，进而转化为我可以与之直接沟通的人。这仅仅是建立客户关系的第一步，之后我还需要将他们变成GAMESbrief 的客户、GAMESbrief 的老客户，最后成为GAMESbrief 的超级粉丝。我需要亚马逊，但不意味着我必须按照他们的规矩来合作。

2012 年 9 月 27 日，利特尔·布朗出版社（Little, Brown）在全球发行了《偶发空缺》。这本书是《哈利波特》系列的作者 J. K. 罗琳的第一本面向成年人的作品，市场期待空前高涨。它在英国迅速占据了小说排行榜的第一名，发售前三天就售出了 124 603 册，相当于排名第二的伯纳德·康韦尔的《1356》销量的 10 倍（12 231 册）。[5] 前三周，这本书在北美地区的总销量突破 60 万册。[6] 从任何标准来看,这个成绩都十分惊人。

但它仍然面临着一些问题。《偶发空缺》的精装版在英国的建议零售价为 20 英镑(30 美元)。由于罗琳凭借《哈利波特》系列获得了数量众多的追随者,因此,对于这本书,市场上很可能存在巨大的潜在需求。罗琳的超级粉丝也许早已准备好在这本书上消费远超 20 英镑的数额。然而,至少在英国市场上,很多人甚至都没有花上 20 英镑。Sainsbury 和 Tesco 等超市中,这本书的售价为 10 英镑或更低。在 WHSmith,如果购买包括《偶发空缺》在内的产品组合,你只需单独为它支付 6.99 英镑。[7] 2012 年 2 月,亚马逊对这本精装书的定价为 8.5 英镑。

我必须承认,这部作品的确是出版商的一次巨大的成功,但流失掉的本可赚得的收入规模也同样不容忽视。据《福布斯》杂志统计,仅美国市场就至少有 700 万美元的销售额提升空间。[8] 其实,是存在另外的赚钱途径的。出版商完全可以通过与粉丝建立更强的联系,来削弱来自专业零售、超市和亚马逊的束缚,他们根本不在意罗琳的作品,只把它当作把顾客引进门,用来搭售其他商品的工具。

我认为,这种传统的销售模式正在逐渐被淘汰。利特尔·布朗应该将在 Sainsbury、WHSmith 和亚马逊中的销量作为与罗琳的粉丝建立关系的起点,而非终点。不是人人都想成为粉丝或超级粉丝,但没关系。"曲线"理论所提倡的模式不会对每个人都一视同仁。这种模式会利用网络的力量细分市场,在允许"吃白食之人"免费享受产品的同时,为超级粉丝提供在他们认为真正有价值的东西上大额消费的机会。会有 10 万人愿意在这本书正式发售前一周以 30 英镑的价格先行购买吗? 可能有。会有 1 万人愿花 50 英镑购买作者亲笔签名的限量版吗? 可能有。会不会有 1 000 人愿意在发行首月出 300 英镑出席新书发售庆祝会,到拥有全球最著名作家的公司享用美好的一餐呢? 也可能会。利特尔·布朗公司是不是可以建立一个 J. K. 罗琳的粉丝数据库，以便在她的下一部新书出版时再次与之沟通呢？他们是否能从分类客户、目标市场和支付方式等方面出发，考虑在不同作者之间进行交叉促销呢？也有可能。

我不清楚这种新的尝试，最终将带来多大的影响。但我确定，罗琳继《哈利波特》之后的第一本小说一定会表现不俗。（对于出版商来说，是第二本惊人之作。）我们都在一个快速变革的环境中努力求索，只有与粉丝建立了最佳关系的人才能成为赢家。成功者可以是创作者，可以是零售商，也可以是新型数字看门人，抑或还会是曾经的传统出版商。一切都有可能。那些学到新技巧、抓住新机遇的人将在未来 50 年中得以生存和发展。

威廉姆·高德曼（William Goldman）是好莱坞的传奇人物。他担当编剧的作品有《公主新娘》、《霹雳钻》、《虎豹小霸王》，以及为他赢得第一座和第二座奥斯卡奖杯的《日舞小子》和《总统班底》等。1983 年，他出版的《我撒了什么谎？——探秘银幕圈》，解密了好莱坞的许多内幕。他奉行的格言是：没有人无所不知。为了解释这一点，高德曼援引了一段发生在 20 世纪 60 年代末的，他与一家大型好莱坞电影工作室的负责人之间的对话。当时，某一期《生活》杂志的封面人物是"全世界最棒的明星"（该杂志声称）。在对话中，高德曼请这位工作室老板猜测封面人物到底是谁。高德曼是这样回忆的：

> "纽曼，"他说。
>
> 不是。
>
> "麦奎因。"也不对。
>
> 他停顿了一下。"应该不是波蒂埃。"
>
> 没错，的确不是。

181

这次的停顿时间更长了些。而后,他激动地说:"噢该死,我这是怎么了,我简直是脑子断路了！是约翰·韦恩！"

很可惜,他又猜错了。

气氛开始变得有点令人不安了。"如果是个女性的话,一定是史翠珊或安德鲁斯。"

我告诉他是个男士。为避免场面过于尴尬,我直接说出了答案。(是伊斯威特。)

他思索了一会,问道,"他们说是伊斯威特？伊斯威特是最棒的明星？"最终,在又一次停顿之后,他点了点头,"他们说得没错。"

我想,这件事的关键点在于,如果连一个电影巨头都猜不出最棒的明星是谁,那么这个行业中的内幕和阴暗一定比我们想象中要严重得多。

"没有人无所不知"是一则强大且具有潜在解放性的格言。在追求票房轰动的好莱坞,这句话散发着震慑的魔力。电影公司的高管们无法预知他们的下一部电影会是《复仇者联盟》那样的成功之作,还是像《异星战场》一样一败涂地。在受到物理暴政压制的世界中,执行官们堆起高高的财务风险来降低一部电影可能会失败的经营风险。高德曼认为,即便可以进行市场调研,或是单凭直觉或参考以往经验,好莱坞中的任何人都无法事先知道哪些电影会大卖,哪些将遭遇失败。

在我家写字台旁的书架上,紧挨着《我撒了什么谎？——探秘银幕圈》的是我收藏的另一本书。从很多方面看,这本书的观点都与高德曼有异曲同工之妙,虽然第一眼看上去他们完全不搭边。这本书叫作《埃里克·里斯的精益创业》。

里斯沉稳,体贴,性格内向,但却成为将纪律和严格引入混乱散漫的创业世界的第一人。他在一家名为 IMVU 的公司担任首席技术官。IMVU是一家运营繁荣的网站社区，每月有上千万的用户在这个在线数字世界中聊天、玩游戏或浏览网页。时光倒流回2004年，在里斯与别人合伙创建这家公司时，团队走了一条与众不同的路。他们不想打造一个属于自己的独立封闭式专有虚拟网站。他们希望将即时信息网络的大众吸引力与3D虚拟世界较高的每用户收益结合起来。创始人们认为，扩大规模的最佳途径就是，在AOL即时通讯或雅虎即时通讯等现有IM网络的基础上创建一个3D阿凡达系统，于是，他们给自己设定了6个月的最后期限——只有180天——来搭建系统，并确保它能与至少6个现有即时通信系统兼容。经历了数不清的熬夜赶工和巨大压力，他们的产品终于上线了。

但却失败了。彻底的失败。他们挂出了一个网页，让用户为他们的"即时通附加"产品进行注册。没人明白这个产品到底是个什么，也没人想去尝试。里斯最沮丧的并不是他浪费了6个月的生命制作了一款没有市场的产品，而是他本可以不用制作这款产品就能知道没人会喜欢它，只需要挂出网页，让人们来注册就行了。当知道没人注册时，他可能只需要花制作这款无用产品的一小部分金钱、时间和精力，就能完成他的市场调研。

IMVU之后顺利从附属于其他IM网络转为成功的独立虚拟世界的运营商。里斯吸取了IMVU和其他创业者的教训，在斯坦福教授史蒂夫·布兰克的研究基础上，开始为后来的创业者创建一个可遵循的，能够更快更成本节约地获取成功的新模板。

首先，你必须从一个创业者的角度去思考创业。里斯对于创业公司的定义是：

> 创业公司是指在极端不确定的环境下创新产品或服务的人类组织。

如果你在一家传媒公司工作,那么你正处于极端不确定环境之中。如果你身在制造业,拜 3D 打印技术所赐,你也将很快遭遇那些情况。由于互联网持续影响改变着我们的日常生活和商业活动,我们的沟通交流和商业模式也在发生前所未有的变化。在我看来,几乎 21 世纪初期的一切都是里斯定义中的创业。

我来说明一下为什么这一点如此重要。里斯和布兰克认为,公司与创业公司是完全不同的概念。一家公司拥有稳定的商业模式,今年和去年一样,和前年也一样。这种公司里的员工,不需要做什么根本性的改变,只要在与去年同样的工作中有些进步就可以了。这里只需要修改和调整。由于对短期内市场和消费者需求变化的评估和预测很可能比较准确,因此,这些机构可以制定三年计划。公司的核心是"执行"。

而一家创业公司,是那些仍在寻找合适的商业模式的机构。布兰克对它的详细定义是:

> 创业公司是为了探索可重复和可发展的商业模式而组建的临时组织。[9]

创业公司的经营中充满了预期假设和不确定性。它还不知道客户到底想要什么,因此它必须要经历客户发现(找到适合的客户)和客户发展(获知这些客户的偏好和想要购买的产品)的过程。这其中存在大量的不确定性。

一个"精益创业"者最不愿看到的,就是完美执行了一个失败的计划。而当被灌输了公司经营思维方式的人出来自己创业时,他们经常会遇到这样郁闷的事。他们先是提出一个设想,花很多钱做调研和咨询,来决定自己该如何做。然后用大量的电子表格和演示文稿来对未来进行详细预测。主管人员签字批准方案后,他们开始发挥公司机构最擅长的能力,迅速并完美地执行方案。

如果最初设想是正确的，这种方式的确可能奏效。但大多数情况下，初始设想会出错，同时也缺乏对新情况的适应机制。于是，公司就会在真实客户反馈缺位的条件下，朝着错误的方向去执行方案。然而，只要加入一个倾听和适应的客户反馈机制，他们就可以适时地校准自己的目标。

曾有很长一段时间，有观点认为：计划无用，人们可以根本不用制定计划。事实上，没有计划更糟。那时，从企业中脱离出来的创业者拒绝制定计划、预算或战略，他们认为，他们在大公司中遇到的创新失败应当归咎于在极端不确定的环境中制定的项目存在太多缺陷。但这种方法也不能奏效。正如艾森豪威尔总统曾说过，"计划无用，但规划必不可少。"

"精益创业"实践提出的解决方案是，关注衡量成功的一项新指标。这项指标与收入或利润无关，而在于，一旦你找到了你的客户并了解了他们的需求，你将如何做。一个创业公司在初级阶段的成功指标是"验证性学习"。换句话说，在极端不确定环境中，只有那些找到了比竞争者学得更快的方法和不断学习的企业，才能在经营中取得成功。

验证性学习的方法有很多。首先提出一个假设，进行检验。如果证明为假，改变假设；如果证实，继续下一步。而后，制定方案，并在会议日记上做标记，从这一天起，用 6 个月的时间来判定方案是否有效，或是否需要做根本性修改（就是著名的，也是已经被过度使用的"支点"概念）。如果你知道你有 6 个月的时间来探讨是否要改动方案，哪些数据可以帮你作出明智的决策呢？你能在每天的工作活动中收集到这些数据吗？如果不能，你如何改变自己的工作方式才能在 6 个月后得出那个战略性问题的答案呢？

"精益创业"实践为业务或经营环境正在经历迅猛变革的组织机构提供了一个十分宝贵的模板。与威廉姆·高德曼类似，"精益创业"承认我们不可能无所不知；但不同之处在于，在高德曼所在的好莱坞,唯一的选择就是向票房驱动的高风险项目持续投钱,并期待在赌局中获胜,而"精益创业"的模式还有其他选择。那就是去学习如何学习、如何适应,以及如何接受失败,将失败视为经营活动的一部分和学习的一种过程。

经济学家蒂姆·哈福德(Tim Harford)在他的著作《适应》中探讨过这些内容。哈福德认为,想拥有较强的适应性,你需要遵循三条基本规则:你必须去试验;你必须要在试验的失败中生存下来;你和你的机构必须从失败的试验中吸取教训。

绝大多数机构都被第二道栏绊倒了,更别说跨过第三道。一项商业计划启动后,其中很可能存在有瑕疵的设想,但由于方案得到了完美的执行,因而挣扎着活了下来。这时,看上去效果不错的试验终止,试验负责人退出计划,团队人员重新分配。这个机构从上到下回响着:试验成功,结果良好!于是,再也不会出现创新了。

重要的不仅是企业和机构要在试验的失败中存活,还需要背后所有的团队成员和负责人也都找到生存的空间。这意味着,要确保开展试验活动最终是将验证性学习而不是收入和利润作为成功的首要标准。只有在商业模式确定并运行良好的情况下,将收入和利润作为标准才有意义。如果新项目恰好与已知并运行良好的商业模式相契合,用财务标准衡量成功可行且合理。而其他商业模式尚不明晰的项目,却处在极端不确定性环境当中。这些项目的成功依赖于一个机构的学习速度和适应效率。两者是截然不同的。

芬兰游戏公司 Supercell 缔造了惊人的成功传奇。2013 年,仅凭两款游戏——《部落战争》和《卡通农场》,Supercell 的年收入就达到了 5 亿美元。然而,Supercell 出品的第一款游戏《射击无极限》却并不成功,于是这家公司制定了一种"拥抱失败"的策略。

艾卡·潘纳宁(Ilkka Paananen)是 Supercell 的创始人。30 多岁时，看起来比实际年龄还要年轻 10 岁的潘纳宁已经是第二次当老板了。他在 2004 年将第一家游戏公司 Sumea 卖给了移动发行商数字巧克力(Digital Chocolate)。凭借潘纳宁和他的联合创业团队之前在行业内的成绩，即便还没有任何作品上市，Supercell 就从风投机构 Accel Partners 和 London Venture Partners 等公司那里拿到了 1 200 万美元的投资。

潘纳宁反对事必躬亲的精细化管理。"建立一个公司，唯一一件你需要重视的事就是拥有最棒的员工，"他说。"有了他们，之后的事情才会如你所愿。"[10]他让所有这些优秀的员工以灵活的小团队形式工作，通常每个团队由 5 人组成，他将其称为"细胞"。由大量小团队组成的公司整体，就是 Supercell。Supercell 对于失败的项目坦然处之，哪怕是失败来得太快，让人措手不及。"今年(2012)，我们否定掉的产品比我们推出的还多。"同时，Supercell 专注于开发那些微小得像细胞一样的结构的潜力，让他们去寻找和创造能大获成功的项目。

你们可能经常看到这样一个现象，如果一个游戏工作室造成了一时轰动，他们就会立刻开始以难以想象的速度扩张。于是他们的下一款产品，无论是团队规模、总人数还是预算方面，都会提高很多，因为他们自认为实力比以前更好了。但是，已有很多的经验证明，这种模式是完全错误的。这会导致公司更加倾向于规避风险和重复已经做过的工作。我们的指导格言是："小智慧，做大事。"我们提倡尽可能地独立工作，以及无官僚的扁平化组织结构。

这种模式很适合 Supercell。他家的两款游戏《卡通农场》和《部落战争》每天都能带来 250 万美元的收入。今年 2 月，投资者们以 1.3 亿美元的价格买下了这家估值为 7.7 亿美元的公司。[11]

　　这种小团队的优势也在很多其他成功的高新技术公司中得以发挥。亚马逊公司的缔造人杰夫·贝索斯(Jeff Bezos)说:"如果一个团队不能用两张披萨喂饱,那就说明这个队伍太大了。"[12](如果是美国披萨的尺寸,按正常食量计算,一个团队也就是 5 到 7 个人。)打造了对电脑游戏产业产生革命性影响的 Steam 平台的 Valve 公司,也采用了一种类似的扁平化结构。在这个公司里,不存在团队负责人,每个人都融入业务、营销和销售工作中。这种结构对于项目团队的组建来说非常便捷。如果你有一个好的创意,你只需要说服足够多拥有你所需要的技术的同事,来帮你实现。这种方式并不是适合所有人,但却帮一个射击游戏开发商搭建了一个电脑游戏销售平台,并使这个平台成为市场上的主导分销渠道。史蒂夫·乔布斯有一条准则:"我只能记住 100 个以内的名字,所以我只希望与我周围认识的人一起工作。那么,如果这个团队超过了 100 人,我们将不得不改变组织结构,我就无法再以原来的方式工作了。我希望自己能触及到工作的任何角落。"[13]虽然目前苹果公司的员工总量已经超过了 70 000 名,但乔布斯仍喜欢将单一项目(此处指 Mac)的团队规模控制在 100 人以下。

　　乔布斯、贝索斯、Valve 的加布·纽维尔和潘纳宁都有其独特的管理风格。他们有的以严格管控著称,也有人给予公司组建的或自建的优秀团队自主决定工作目标的权力。Google 的方法是,每周给工程师们一天天马行空的时间。这个方法催生了 Gmail、Google 新闻和 Google 广告(AdSense)等成功项目,但也给公司带来过 Google 波浪和 Google 问答等失败。这一切都源于他们对于团队小规模、灵活化和个人化,而非公司整体层面计划和搭建的坚持。如果遭遇失败时能够迅速反应,则又锦上添花。有的人能够坦然面对并接受失败;乔布斯痛恨失败;Google 前 CEO 艾瑞克·施密特(Eric Schmidt)说:"我们要尝试新事物。切记,我们会为失败欢呼。我们是一个可以不顾一切去尝试困难之事的公司。如果没能成功，那就把它当作重要的一课。"[14]

对潘纳宁来说，在热点驱动的游戏产业中，以坦然的姿态接受失败十分重要。你最好还能学会在很短的时间内识别并终止错误的计划，通过不断地调整和适应，来避免全面执行一项有缺陷的方案的风险。2012 年，Supercell 至少终止了 3 个项目，在做终止决定时，公司全体人员会聚集到一起进行事后反思，讨论问题到底出在哪里。而后，设计这款失败游戏的细胞成员每人会获得一瓶香槟。

"当你能完完全全地接受失败，甚至为之庆贺时，你就是在鼓励员工勇于冒险。冒险增加，创新就会增加。创新才能带来更好的游戏，这样才有可能涌现出能成为热门造成轰动的项目。"[15]

我们正在步入一个商业确定性变为不确定性的时期。传统商业模式所能形成的收入规模正在崩塌。实体美元正在转化为数字硬币。我们无法扭转这种趋势。经济、技术以及创作者和消费者之间的社会契约每天都在发生变化。但未来，我们仍可以通过制造实体和数字产品获得盈利。而获得成功的，一定是那些能以最快、最成本节约的方式学会灵活变通、适应变化、勇于试验和面对成败的人。为此，有一点需要我们做得更好，那就是"测度与衡量"。

你如何去衡量成功？用生产规模？销售数量？还是产品线？如果你用的是这些指标，那说明你已被陈旧思维牢牢限制了。如果有 100 万人免费下载了你的产品，却几乎没几个认真看过他们下载的东西，又有什么用呢？你本应该去考虑客户关系，却为何要盯住产品不放呢？我们已经为了数字化的灵活性放弃了物理暴政，那么规模就不再意味着收入了，为什么还要认为规模很重要呢？

2013 年 5 月,在亚马逊的美国官网上,Kindle 的畅销图书前十名中,售价最高的两本是丹·布朗的《地狱》(14.99 美元)和詹姆斯·帕特森的《美女专案组 12》(11.99 美元)。名单中有两本的价格为 99 美分,分别是芭芭拉·费琪的《别说话》和卡莉·菲利普斯的《疯狂痴迷》。最贵的书的价格是最便宜的 15 倍。

2013 年 2 月,亚马逊英国陷入了与索尼的价格大战。扬·马特尔的《少年派的奇幻漂流》电子版本的售价仅为 20 便士。① 排名第 20 位的是彼特·芬奇的《追踪者》,标价为 1.99 英镑。排在第 8 位的是海伦·菲尔丁的《布里奇特·琼斯:理性的边缘》,售价为 4.66 英镑。《追踪者》的价格相当于《少年派》的 10 倍,而一本《布里奇特·琼斯》的价钱则可以买 23 次《少年派》。全英最畅销 100 本图书中最贵的电子书是彼特·布雷特的《日光战争》,售价为 11.49 英镑。当价格的变动范围能使最低价与最高价相差 65 倍时,规模真的能够有效地衡量需求吗?

所有网络工作者都知道,"注册用户"是一个毫无用处的指标。艾瑞克·里斯将其称为"虚荣指标"。一个虚荣指标只会上升不会下降。它只会展示出最乐观的图景。由于它只会朝一个方向变动,因而无法显示失败。事实上,注册用户的数量只能说明你的公司或网站成立了多久,而不能代表你是否成功。

对于注册用户的关注,是从只有付费才能获取信息的时代开始的。那时候,价格固定,规模自然就成为收入的代名词。如果你说,"我的专辑卖出了 100 万张",我将很容易估算出,你在这辑唱片中赚到了大约 1 000 万英镑(1 500 万美元)的毛收入。Lady Gaga 预计,如果她的音乐视频在 Spotify 上播放 100 万次,她将从

---

① 亚马逊在英国的价格战,主要是通过大幅削减部分特定图书的价格,以维持与对手 eReaders 竞争中的优势。亚马逊是以牺牲利润为代价来获取市场份额,出版社和作者从亚马逊获得的收入不变。我认为这种形势难以持续:其他的出版社和作者也将会牺牲电子书业务中的利润,来与他们的客户建立直接关系,这样电子书的价格就会永久性下降。

中获得 167 美元。（我并不是说这些机制都是类似的，相反，他们之间存在很大区别。在下一章中，我们将探讨艺人们该如何利用 Spotify 来建立"曲线"理论下的商业模式。但是，这绝不是用来弥补消失的专辑收入的好方法。）在价格无限多变的情况下，关注注册用户数量、下载量或其他只升不降的指标，是很没有道理的。不幸的是，大多数媒体人都被"注册数量可以代表收入"的旧式思维捆绑了手脚，很多公司都喜欢大肆宣传他们可观的用户数量。

我们仍以 IMVU 为例。这家公司共有 5 000 万注册用户，其中月活跃用户却只有 1 000 万。[16]对于一个通过向活跃群体销售虚拟商品来获取收入的企业来说，只有活跃用户才有价值。Moshi Monsters 是一家成功的儿童网站，注册用户有 8 000 万之多，但却没有公布其中有多少是月活跃用户（虽然 CEO 迈克尔·阿克顿·史密斯明确指出他们内部并不关注虚荣指标。）[17]德国浏览器游戏公司 Bigpoint 有 3 亿注册用户，但外界并不清楚其中活跃用户的数量。[18]

这个问题很值得注意。一家注重注册用户的公司是"客户获取"型企业。其目标是把客户领进门，并信奉"客户数＝营业收入"的等式。然而这个等式已经难以成立了。据我所知，有些公司依靠不到 20 万的活跃用户，就能赚到近千万美元，而其他一些拥有十倍用户的企业，却只能勉强获得相同的收入。客户数量不等于收入，他们只是获得收入的前提条件。

注重活跃用户（月活跃用户和日活跃用户）的公司有两种拉升指标的途径。一是在总体上获得尽可能多的用户；二是尽量维护现有用户，提高他们的回访率。一家"客户获取"型公司仍被困在 20 世纪的思维里；而一家"客户留存"公司已经沿着"曲线"理论的道路，向盈利迈出了第一步。

再从你的业务角度来思考成功的衡量指标，你是关注单位产品收益还是每用户收益呢？ 你是以图书、专辑、游戏、拖拉机、大衣

191

或其他产品的销售业绩为基础来激励员工，还是更多考虑客户回头率和用户的消费额度呢？你是否能够根据客户的消费习惯将他们划分为不同的群体，并按照不同的分类为他们提供不同的产品、促销活动和服务？你会依赖实体或数字零售商来为你做这些事，还是自己亲力亲为呢？

"曲线"理论并不仅仅是教你如何赚钱。我在为传统游戏公司提供咨询服务时，经常被称为"盈利咨询师"。我觉得这种称呼很奇怪，因为我的大部分工作都围绕着帮助这些公司从一个产品供应商转变为服务商，并为他们解答"如何获取客户"和"如何留存客户"等问题。我也考虑盈利，但这种思考只是获取客户、留存客户，以及为他们提供有理由消费平均价格以上金额的情感环境的经营策略的一部分。

将"曲线"理论视为一种盈利策略完全是不得要领。"曲线"理论认为，你要做的不应再是"创造一些能卖得出去的东西"。今天，你需要构建的是与粉丝联系和他们可以消费的情境。然后，你需要运用技术工具了解他们的需求，并推动客户沿需求曲线移动，让他们可以依自己的意愿支付从极小数目到高额数字的金钱。

谷物碾磨看上去是最不可能运用"曲线"理论的行业。将谷物加工成粉，并在超市中售卖的业务似乎很难逃脱物理限制。然而，佛蒙特州的一家拥有225年历史的老牌磨粉公司亚瑟王面粉公司（King Arthur Flour）却实现了突破。1990年，这家公司还是只有5个人的订单作坊。[19]到了2012年，它已成为了拥有283名雇员，年收入高达9 700万美元的全国知名品牌。[20]这些年中，它从家族企业转变为了一家员工所有制企业。这样的转变，为公司带来了显著的销售增长，用公司的前任老板弗兰克·桑兹的话说就是，"盈利上升飞快"。其高端产品"亚瑟王面粉"，目前已经是全美第二大品牌。如桑兹所说，"当员工知道他们对公司拥有所有权时，他们就会从所有人的角度去思考和工作。"

亚瑟王面粉公司在客户群建设方面投入很大。公司官网为客户提供了上千份详细食谱。挂出的博客文章都相当轻松亲切，并实用有益。亚瑟王面粉公司的 YouTube 频道拥有 3 000 个订阅用户，很多视频文件都有上万的点击量。公司创建了一份活跃邮件列表，经常与用户联系交流。他们还设立了一条由 9 位烘焙师组建的咨询电话热线，为在家里烤面包的人们解答疑惑，比如"揉好的面团应该是什么样的手感？"或者"快来帮帮我，我错把泡打粉当成小苏打了，我该怎么办啊？"[21]

如今，在美国的大多数超市中都能找到亚瑟王面粉。这家公司目前仍在做订单服务，服务项目从原材料起，一直到平底锅以及面粉的储藏方案等。他们迄今为止已经出版了四本食谱，并面向亚瑟王的超级粉丝，在佛蒙特的总部开设了面点大师班。亚瑟王面粉公司可以帮你学到使用烧木砖灶制作无麸面包、马卡龙或烤面包的技巧，你可以不花一分钱，也可以支付几百美元，选择权在你。

亚瑟王面粉公司的核心产品并没有遭遇数字化风险，也不存在将面粉轻易地转化为数字比特和字节的威胁。面粉是一种大宗商品，很少有人认为在这种业务中可以与客户建立情感联系，并将他们转化为粉丝。但这就是亚瑟王面粉公司的经营者做成了的事。River Pools 的马库斯·谢里丹的实践与之类似，他也通过免费为客户提供高质量的信息而获得了成功。他们都掌握了与受众群体交流的方式，并聪明地运用互联网技术获知了客户的需求。他们让喜欢亚瑟王面粉公司提供的内容的人们，心甘情愿地在这家实质上就是一家磨粉厂的公司身上消费上百美元。这就是对"曲线"理论的完美应用。

亚瑟王面粉公司已经意识到，如果想要发展，一家磨粉公司就不能只是固守 B2B 的经营模式。互联网推动着业务的消费者化。你的公司正在更多地面向客户，无论你在公司中是什么角色，你也将更多地面向客户。所有人都应该意识到，自己是营销团队的一分子，不管你处在销售、融资、客户服务、产品设计还是经营管理岗位，人人都包括其中。从销售产品的企业转型为销售服务的企业，这是极大的改变。在下一章中，我们将详细探讨，身处不同的行业，你该如何实现这种根本性的改变。

# 13. 驾驭"曲线"理论

　　1 月的瑞士蒙特勒小镇美得让人窒息。她依偎在清丽的日内瓦湖和高耸的阿尔卑斯山脉之间。观光客们在湖光反射的落日余晖中惬意地品着鸡尾酒，那感觉简直让人迷醉。这就是带给詹姆斯·邦德回家之感的地方。[1]

　　2013 年，我受会展行业同业协会 MPI 之邀，来到了蒙特勒。他们这一年度的欧洲会员年会定于瑞士举办，我赴会作关于"曲线"理论将如何影响会展行业的演讲。主持人用类似于好莱坞巨制预告片中介绍《X 因素》式的声音，将我介绍给了到场的观众。热烈的掌声中，我站到了明亮的彩光灯下。

　　我不知道我的演讲会产生什么效果。"曲线"理论探讨的是，当可以数字化的事物能够以极低的成本进行共享时，这些事物将面临什么。对于会展行业来说，不可否认，从本质上看，活动和会议难以数字化。收看直播会议与坐在现场是有区别的。在现场直播频道中与他人交流互动，与一起排队等取浓郁咖啡[2]或不冷不热茶水[3]的感受也是不同的。互相握手并交换名片所能给别人留下的印象比发邮件或一个冷冷的 LinkedIn 请求要深刻得多。那

---

　　① 这里指的是肖恩·康纳利饰演的邦德。Much of the town feels as if it was cutting edgein 1969.

　　② 我并不是说 MPI 提供的咖啡很浓郁。

　　③ 没错，我是说茶水的确不冷不热。

些过去依靠销售"内容访问权限"为生的人所面临的急需驾驭"曲线"理论的压力,似乎并没有降临到会展行业头上。事实上,会展行业是不是也能成为这种转变的受益者呢? 当人们习惯了免费获取信息,他们就会更加珍惜新出现的稀缺事物,比如,与所在行业的领军人物一对一交流的机会。

像往常一样,问题在于经济学规律。由于竞争对手不能避免遭遇变革,因此会展行业一样逃不开环境的变化。急切渴望新的收入来源的杂志出版社,认为会展业务还没有成为数字侵权盗版的重灾区。[①] 随着广告宣传下的数字硬币取代了实体美元,以及竞争环境侵蚀了利润和消费者购买内容基本访问权限,已经理解了"曲线"含义的内容发行商也开始忙于策划各种活动来弥补因此而逐渐丢失的收入流。会展行业的确不需要惧怕直接的数字转化,但却需要对正在窥探自身核心业务,试图通过与粉丝建立联系来开拓新型盈利渠道的竞争者有所戒备。

在 15 分钟的视频播放和 60 分钟的主题演讲中,我向几百位会展专业人员传递了"曲线"的主要概念。我为他们介绍了罗伯特·瓦德罗、钱德拉·唐吉和物理的暴政;向他们说明了在数字领域中,所有的一切,特别是平均值将如何变化。我同他们讲述了特伦特·雷泽诺在高价实体工艺产品中获得的成功,以及 NimbleBit 是如何制作出能让玩家为了使自己的虚拟青蛙快速长大而愿意消费 30 美元甚至更多的视频游戏。我还介绍了不利条件定理、园丁鸟和多变的需求曲线,并解释了 100 万韩国人乐于在一款赛车游戏中花 1 美元购买虚拟圣诞帽的原因。我告诉他们,他们要让喜欢自己产品或服务的人能够在其认为真正有价值的东西上花很多的钱。我还说了"免费"是一种营销手段,而"曲线"的高点才是盈

---

① 音乐公司也是这样认为的,但我此处所说的会展业务(活动)是类似于"欧洲商务之旅"或"游戏开发商会议"的活动,而不是邦乔维乐队在海德公园举办现场演出那种。

利机会的所在。而后,我请他们花 10 分钟的时间,去思考通过驾驭"曲线"理论来改善他们现有业务的所有方法。

他们给出的最佳答案是,对出席活动的代表收取额外费用,同时提供与演讲嘉宾同桌午餐的机会。这一提议的问题在于,只强调了"曲线"的一端——价格高的一端——而没有考虑如何利用免费,以及如何在长期使低端客户沿"曲线"向高位移动。

我很高兴能有一位如此认真并睿智的听众和我共同探讨"曲线"的问题。通过那次会议,以及与大量智者的沟通,我认为,对"曲线"的驾驭包括三个不同区域:

免费:你该如何让客户知道、关心并参与到你所做的事情当中?

高价:你如何让喜欢你所做的事的人能够在他们认为真正有价值的东西上花很多钱?

两个极端之间的部分:你需要何种产品、服务、技巧和技术,才能将客户从"曲线"的一端移动到另一端?

对本书的许多读者来说,很难理解"曲线"的免费一端。免费是你现在做事方式的对立面,对于无数消费者本愿意掏钱购买的东西,你竟让他们期待不花一分钱就获得相同的品质。看起来,它既是图书的天敌,也是音乐、电影和游戏产业的天敌。最关键的问题似乎不应该是"我该如何创造能够免费提供的东西?"而应是"我该如何停止发放花大价钱创作出的免费内容,并转而收费?"显然,对大部分人来说,免费是十分艰难的决定。但如果你能在策划活动、销售"软件即服务"产品或制造拖拉机等业务中良好运用免费,你将获得什么呢?

这个问题的一个重要答案就是,免费并不是一个独立的目标,而是创造对客户有价值的事物,并让他们愿意开始与你对话的手段。在这种对话中,你将与他们建立起关系。客户关系在将客户向高位移动过程中十分关键。一个时下流行词语可以极好地反映这种思想,叫作"内容营销"。这个词语与"大数据"和"响应设计"一样,都正被广泛提及甚至滥用。不应将"内容营销"孤立地理解为一种营销技术,而应将其视作驾驭"曲线"过程的一部分。对于任何想用"曲线"理论来改善自己的公司和业务的人来说,无论他们做的是否是内容业务,了解内容营销都非常重要。当然,这也很难。

五年前,想在客户体验中增加一些附加服务的营销机构,很可能会选择制作一款免费的"广告游戏"。广告游戏通常被制成Flash 动画形式,需要由 IE 或 Firefox 等浏览器进行操作,制作成本十分低廉。这些游戏很无趣,质量也很差。并不是因为受托制作它们的数字代理机构不熟悉游戏开发(尽管的确如此),而是因为他们这项工作的预算和用时根本不够出品一款好游戏。这样做似乎也不无道理,毕竟这种游戏是免费提供。与此同时,可供人们娱乐的其他大部分游戏,不管是手柄游戏,还是下载游戏或手机游戏都要收取较高的费用,一般从 5 美元到 50 美元不等。正如你所知,随着 Facebook、智能手机和浏览器游戏质量的提高,市场环境发生了巨大改变,在免费体验的同时,玩家还能在游戏中自由选择消费金额,可以一分钱不花,也可以大笔投入。那些游戏的品质都达到了极高的水准,例如模拟农场游戏《卡通农场》、策略游戏《部落战争》以及无尽奔跑游戏《神庙逃亡》。不仅提供游戏的免费下载,开发者们还支付大量资金进行宣传推广,鼓励用户安装使用。据营销服务公司 Fiksu 测算,2012 年 12 月,获取一个忠实用户(定义为登录 App 三次以上的用户)的成本高达 1.67 美元,且这一数字在 2012 年一整年中都没有低过 1 美元。[1]

当竞争对手都在花大价钱为他们的免费产品争取用户,并已能依靠忠实的付费用户赚回这些钱时,那些将免费作为卖点,通过制作廉价的一次性广告游戏的公司,还有什么成功的机会可以盼望呢?

必然是没有希望的,但很可惜,他们很多人还仍未意识到这一点。在"曲线"理论中,内容营销应当视为整个商业模式的开端。这是与客户建立关系的起点,假以时日,这种初级关系将可能转变为付费关系。如今,把东西摆在那,仅仅以免费为噱头,期待消费者蜂拥而至的方法已经行不通了。市场上正有越来越多可供挑选的免费内容呈现在消费者面前。你需要创作出能引起你的目标受众共鸣的产品,并以此为起点建立客户关系。

在曲线的另一端,你需要拥有能够满足喜欢你的粉丝的消费需求的产品,一些价值远高于边际成本的产品(特别是当产品是边际成本趋于零的数字化内容时)。你应当为他们提供能为用户带来不同的感受的多样化产品和服务,它们要能满足不利条件定理下的需求,要能帮用户展示出他们的审美、品位、财富、学识或专长。你还要为最爱你的粉丝提供,在专属炫耀性产品和一切他们想让朋友知道自己拥有的事物上消费的机会。

然而,"曲线"的中间部分很难处理。在客户沿"曲线"移动的过程中,你需要改变你的思维方式。适应"曲线"的过程就是对新技巧、新技术和新的运作方式的接纳。你必须去经历这个惊险又刺激的过程。

你在这个过程中所需的确切技术是会变化的。事情一贯如此。重要的是你的关注点和心态要从产品转移到服务,从"我售出了多少?"转变为"我的每个用户收益是多少?"从"我的产品终于上线了,下一步要做什么?"转变为"我该如何将这些已经发现了我们产品的客户改造成为超级粉丝?"

这需要弄清以下几个问题。首先,你的产品如何才能引起用户的情感共鸣?你怎样才能驾驭这种情感?如果在免费提供产品的同时,还能为"曲线"高位端的超级粉丝保留较高的价值?这意味着,你要改变对于供应商和零售商之间关系的看法,在"曲线"理论下,他们成为你整个业务系统的一部分,他们的存在可以帮你服务"吃白食之人"、你的超级粉丝和位于两种极端中的所有人,他们将不再仅仅是业务流程的起点和终点。

你具体该怎么做呢?我也不知道。我可以给你一些例子和想法,但我能做的也只有如此。世上没有包治百病的药方,也没有对所有公司、机构或创作者都适用的规则手册。万事都在变化之中。

这是一个探索和适应的时代。你必须学会倾听客户的诉求,学会快速将反馈融入你的经营思维,并且成本高效地开展能帮你创造客户珍视并愿意购买的产品的试验。

我可以帮你理解这些原理,帮你了解该检验的内容是什么,以及如何检验。我还能向你展示别人是如何获得的成功,以及我为什么认为他们的经验有效。此外,我还可以告诉你,其他人失败的例子,以及我们能够从中吸取些什么。但是,你必须独立去思考你自己的客户、粉丝和超级粉丝。他们不属于我,而是属于你,你对他们最了解。

你要努力去满足他们的愿望和所求。


让我们先从一些基本问题入手,来考虑如何驾驭"曲线"理论。你应该免费提供些什么呢?在新环境中,该如何利用现有的零售伙伴和其他分销伙伴呢?你的高端产品应该是什么样,又如何销售呢?

如果你的产品可以轻易数字化分享,那么你在"曲线"的免费端提供的东西无疑就是,你的产品。如果你的业务是制作音乐、写书或开发动图或游戏,那么,你的产品一定会以合法或非法的形式免费出现在网络的某个角落。当这些产品可以利用点对点的网络系统以极低的成本扩散时,你的产品就难以避免被免费共享了,而你对此毫无办法。

但有时,这并不是什么大问题。你的产品下载量和销售损失之间没有直接关系。举个例子来说:一家游戏公司决定通过开展

"免费使用一天"活动来推广他们的一款 iPhone 付费游戏,并借助
"一天免费使用"等服务扩散了消息。不难想象,当天的下载量一
定会突然飙升,可能会达到活动之前的成百上千倍。但是,并不是
所有的下载用户都会变成玩家。约有 50% 到 75% 下载到设备中
的游戏永远不会被启动。那些用户只是看到这款游戏可以免费试
玩一天,便下载下来,之后就彻底将它遗忘了。因此,说免费下载
代表了收入损失,是完全错误的:有成千上万的用户将这款应用
程序合法安装进设备或下载到 iTunes 账户里,从不会打开使用。
那么他们更不可能会花钱购买它。

我经常希望被问道,为什么这本书不能免费下载? 我想,在某
些时刻,一本书是会免费开放的,要么是作为一种促销手段,要么
是因为免费下载已经成为电子书的既成状态了。从目前来看,英
国市场上一本电子书的价格通常在 20 便士到 20 英镑之间(美国
市场上是 1 美元—15 美元),我相信,"曲线"理论的定价作用终会
在电子书上有所体现。我并不是急于加快免费的进程,除非我必
须这样做,或者我拥有了一个可以通过免费传播创意获得利益的
极佳商业模式。从我个人来说,目前我希望将我的网站①作为《曲
线》一书的免费部分,同时将其作为推动客户从"吃白食之人"向超
级粉丝转化的工具。免费内容可能包括咨询或讲座或提问机会,
还可能会有在线培训项目或系列视频以及会员聚会。我将不断尝
试、学习和适应。

对于音乐产业来说,情况差不多。音乐作品几乎可以十分容
易地被零成本传播,许多用户都更倾向于免费获取音乐内容。然
而独立音乐人,同时也是 YouTube 明星的亚历克斯·戴却通过在
iTunes 上销售单曲,赚取了自己的大部分收入。他在合适的渠道
中(YouTube)免费提供音乐产品,并在仍有市场的渠道中

---

① www.nicholaslovell.com。欢迎访问。

(iTunes)收取费用。当同一首歌曲可以在文件共享网站上免费获取时,人们为什么还会在 iTunes 上花钱购买呢? 这其中有很多可能的原因。一些人也许不会使用点到点的网络系统。[①] 有的人可能喜欢 iTunes 的"同时储存多个设备中大量音乐"的便捷功能。也有的人是担心如果从他们不信任的网站下载内容,有可能会被感染特洛伊木马病毒或其他恶意软件。其他人则可能是因为意识到,如果想让喜欢的音乐人能够继续做音乐,就需要付费给他们;或是单纯因为自己已经形成了付费购买歌曲的习惯,并且戒不掉。

其中一些原因将会永远存在,但另一些却是传统体系的遗留问题。在传统模式中,人们信任知名的分销品牌(不同于艺人品牌),并且很难免费获取高质量的产品,即使能找到这种产品,下载来源也不可信。但时代在改变。

而在苹果利用"曲线"理论销售单曲赚钱时,创作出这些作品的音乐人却一无所得。他们没有将用户拉进自己的系统。他们也不知道某个用户在他们的作品上花了多少钱。如果他们有 10 首歌在 iTunes 上销售,并且每天每首歌卖出一次,他们不清楚到底是一个人买了 10 首歌,还是 10 个人每人买了一首不同的歌。他们对自己的客户一无所知,也不知道该如何沿"曲线"将他们转化为自己的超级粉丝。

苹果公司并非特例。亚马逊、Steam 和所有拥有自己的客户关系的公司都一样。强烈渴望将自己的产品推向市场的发行商和创作者们,迷迷糊糊地放任分销伙伴与自己的客户建立了一对一的关系。更糟的是,iTunes 或亚马逊或 Steam 对任何产品都没有忠诚度可言。他们不在乎一个购买了亚历克斯·戴的单曲或阿曼达·霍金的书或 NimbleBit 出品的游戏的客户,会不会继续购买这些创作者的其他产品,他们只关心客户们是否还会再来购买产

---

① 我就是其中之一。我这辈子从没用过激流网站。

品,无论买的是什么。

对此,有一种创作者或发行商可以采纳的方法。那就是将这些分销伙伴当作你营销漏斗的一部分。就像 F+M 的詹姆斯·伍拉姆那样,重点关注客户发展。免费产品是位于内容漏斗的顶部,但付费产品同样也是。所有从亚马逊、Barnes &Noble、Steam、iTunes 或超市等任何地方购买过你的产品的人,都是潜在的超级粉丝。你只需要找到与他们培养关系的方法,直接互动,与粉丝建立一对一的联系。这样,未来能向你的粉丝推荐其他产品的人将是你自己。不要去艳羡亚马逊、苹果和 Steam 把业务做得如此之好,而是理解他们的业务内容,并将其转化为自己的优势。

Spotify 则与这些公司不同。作为消费者,我非常喜欢Spotify,但从一个分析师的角度,我比较为它担忧。在"曲线"的时代里,订阅将是一种艰难的商业模式。在"曲线"的低端,订阅是用户面前的一道情感阻碍。由于用户们已经意识到未来某一时刻付费门槛将会消失,因此人们可能就不会去花钱体验服务。(当然,公正地说,Spotify 的免费服务的确是完全免费,只是会经常给你穿插一些广告打断体验。)但最大问题还不在此,而在于高位端。Spotify 没有设计制定相关机制,来让喜欢他们服务的人能够在其认为真正有价值的东西上大额消费。作为一个 Spotify 的订阅会员,我找不到每月在 9.99 英镑的订阅费之外增加消费的理由,甚至有时还会奇怪,自己为什么要在这些分享成本如此低廉的内容上花这么多钱呢?

因此,我认为,那些批判 Spotify 回报率太低的人根本没有抓住问题的关键。在"曲线"时代,Lady Gaga 从 100 万次的歌曲播放中获得了 167 美元,并不一定是个糟糕的交易。Trichordist 是一家专注于数字时代的互联网道德和艺人权益保护的网站,曾试图估计版权所有者能从获得巨大成功的 Spotify 手中获得收入的规模。

　　即使 Spotify 能够在美国俘获最乐观数量的付费订阅者
（3 000 万），也只能为版权所有者带来 25 亿美元的收入。
1999 年至 2009 年间，版权所有者的收入从 146 亿美元垂直
跌落至 63 亿美元，形成了高达 83 亿美元的落差。所以，我们
很可能搞错了什么。如果主流媒体是音乐产业的未来，那么
从成功平台 Spotify 中赚得的 25 亿美元如何能弥补年收入中
83 亿美元的缺口呢？[2]

　　我的回答是，不可能弥补，也弥补不了。这些收入已经永远不
在了。通过互联网分享传播音乐作品的极低成本和作为主要音乐
产品的唱片专辑的消失，以及激烈的竞争环境和不再希望为音乐
产品付钱的消费者，都意味着录制音乐的销售额再也不能达到
1999 年的 146 亿美元了。那个时代已经远去。在主流唱片公司
和艺人们不停为过去好过的日子惋惜伤感的同时，一些新艺术家
们已经开始探索传播自己音乐作品的新途径，并与粉丝互动联络，
对部分特殊产品和服务收取一定费用，让真正喜欢他们的人能够
在其认为真正有价值的东西上花很多的钱。

　　在我看来，作为一家公司，Spotify 最大的弱点在于采取了销
售量模式。价格是固定的，成功的唯一衡量标准就是销售量。在
这个一对一沟通和精细差别定价都很容易的时代，单一价格模式
似乎过于陈旧了。这并不是说 Spotify 不可能成功，但它的确让大
量的潜在收入白白流掉了，同时还必须去和免费抗争。这种模式
如此受到唱片公司的欢迎，不是因为它是应对数字时代挑战的最
佳方式，而是因为它是最容易理解的方式。容易理解的原因在于
它仍固守着固定价格、依靠增量来增收的传统观念。

　　艺人们都应该听听大提琴家佐伊·基廷的建议，他说：

"Spotify 是一个很棒的听音乐的平台。艺术工作者们应该将其视为一种被听众发现的服务，而非收入来源。"[3] 当然，如果两者能够兼得，就更好了。

　　免费或以极低的价格提供某种产品或服务，以此作为你与客户建立关系的起点；运用技术加深这种关系，努力了解你的客户并与他们进行一对一的沟通；向成为你的超级粉丝的客户提供能够在他们认为真正有价值的东西上花很多钱的机会。这些驾驭"曲线"理论的基本方法听上去很简单，但详细操作可能会更为复杂。每个产业都各具特色，同一个产业中的每种产品或服务与其客户之间的情感联系也不同。在本章的剩余部分中，我将试着为你找出不同产业或企业驾驭"曲线"的方法。

　　如果你想获得一些处理"曲线"高价端的想法和思路，你可以多花些时间去研究一下 Kickstarter、Indiegogo 等众筹网站。众筹活动不是你经营与盈利的最重要部分和终点。它不是从免费开始（除非你将围观项目筹资成功或失败视为一种娱乐价值），但其中却包含了运用技术与粉丝建立直接关系，以及大量对超级粉丝来说有诱惑力的特殊高端回报。

　　我们要记住，可以使某件事物更有价值的方法有很多。现场演出比录像要好。限量版比普通版本更有价值。签了名的东西比没签名的珍贵得多。

　　科幻小说家科利·多克托罗想将自己的限量版短篇小说集《举手之劳》打造成为独树一帜的特别版，于是他不仅采用了高质量的印刷和装订，还把每一本书都用之前用来运输爪哇岛咖啡豆的麻布袋包装起来。每一位花 275 元购买了限量本的买家打开从快递员手里拿过的包裹时，都会有一股新鲜的咖啡香味从包装布袋中弥漫出来。这种创意的成本并不高，但却能给超级粉丝们带来特别的体验。（多克托罗在线自出版了《举手之劳》，并详细公开了所有销售数据和出版过程。[4] 2012 年 3 月 28 日,他的总收入为 45 182.65 美元,总支出 26 882.02 美元,盈利 18 300.62 美元。这个数额并不高,但对于一本没有出版社参与的短篇小说集来说,也还算不错。)

我的核心观点是,没有适合所有产业和企业的固定蓝本。你只需遵从基本规则,然而运用你对自己的受众的理解和创造力,为他们提供他们真正认为有价值的产品或服务,追求灵活性、创造性和卓越。要让人们有向朋友展示他们手中的限量版、分享和炫耀他们花大价钱买来的东西的欲望。

总之,就是要让他们乐于当你的超级粉丝。

# 音　　乐

免费分享你的音乐作品。利用个人网站、YouTube、Twitter、Facebook 和任何能够接触到你的客户的其他渠道,来建立与粉丝群的关系。借助 YouTube、Spotify 等在线服务,鼓励粉丝们尽可能分享你的音乐作品。让你的粉丝能够通过尽量多的渠道合法购买到你的音乐。为忠实粉丝设计定制对他们来说具有自我表达价值的实体产品(唱片、T 恤衫,或者是请专业的艺匠手工制作的产品等)。开展能够让粉丝有机会追随和支持你的活动(Kickstarter 众筹活动、音乐巡演、发行给予你灵感的画册等)。通常,相比于现场演出,一些人往往更愿意定制高端产品。如果你想从一个粉丝那里获得 10 000 美元,你就要想一些别出心裁的创意。阿曼达·帕尔默在 Kickstarter 的众筹活动中,对于支持 10 000 美元的粉丝的回报是,在他们的身上作画,穿衣或裸体都可以。当时没人知道能否成功,于是帕尔默仅提供 10 个 10 000 美元的赞助机会,但最终只卖出了两份。然而如果她没有作出这种大胆的尝试,她就不会知道真的有人愿意买账，她的众筹活动就会少募集 20 000 美元。

# 图 书

图书部分，我需要用较大的篇幅来说明，因为图书涵盖的内容实在太广。如果你撰写的是面向商业群体的非文学类作品，如《曲线》或赛斯·高汀的书，你应该设立一个网站，用以免费共享高质量的思想、观点和内容。通过免费赠送电子书或相关内容的方式鼓励人们留下电子邮箱，为他们提供可供购买的实体图书。制作精装版和工艺产品，以便拥有这些产品的读者将其展示在他们的客厅里，而不用藏在书房里。在电子书价格不断下降的趋势下，注意调整定价，如果继续收费会影响你的读者数量，应当适时转为免费开放。开发粉丝们能够接触到的其他产品和服务，如系列视频、在线论坛、线下论坛、咨询和现场演讲等。借助网络在共享内容中的低成本优势，散播你的作品、建立更大的粉丝基础，以便更容易地从高端产品中获得收益。同时，确保你的时间一直都是高价值资源。

小说相对来讲要难一些，特别是对于第一次写作的作者来说。事实上，未来，自出版很可能是许多小说写手们的作品被发掘的重要途径。他们的作品将以免费或很低的价格呈现在亚马逊等网络上。看门人不再是文学代理或责任编辑，而变成了开放网络中的大量读者和用户。优质内容将吸引社区管理者、人脉广泛的推特用户或者甚至是传统代理或编辑的注意，这样电子书就将有机会作为实体书出版。在产品发掘的过程中，出版商已不再处于核心地位，他们的作用是挑选已经脱颖而出的产品，并提高产品的国际化、专业化和盈利能力。

对于已经成名的作家来说,可以采纳"拥有自己货架"的原则。成功的小说家都会渴望在书店里拥有只属于自己的一面书架。因此,特里·普拉切特、汤姆·克兰西或 J. K. 罗琳的作品封面都有自己的独特风格。你只需要瞥上一眼,甚至不需要查看作者的名字,就能认出一本书属于哪个作者的哪个畅销系列。同样情形也会发生在很多通俗小说、历史小说系列等其他领域。出版商为了吸引新读者,还可能会效仿迈克尔·希克斯和许多其他自出版作者的做法,对系列图书采取免费策略。通常,系列的第一本书会永久性免费提供,以俘获读者。其他书也许会定期以免费形式提供,这就意味着,精明的读者将有机会分文不花就可以获得整套作品。同时,出版商将会推出收藏版、签名版、限量版,或提供与作者共进晚餐和参加年度聚会的机会。根据图书的风格和兴致,还可能会有与推广相关的旅行和活动。书中背景为格拉斯哥城的犯罪小说作者可以策划一个包括观光以及与作者对话和就餐在内的周末"发现格拉斯哥"之旅。出版商必须发挥想象力去打造符合图书内容和作者特点,并能满足超级粉丝愿望的新型体验和活动。

有些读者对此十分担忧,他们怕这样一来写作会让位于表演,怕作者们会变成一种纯粹的艺人,更担心小说会由于过度关注外在表现而丢失质量。对于这些疑虑,我要说,是的,这种风险的确存在。但我相信,这种风险值得承担,因为你将别无选择。在经济和技术的双重压力下,图书市场已经不能再以过去的方式运转了,我们必须学会适应。

同时,我还认为小说的形式将发生改变。在上面提出的模式中,免费提供的系列丛书的第一册最好只有 30 000 字,而不是 90 000 字。由于已经不存在对于一本书长度需要达到 250 页以上的硬性要求,传统的小说长度将会被压缩。电子书和精装图书将会迎来繁荣,而平装书却面临着巨大的压力。它既不是最便宜的版本,也不是最有价值的版本,而是被困在"曲线"的中间地带。这

种发展对于那些依赖于沙滩阅读的通俗小说写手来说格外具有挑
战,他们的作品通常是些年轻女性言情读物、犯罪或惊悚小说,只
适合度假时在沙滩上买来随手翻翻。他们需要重点建立一个由忠
实的粉丝构成的基础,以保护自己不会受到 Kindle 免费提供下载
导致的付费读者流失所造成的致命冲击。

儿童读物遇到的又是不同的难题。从很多方面来讲,儿童读
物最不容易受到数字化变革的影响。购买这些图书的中产家庭父
母和祖父母认为实体图书可以有效减少孩子面对电子屏幕的时
间,他们非常乐于看到孩子花更多的时间阅读实体图书,而不是沉
迷 iPad、看电视或玩手柄游戏。他们还将继续购买实体读物来鼓
励孩子阅读、触摸和学习。但与此同时,孩子们未来将会越来越多
通过使用触屏,并点击屏幕上显示的内容来进行学习和阅读。对
于孩子,特别是对幼童来说触屏绝对是一项伟大的发明,我希望在
有生之年能看到所有的孩子都能拥有一台触屏设备。儿童读物创
作者和各种格式读物的制作人不应继续从独立产品的角度来认识
图书,而应该从读者和粉丝的角度来认识孩子们。你该如何帮助
小读者们发现你所提供的内容呢? 你又该如何让父母们乐于为你
的产品买单?

Puffin 出版社近期针对林莉·多德的《毛毛狗 Maclary》冒险
系列《一条捣蛋的混种狗和它的狗朋友的故事》推出了 17 款图书
应用程序。[5]我觉得他们这种方法很有问题。如果是我的话,我只
会发行一款应用程序,其中包含一个或多个免费的毛毛狗
Maclary 的故事。孩子和家长可以一起愉快地欣赏这款优质程序
中的可爱有趣的故事。最后,家长或孩子(很可能是家长)实在厌
倦了一直重复阅读同样的内容,便心甘情愿地支付 2.99 英镑(4.5
美元)进行内容升级。这样,Puffin 将会有一款登上 App Store 的
热门排行榜的应用程序,而不是 17 款全都默默无闻。同时,他们
将能获得更充分的重复访问和使用情况的数据,还可以了解到底

是有一小批用户购买了全部 17 个故事,还是有很多用户分别买了一些故事。他们不仅仅是卖出了 17 种产品,还将与许多家庭甚至是一个团体建立起直接联系。

　　牛津大学出版社在系列丛书《Read with Biff,Chip and Kipper》的运作中也偏离了正轨。这套书在 App Store 中只有两种价位,免费或者 149.99 英镑(230 美元)。(当我看到这个数字是,惊讶得下巴都要掉下来了。)这套书的内容是帮助不同年龄和不同能力的孩子学习自主阅读的方法,而免费版本只有每本书的几页。如果用户觉得内容不错,他们可以选择花 3.99 英镑购买更多部分的阅读权限,或者支付 149.99 英镑一次性购买全部内容。然而牛津大学出版社却在免费服务中失败了,因为他们没能为用户提供优质的体验。用户只能获得全部体验的一个微小部分,免费版本的故事情节跳来跳去。牛津大学出版社事实上已经越过了应用程序开发商所面临的最难关卡,已经成功让用户下载并开始使用自己的产品。然而,他们却又对客户说:"不好意思,我不能给你完整版,因为你是个可耻的'吃白食之人'。除非你把钱付清,不然你只配体验这一点点可怜的内容。"一些父母可能会去购买,因为他们已经通过实体书熟悉了这个品牌。但其他没看过实体书的家长,会认为由于自己没能全面地体验数字版本,他们无法判定自己的孩子是否会喜欢这本书,而且 App Store 里有的是免费下载的 App,何必花这么多钱买这本呢?

　　牛津大学出版社和 Puffin 出版社的策略散发着浓郁的老式思维的气味。这种思维模式的目的是销售产品而不是吸引用户,并认为不能免费发放产品的原因是,如果你这样做你就没有东西可卖了。这两家出版社都朝正确的方向迈进了一步,但却仍试图去保护旧事物而不能去拥抱新世界。我很高兴看到 Puffin 和牛津大学出版社在进行大胆尝试,希望他们能够从这些试验中获得经验、吸取教训。

# 法 律 和 会 计

如果说存在一个已经具备成熟的变革条件的产业，那一定是法律服务业。律师们的许多基本工作都可以免费提供给客户，如标准遗嘱、用工合同、非公开协议、自由协定和很多其他的法律契约，除了注册价格外，都可以作为免费服务向客户提供。Legal Zoom 和 Clerky 等公司比一个执业律师对这些服务索取的费用要低得多。一家法律服务公司可以通过提供这些合同来与潜在客户开启合作关系，但不提供针对客户特殊问题的法律建议。长此以往，客户关系就可能会扩大到难度较大的定制合同、法律培训、诉讼和特别咨询等领域。律师们也可以选择放弃对这些在网络上可以轻易共享的同质、格式化、重复性的法律文件收取费用，并注重作为律师的增值服务端，为客户提供谈判的特殊建议、法律补救方案等等。

会计行业也是如此。我每年会向在线账务服务商 Free Agent 支付 300 英镑（450 美元）获取财务服务，但如果我专门雇佣一个账务管理员或会计来管理账目，成本将远高于这个数字。在会员服务费之外，Free Agent 没有任何增销路径，但是，这样一个通过互联网完全免费提供账务服务的专业财务公司，完全可以在建立了客户关系之后，有偿提供准备法定账户、处理税务事宜以及帮客户在经济业务中省钱等服务。

当然，法律和会计（较小程度上）都位列于商业世界里所剩不多的"专业行业"之中，他们自我监管，并致力于保护内部人士的既得利益现状，而非那些专业服务的对象。未来法律和会计行业将如何应对数字时代的挑战和 21 世纪的"曲线"现象呢？让我们拭目以待。

# 会　展

如前文所述,会展行业应将高端定制活动与内容营销或杂志发行结合起来。在你不开展活动的时候,运用免费的力量吸引和维护对你的活动感兴趣的群体。借助网络的通信功能,为参会代表们提供多样化的选择,例如,让他们支付额外费用,来换取晚宴时与重要演讲人同桌就餐的机会。

# 电　影　和　电　视

电影和电视产业的处境很有趣。一方面,他们比其他领域拥有更多的明星[①]和免费新闻宣传。另一方面,这些明星们通常有着比较成熟的自我营销策略,而这些策略未必与他们正在宣传推广的电影或电视剧的成功有直接的联系。制作公司应当努力巩固观众与自身核心品牌,而不是观众与明星之间的关系。

如今,电影的获得价格要么完全免费(盗版 DVD 和免费下载),要么十分平价(电影票价格或合法 DVD 的价格)。一些行业高管认为,电影产业正在通过"开窗"的方式探索"曲线"策略,这个过程包括,将电影通过影院发行,而后是按次付费观看模式、DVD、付费电视,最终免费播放。相信读过了本书的前面部分,你一定意识到,这并不是真正的"曲线"策略,因为它仍是建立在以销售规模为基础的思维之上,最忠实的粉丝没有机会消费超过一个普通观影者上百倍的金额。当然,电影产业的确开发了不少附加

---

① 译者注:原文为"starts",译者认为是作者的拼写错误所致。

产品,包括电影相关的图书、小商品等,尤其是在系列电影或儿童电影中,这种策略应用得更多。

在以后的很长一段时间内,电影制作人将更多地尝试与粉丝建立起直接关系。第一波试验的浪潮(已经开始了)将由独立电影制片人掀起,他们将通过 Kickstarter 等众筹网站,集资支持自己的电影制作。与此同时,他们将对支持者给予各种回馈,包括在影片中出境、参加首映礼、参与剧情修改、获得电影资料库访问权限以及所有他们能够想到的方式。好莱坞的试验过程将十分漫长,因为他们仍能完美运作大规模项目,强者正变得更强。也许好莱坞将永远不需要遵从"曲线"理论,那么这就将只是独立电影制作的一种模式。

电视产业也在迅速变革。权力已从那些控制分配渠道的人(广播公司)手中,转移到了控制生产工具的人(制作公司)手里。相比于拥有一个只能服务一片区域的广播公司,我更希望做类似于 Shine、Endemol 或 Fremantle 那样的制作公司。(大部分广播公司同时也是制作公司,这能够规避掉一些风险,但力量的转移仍是个巨大的威胁。)

正如电影评论人罗格·劳埃德所说,像音乐作品一样,电视也正在变成一种自我表达的方式。[6]我预计,盒装电视剧集产品,尤其是高端精装版将会很有市场。同时,那些努力探索的独立电视制作人,将借助众筹资金的支持和粉丝的参与,制作电视产品,并举办有电视明星参加的现场活动,从而赚到更多的钱。

目前,有越来越多改编自老电影(如《保镖》)的音乐剧正被搬上舞台。这种智慧的方式成功地从一个本来只会花 5 美元购买电影 DVD 的观众手中赚取到 50 美元。

电影和电视将经历一个较为漫长的适应过程。影院观影体验的优势和广播公司对电视行业的寡头垄断,都意味着这些产业仍将在长期内维持旧有的商业模式。① 我也期盼着他们能够带头要求进行杜绝盗版的立法变革。我寄希望于独立电影制作人,希望他们能将互联网同时作为一种融资渠道和分销渠道,向所有人展示视听娱乐产业将如何适应 21 世纪的新环境。

# 英 超 联 赛

在所有可能从"曲线"理论中收益的行业中,足球应名列榜首。足球在社会背景上具有优势,会有大量的电视、报纸和社交媒体对赛事进行很多报道,这相当于给足球产业进行了免费的市场营销。许多粉丝都非常乐意花很多钱去支持自己喜欢的球队。足球产业对于处在"曲线"各个位置上的消费者都有相应的产品供给。粉丝们可以选择廉价的方式,如在酒吧或朋友家里观看比赛;可以订阅有线或卫星频道随时观看直播或录播赛事;还可以到现场观赛,或买下一整个赛季的全套球票。现场观看 2012/13 赛季曼联球队的全部 19 场客场比赛,仅门票的总花销就需要 840 英镑(1 300 美元)。粉丝们还可以购买球队横幅和纪念品。(令我惊讶的是,英超的每场比赛都会有一条印有比赛细节和日期的专属围巾面向球迷销售。)英超决赛的门票最高能炒到 10 000 英镑(15 000 美元)。超级球迷一生中为支持球队花费的金额预计可高达 10 万英镑。[7]

终极社会地位象征还不是买一张赛季套票或现场观看每场比赛,而是成为英超球队的老板。财富大亨罗曼·阿布拉莫维奇、马尔科姆·格雷泽和托尼·费尔南德斯在这条朝圣的道路上已经散

---

① 虽然电视市场正在被上百个频道分割,但权力的大部分仍握在每个国家少数几个主要的广播电视网络手里。寡头垄断集团始终掌控着制作预算的绝大部分,并吸收了大量的广告收入。这种情况有一天也许会被改变,但在今天,他们仍是广告客户接触大众市场的最佳选择。

掉了亿万英镑的家产。

但考虑到"曲线"理论时,问题来了。即便成本不菲,英超联赛的热度仍不减当年。英国电信 BT 和天空新闻台 Sky 斥资 30 亿美元获得了 2013/14 赛季的比赛转播权。[8]英超联赛的转播权对订阅频道具有如此大的吸引力是因为,对于许多球迷来说,英超联赛是决不能错过的节目,尽管需要付费也一定要看,这能使转播频道维持较高的订阅率,并减少用户数量的波动。鉴于侵权盗版对于这些比赛存在威胁,"曲线"策略可能会建议足球行业接纳"吃白食之人",同时让球迷能在他们认为真正有价值的事情上花很多钱。但对于足球产业来说,最大的问题是,他们已经尽己所能地让粉丝们大把花钱了。如果技术和立法措施不能停止非法侵权的蔓延,足球业可能将难以通过拥抱球迷来进一步增收,因为他们确实已经做得非常充分了。

由于足球产业的商业化,球迷们的热情支持已经帮球员们积累了巨额的财富,那么他们面临的这个问题也许并不算是坏事。

## 慈　善

慈善机构在驾驭"曲线"理论时也遇到了一个有趣的问题。一方面,慈善机构已经采用了让人们能够自由捐赠任何金额的策略,无论是区区几便士,还是慷慨人士的大额贡献都可以。因此他们的"曲线"策略应当关注于建立在线互动渠道,与潜在捐赠者建立真实联系。对于一家小慈善机构来说,可以首先考虑,"如果网友登录了我们的网站,我们该问他们些什么呢?"并确保网友会乐意回答这些问题。然后,他们要鼓励访问者留下一些联络方式,以便慈善机构能通过 Twitter、Facebook、YouTube 或邮件(最好是邮件)等方式与其再度沟通。(值得注意的是,最好不要干巴巴的让人们留下联络方式以便收取简报。你会愿意经常收到一大堆定期简报吗？你也不愿意吧！）一种更好的办法是，在网页上为用户准备一些他们确实希望看到的内容，比如：自闭症慈善机构可以提供关于自闭症的普及知识；歌剧慈善机构可以适当介绍歌剧这种艺术形式；生态慈善机构可以向人们说明生态环境正在面临的挑战。总之，慈善机构要做的，就是通过免费为访问者创作一些没有后续支出的信息内容，来建立与潜在捐赠者之间的长期关系。

然而对于捐赠事业来说，最棘手的问题是对于"曲线"高位区域的管理。有的人在捐赠中十分大方，也有的人较为保守。在此，慈善机构可以借鉴 Humble Bundle 的经验。在允许捐赠任意金额的同时，慈善机构可以向潜在捐赠者公示其他人的平均捐赠额，以鼓励人们捐赠平均值以上的金额，用一个锚定价位来指导人们的捐赠额度。

总体来说，一家慈善机构驾驭"曲线"的方法就是继续做慈善机构一直都在做的事——与支持者交流、让他们捐钱——并用系统化的方式将这些工作做好。

# 制造商和服务提供商

服务和实体商品供应商应致力于成为目标市场的万事通。家得宝公司（Home Depot）利用 YouTube 视频将客户吸引到了实体店面和电商网站。亚瑟王面粉公司（King Arthur Flour）为准烘焙师们提供免费的在线食谱和技术建议，这不仅强化了其高端面粉的品牌价值，同时也使公司向忠实粉丝们销出了更多的产品和烘焙培训等服务。River Pools 的马库斯·谢里丹将自己打造成了消费者心目中纤维玻璃游泳池方面的可靠信息源，最终即便大环境下经济衰退严重，谢里丹仍实现了收入的显著增长。成功的关键就是,免费提供能够引起目标市场共鸣的内容、信息或体验,将客户从"路人"转化为长期忠实于你的品牌的粉丝。

# 报　　纸

很难找到适合报刊行业的"曲线"策略,但也并非完全不可能。"曲线"理论解释了付费门槛策略为何难以成功。原因在于,"曲线"理论认为,首先要拥有大量的受众,你才能在其中找到足够喜欢你所做的事,并愿意为之花钱的客户。付费门槛策略更像是一种传统、前数字化的商业模式,在这种模式中,消费就是客户,不消费就不是,没有任何中间地带。

目前,新闻报刊产业中也有一些人正在卓有兴致地探索尝试。安德鲁·沙利文是一名生活在美国的英国记者兼博客作者,他一直在《野兽日报》旗下运营一个名为 *The Dish* 的博客,主要撰写与美国政治、文化和社会有关的文章。

2013 年年初,沙利文宣布离开《野兽日报》。他想尝试运作一个完全没有广告,只凭捐赠和订阅来支持运作开销的新闻评析网站。随着沙利文对观众了解的不断加深,这种商业模式迅速成长起来。沙利文紧缩了"计数"。之前,用户可以在 30 天内免费阅读 7 篇完整博文,如今 60 天内只有 5 篇的阅读权限。同时,沙利文还设计了一种多孔收费方式,普通读者可以通过点击某个社交媒体链接或搜索推荐等方式,进入沙利文的网站,浏览链接对应的优质内容,并且这次访问不计入限制阅读累计,但如果用户希望能经常访问博客,就需要购买阅读权限。最初,沙利文想将全年访问权限的价格固定为 19.99 美元。但就在试验开始的前夜,他转念决定给予客户自由支付的空间,只规定最低金额为 19.99 美元,这样只要客户愿意,他们就可以支付更多的钱。截至 2013 年 3 月,*The*

*Dish* 共从 25 000 名订阅用户手中收取了 66 万美元的费用。据沙利文估计,其中来自"自由付"的部分可能达到 10 万美元。[9]

沙利文的试验还不能算是彻底的成功。他还没有达到他在文章中所说的 90 万美元收入的目标(2013 年 5 月),即使他做到了,这个数字也仅够支持一个很小的团队。但是,除了允许用户自由支付外,他的方法并不能称为一种"曲线"策略。沙利文用付费门槛限制了用户的访问权限。我认为,如果他能尝试一种新模式,既让过路读者很容易地发现他的文字,同时又能让读者以多种方式来资助他,《The Dish》的成绩会更好。沙利文的策略很有突破性,但仍需要从两方面进行调整:一是要让新读者更容易地访问他的文章;二是要为愿意花很多钱支持沙利文的超级粉丝提供明确的方向。

去年,我曾与有着辉煌历史的英国左派期刊《新政治家》(*New Statesman*)的互动媒体总监有过一段谈话。和许多媒体公司一样,《新政治家》也在适应网络时代的过程中遭遇了困境。当时,关于可行的商业模式,我提出了这样的设想:

"你的读者希望的不仅仅是阅读那些新闻。他们希望《新政治家》能够在改变世界的行动中发挥作用。我们是不是可以将他们融入其中呢?启动一项'正直新闻'计划,效仿众筹模式,让人们能够直接为调查性报道提供资金支持。这类报道可以包括挖掘当选官员的支出情况,寻找受到强权威胁或不得不掩盖事实的揭发人的故事等。"这种报道遵守的是威廉姆·伦道夫·赫斯特的著名格言:人们不希望你印在报纸上的东西才算新闻报道,其他的一切都是广告而已。

"你的读者可以支持不同的数额。支持 20 英镑,作为支持者,他们将获得网站授予的评论徽章一枚。支持 100 英镑,他们以'忧国市民'的身份获得独有的优质内容访问权限和一件定制 T 恤衫。而支持金额非常高的人,他们将成为自主团队运营的赞助商或有权决定调查领域。如果你运作得当,真的会有读者愿意掏出上万英镑来支持你。"

这种思维试验的基本观点是,帮助调查富人、权势或腐败,并将这种支持转化为人们可以付钱购买的东西,这对于一些人来说很有价值。过去,人们对这种社会公益的支持,仅仅是为了阅读体育比赛的结果和电视节目单而购买一张报纸。旧的模式已经行不通了,我所提出的策略也许值得一试。

这种尝试成本很低。你只需要建立一个网页,在上面说明你要做的事,并询问人们是否愿意付钱给你,就可以检测出这个试验的可行性。如果没人付钱,就说明这个模式不可行。那么你可能就要将你的公司调整为一家活动业务为主的公司,或一家交友公司。(在英国,《每日电讯报》和《卫报》都是以优质的交友服务著称。)由于杂志产业正在朝着活动驱动的方向发展,我认为,报刊业也可以效仿尝试,如为他们的葡萄酒品鉴师举办品酒会,邀请外籍记者和读者共同参加晚宴,以及一切他们能想出的活动。

总之,我认为,有两件事是报刊产业必须要做的。一是要能让广大读者读到自己的内容(这会削弱付费门槛策略的成果),二是要给予报纸新闻的热心读者和报道的支持者能够比普通读者支付更高金额的机会(这也是付费门槛策略的局限)。报刊业必须要解决这些问题。多孔付费是一个很好的开始,但只有当对客户的认识不只是局限于要么是"订阅者"要么是"可恶的侵权者",并能从免费到高额设定多层次价格时,他们才能获得真正的成功。

## 教练和训练员

所有教学培训人员都能成为"曲线"理论的受益者,比如瑜伽教练,武术教练,陶艺、木工、汉语口语或歌剧演唱老师,私人教练,营养师,以及任何为客户的特殊需求提供服务的人。基本的策略是借助网络,向外界提供你的专业领域内的高质量建议。你可以撰写有关减压放松技巧的博客文章;可以上传关于如何掭匀或切割燕尾榫的视频到 YouTube;还可以发表一份"一周健康食谱",并为客户附上所需购买的原料清单,或公开一份"六周吉他和弦速成计划"。当然,你一定会遇到一些竞争。如果世界上每个教练、训练员或讲师都拥有一个网站,那么网络上就会出现大量的免费内容。这个世界上总有比你更出名的教练,人们是不是都会涌向最厉害最有名的教练呢? 如果,我是说如果,艾瑞克·克莱普顿推出了"吉他弹唱 *Slowhand*"系列视频教程,人们为什么要去看你的内容呢?

我的答案是,你并不是在与这个星球上最著名最强的人竞争。你也不能这样做。你提供的是一些与众不同的东西,是面向当地市场的个人化的一对一服务。首先你可能需要运用一些传统营销手段来获取客户,比如在当地体育馆或社区中张贴广告,使用 Google 关键词广告进行有针对性的宣传活动或发传单等。你做这些的目标是将人们吸引到你的网站。而网站的目的是开启与粉丝的交流过程。

你的核心产品将与以前一样,还是在你的专业领域开展一对一或班级教学。只是现在你可以将网站作为一种与学生之外的人建立直接联系的途径,并让他们知道,你对自己的专业素养有信心。随着时间的推移,你可以开发一整套产品组合:网站上的免费建议;便宜的电子书;价格较高的自出版实体书;在线视频课程;手写资料和反馈讨论。这些产品的定价可以从非常低廉到十分昂贵不等。而价格最高的应该是最稀缺的资源,那就是你的时间。

# 餐　馆

餐馆也可以采用同样的模式。利用网站开始与客户建立关系。如果你做的是泰国菜，就在上面聊聊泰餐；如果你十分关心食材的来源地，就谈谈这个话题，告诉人们为什么这一点如此重要，并帮他们更好地确定他们自己的食物的产地。一家餐馆很大程度上受益于其物理位置的市场价值，所以，运用网络的目的，就是与那些有可能成为常客的客户建立密切联系。你可以在一周生意较为冷清的日子里定期举办一些主题之夜之类的活动。

通过在网络中与客户的直接沟通，甚至还没有举办活动，你就可以判断出这些活动是不是有用。例如，如果有 30 个人在你的餐馆预订了周二的晚餐，届时你就可以安排诗歌朗诵、肚皮舞、奶酪店师傅的演讲等节目，或者还可以请厨师出来为大家演示如何处理鲂鱼。如果这 30 个人没有订餐，这些活动就没必要办。你没有损失任何东西就获知了客户的一些信息。在"曲线"高位端，你可以为客户准备一些收取高额费用的入场券，并能品尝到独家菜肴的节日晚宴。对于你最忠实的客户，你可以派你的一名厨师亲自到他家里去现场制作晚餐。

网络的乐趣在于，你可以在那里测试许多想法和创意，如果证明没有需求，你就无需将它们付诸实践。总之，要时刻保持创造力和勇于尝试的精神。

# 艺　术

艺术家创作的艺术品通常位于"曲线"的高位端。这些产品具有定制化、个人化和稀缺的特点。它们的价值更多地取决于买家愿意支付多少钱,而不是产品的制作成本。

一位艺术家,无论是画家、摄影师、雕刻师还是任何一种艺术制造者,驾驭"曲线"策略时都要做到三点。他们需要卖出自己的创作;需要让人们在价格从低到高的多种产品中进行选购;还需要提升自己作品的知名度,一方面帮助拉动销售,另一方面推升尖端产品的价格。

因此,艺术家也要有一家网站。这不只是家销售网站,还是将一位仅仅从某处发现了这位艺术家的普通用户转化为铁杆粉丝的起点。你可以建立一个邮件列表,偶尔发送一些较为普通的艺术作品供用户欣赏。或者为注册用户提供一款饱含了这位艺术家的创作或精神的个人台式机或手机屏幕墙纸背景。也可以分发一些明信片、圣诞卡片或感谢卡之类的廉价产品,以及打印或微缩版作品等中等价位的产品。

艺术家们还可以通过早已熟识的方法赚得更多收入,如编号版本、亲笔签名、致谢或与个人有关的内容等。

一位艺术家可以利用网站来为下一件作品筹集资金,或更加灵活地用来销售已创作完成的作品。"曲线"策略能够帮助艺术家从正在转化为超级粉丝的访问者手里赚到更多的钱;同时,还能使艺术家凭借提升的知名度、声望和与超级粉丝间的亲密交流,对高端产品收取更高额的费用。

# 运　　输

廉价航空已经掌握了"曲线"的秘密。瑞安(Ryanair)、易捷(easyJet)、捷蓝(Jet Blue)和西南航空(South West)等航空公司的机票价格都十分便宜,有时甚至可以免费获取。[①] 但对于你的每

---

① 除去机场建设费、税金和燃油附加费。

一件带上飞机的包裹,他们都要额外收取费用。额外收费项目还有:在机场办理登机手续、率先登机、在其他乘客之前选座或挑选空间更大的座位、航行中餐饮,甚至包括在航行中使用卫生间(很可能只是为了宣传)。对价格比较敏感的客户可以体验价格极为低廉的旅行。那些想乘坐同一条航线的价格不敏感客户,也可以付费升级,来获得额外的伸腿空间、快速登机、机场办理登机以及飞机上的一杯咖啡。起初,航空公司的目的是用廉价飞行的承诺来吸引客户,而如今,他们已然拥有了可以满足不同客户的不同需求的成熟模式。

# 零　　售

零售商在起点上具有一项优势,那就是他们已然拥有了大量的顾客。客户关系管理系统(CRM)有助于加深对客户的了解。仅通过让他们购买大量的产品,零售商就可以满足高消费人群的需求。然而,在我看来,大部分零售商关注的重点都是销售产品,而非满足用户。他们的数据和分析都是围绕产品种类是否变化以及每种产品的销量是多少。本书认为,零售商们应该换一种方式来思考客户的问题。在货架空间无限的网络世界中,可选择的零售商随便搜索一下就能找到,因此,零售商必须对客户关系加以重视。

Naked Wine 是一家在线葡萄酒商,它在独立葡萄酒经销商中名列第一。当然,你可以只从他们那购买葡萄酒。但除卖酒之外,这家网站还创建了一个互动社区和一些讨论组,葡萄酒方面的菜鸟和专家都可以进来互动。忠实的葡萄酒买家可以每月至少付给 Naked Wine20 英镑(30 美元)的保证金,来获得"Naked 天使"的身份,这些钱将不断积累,直到你把它们花掉。这些保证金给予了

Naked Wine 一定程度的经济保障,例如去购买一个葡萄园的所有产出,来为所有客户确保有利的价格。他们还为客户提供 T 恤衫、举办品酒会和其他活动。一名 Naked Wine 的超级粉丝一年可能会在这家网站上消费数百英镑,并在这里找到某种集体归属感,而事实上,这个集体却只是一家葡萄酒销售公司。

要想在数字化时代取得成功,零售商不仅是交易发生的场所,还要了解他们的客户。他们应该找到满足客户真实需求的方法。他们可以像廉价航空一样,为价格敏感型用户提供低价。同时,对于那些愿意为专属、高端、个性化产品或体验付钱的客户,零售商们也要为他们提供选择的空间。

# 时　　尚

时尚产业跟艺术有些类似,也有点像零售业。产品的定制化特征越明显,一家时尚公司的"曲线"策略与艺术家的策略就越像。时尚企业大部分都是服饰企业,他们制作的衣服通常都是经由商业街上的专卖店、百货公司或自家网站销售。这些企业所面临的问题是,如果一家零售商不再销售他们的产品,如何才能让收入不受损失,以及该如何全力构建与客户之间的一对一关系。

让我们来尝试一个思考实验。在这里,我们设定,一家时尚公司的关键业绩指标不是"我卖出了多少件连衣裙?"而是"我的用户平均收入是多少?"

那么,我想出的一个策略是:将商业街零售商作为折扣店,同时也是客户获取入口。时尚公司的目标是与最佳客户建立一对一的关系,假设最佳客户的比例是 10%。最佳客户是指那些热爱他们的品牌,而非偶尔光顾的客户。他们愿意接收邮件营销、产品推荐,每个月都会购买产品或买多件同样的产品。有些客户甚至每次都会购买当季所有新款。

风险投资人尼克·布利斯伯恩说过,对于顶级时装店来说,无论线上还是线下,其绝大部分收入都来自 10％的客户。[10]这说明,时装精品店已经属于能够将用户从普通买家转化为超级粉丝的商业机构了。通过寻找向"曲线"免费端提供合适产品的途径、运用技术帮助用户完成转化过程,以及与真正爱他们的客户建立密切联系,时尚企业将在数字化时代获得成功。

对每个企业或创作者来说,都要回答三个同样的问题:我应该开发哪些能够一次性制作、无限次无成本使用的东西,来提供给潜在客户?我如何确定那些免费接受了我的东西的人,还会与我再次沟通?我该如何以不同的价位向他们提供不同的产品或服务,让只想花少量的钱和希望花很多钱的客户都满意?

如果你能回答出全部三个问题,你就已经掌握了"曲线"理论的精髓。

企业在 21 世纪面临的挑战层出不穷。解决方案并不是利用市场控制者的游说力去劝说政府继续维系已经过时的商业模式,而是通过系统的试验和学习,去适应环境的变化,将免费视为一种新机遇,并与能够产生情感共鸣的终端用户建立对话和联系。

对于商业来说,这是一个危机的时刻,但也是精彩的一刻。今天,就是整个商界为客户带来欢愉感受的最佳时刻!

# 后记:"曲线"理论回顾

我花了很长一段时间才完成"曲线"理论的构建。

2007年,我将一家名叫GameShadow的公司从订购服务商改造成了免费服务商。自那时起,我就一直是免费力量的忠实信徒。自互联网热潮以来,我做过投资经理,也自己当过老板,我对互联网的革命性特征深信不疑。五年里,我在GAMESbrief中试验过内容营销、高端咨询和高端产品。我在那里帮助开发传统单机游戏的客户进行业务改革,并欣喜地看到他们逐渐转变成为既能免费为用户提供优质体验,又能让喜欢他们产品的玩家在游戏中大量消费的高盈利免费游戏供应商。

我并不是认为所有产品都应该免费,而是相信所有产品都将面临与免费的竞争。对于所有能够数字化共享的东西,免费都正在变成它们的默认价位。不仅事关无形的内容,随着3D打印技术的兴起,实体产品也将如此。同时,那些经营不能数字化共享的产品,如拖拉机或早餐麦片等的商家,应当积极运用新型营销手段来与用户建立真实的关联。聪明的商人会实施内容营销策略与客户建立一对一的关系,以获知他们的真实需求,最终将高水平的产品销售给忠实粉丝。

每个机构中的每个人都将成为营销过程的一部分。如今,客户服务中任何一个小小的过错都能通过社交网络被瞬间扩散。因此,每一次与客户或潜在客户的互动都变成了一种营销交易。与此同时,我们正在从大众市场向定制化的时代迈进,并且正在摆脱物理暴政的束缚,唯一还在限制我们的东西就是习惯:我们自身的习惯以及整个社会发展遗留下来的习惯。

这是一个令人振奋的时代。我们比以往任何时候都能学得更快,我们可以利用验证性学习等新方法来检验理论,证实或证伪、总结经验、吸取教训,并发展理论。我们能够借助免费的力量接触到比从前多得多的受众,使用网络与超级粉丝进行一对一的交流,并让他们能够花很多钱购买为他们带去真正价值的东西。

我的最后一点提示是:本书中的任何策略建议都不是成功的唯一方法。我可以为你讲解基本原理,向你解释我认为它们有用的原因。我也可以为你列举成功的案例,并针对如何将这些经验运用到各种公司、行业或专业领域,提供一些想法、观点和建议。但关于你所在的企业或行业,你肯定比我专业得多,你对客户的了解也比我更深入。你只需将本书作为你的起点,勇敢向前,积极探索试验,并在试验中生存、总结、学习,然后调整、适应。你要与你的团队分享试验的成果,如果你愿意,也欢迎来与我分享。我会在 *www. nicholaslovell. com* 等待你的消息。

最重要的是,拥抱挑战。用很酷的方法做很酷的事,你的粉丝就一定会爱上你。不管你的定价是免费、昂贵或是介于两者之间的任何位置,大胆去尝试,然后从中学习并调整适应。只有这样,你才有机会继续做你想做的事。没人能够阻挡你的脚步。

**前进吧!放手去搏!**

# 致　　谢

　　在 20 多年的职业生涯中，以及运作 GAMESbrief 和最近写《曲线》的日子里，我受到过很多人的热心帮助。如果接下来遗漏了谁，我诚挚地恳请您的原谅。所有帮助过我的人，都请接受我的感谢。谢谢您！

　　2011 年，我曾邀请了十几位朋友，来帮我将头脑中正在构思的一本书的核心观点梳理出来。风险投资、法律、电视和游戏、杂志以及互联网等各个领域的朋友，齐聚在奥斯本克拉克法律事务所的会议室里。在那里，我首次提出了有关"曲线"理论的初步想法。我们花了很长的时间，仍没能形成完整的"曲线"理论体系。但针对"曲线"理论核心思想的讨论给了我很多启发，并使我确定，我的想法是有意义的。感谢当时来与我讨论的尼克·布利斯伯恩，保罗·加德纳，贾斯汀·盖纳，凯文·希瑞，泰格·凯利，帕特里克·欧鲁尼，詹姆斯·沃利斯，以及吉尔·怀特海德。

　　为了撰写《曲线》，我采访到了很多人，非常感谢你们的支持。谢谢大卫·巴纳德，布兰登·克里尔，亚历克斯·戴，艾瑞克·豪特蒙特，伊恩·马尔什，爱丽丝·泰勒，西蒙·瑞德，托斯顿·赖尔，克里斯·索普，以及维多利亚·沃克斯。感谢所有在我寻找各种表达核心观点方式的过程中帮助过我的人。

　　很多朋友和商界同仁在手稿审查方面给予了我很多帮助。也有很多人在我百思不得其解的问题中，给了我很多灵感和新鲜的观点、想法。我特别要感谢巴纳比·威利茨·金，克里斯·亨特，丽贝卡·卡西迪，贾斯汀·盖纳和本·赛普。

在我专心撰写《曲线》的日子里，我的 GAMESbrief 团队（卓雅·施特雷特，罗伯·费伊，希瑟·戈登，伊丽莎白·坎宁安，杰伊·马格拉斯）将网站管理得井井有条，即使我不在，客户们仍享受到了优质的服务。

我要感谢所有人，感谢那么多在过去 20 多年中真心帮助过我的人。谢谢你们帮我思考，并对我不成熟的想法和思虑不周的言论提出质疑。谢谢我曾经的老板和同事。谢谢来 GAMESbrief 看我文章的读者，正是有了你们对游戏产业的十分热爱，才能使我的文字有机会被你们看到，被你们质疑和被你们改善。尤其要感谢在网站上评论留言的朋友们，因为不同的声音才能让一切更好。

除此之外，还有很多方面需要感谢，多谢迈克尔·阿克顿·史密斯，乔恩·伯恩斯坦，本·博得，芬坦·科伊尔，斯图尔特·德雷奇，克里斯·埃奇斯，史蒂芬·弗朗西斯，尼克·吉布森，西蒙·戈德里克，托尼·高兰，威尔·哈里斯，莱奥妮·赫斯特，约翰·福尔摩斯，丹·豪斯，乔恩·豪威尔，艾瑞克·黄，伊恩·利文斯通，布莱特·洛克，史蒂芬·洛夫格罗夫，胡安·马特奥斯-加西亚，皮特·莫里什，乔·默里，格里夫·帕里，安迪·佩恩，杰斯·普里沃尔，安娜·拉弗蒂，克里斯·鲁恩，安德鲁·史密斯，乔治·沃克利，亚历克斯·沃特斯顿，蒂姆·怀挺，以及理查德·威廉姆森。

我要感谢我的代理人乔恩·埃里克，没有他，这本书将无法与读者见面。Portfolio 出版社的审稿编辑乔尔·瑞奇和尼基·帕帕多普洛斯对本书提出了大量精彩细致的评论，尽管这意味着很多部分需要重新撰写，但与他们共事的过程依然十分开心。感谢我的文字编辑特雷弗·霍尔伍德、制作团队，以及将我的思想转化为你们手上这本小书的 Portfolio 的设计师们。

衷心感谢你们，我的读者。如果你想帮我完善理论，分享你的观点,欢迎访问 *www. nicholaslovell. com*,加入我们的讨论。

　　我还要感谢我的父母,是他们教导我,只要我想做并用心去做,没有什么是不能成功的。

　　最后,我必须得感谢凯瑟琳、阿拉斯代尔和露西。这本书是我在繁忙的咨询日程中挤出时间完成的。谢谢你们让我在你们的游戏室里写作,也谢谢你们能让我不受打扰地写完。我爱你们!

# 参 考 书 目

Dan Ariely, *Predictably Irrational* (HarperCollins, 2009)

Chris Anderson, *Free* (Random House Business Books, 2009), *The Long Tail* (Random House Business Books, 2007), *Makers* (Random House Business Books, 2012)

Nicholas Carr, *The Shallows* (Atlantic Books, 2011)

Clay Christensen, *The Innovators Dilemma* (Harvard Business School Press, 1997)

Robert Cialdini, *Influence: The Psychology of a Persuasion* (First Collins BusinessEssentials 2007)

Henry Ford, *Autobiography* (BN Publishing, 2009)

James Gilmore and Joseph Pine, *Authenticity* (Harvard Business School Press, 2007, *The Experience Economy* (Harvard Business School Press, 2011)

Seth Godin, *Purple Cow* (Penguin, 2005), *Tribes* (Piatkus, 2012)

William Goldman, *Adventures in the Screen Trade* (Abacus, 2001)

Tim Harford, *Adapt* (Little,Brown, 2011)

Sheena Iyengar, *The Art of Choosing* (Abacus, 2012)

Andrew Keen, *The Cult of the Amateur* (Nicholas Brealey, 2010)

Gunnar KnApp, Cathy A. Roheim and James L. Anderson, *The Great Salmon Run: Competition Between Wild and Farmed Salmon* (TRAFFIC North America/World Wildlife Fund, 2007); available at www. traffic. org/ species-reports/traffic_species_fish 25 . pdf

Robert Levine, *Free Ride* (The Bodley Head, 2011)

Geoffrey Miller, *The Mating Mind* (Vintage 2001), *Spent* (Penguin, 2010)

Evgeny Morozov, *The Net Delusion* (Penguin, 2012)

曲线思维

Parke Puterbaugh, Phish, *The Biography* (Da Capo Press, 2010)

David A. Price, *The Pixar Touch* (Vintage Books, 2009)

Eric Ries, *The Lean Startup* (Portfolio Penguin, 2011)

Chris Ruen, *Freeloading* (OR Books, 2012)

Clay Shirky, *Here Comes Everybody* (Penguin, 2009)

Nassim Nicholas Taleb, *The Black Swan* (Penguin, 2008)

Mark Twain, *The Adventures of Tom Sawyer* [1876] (Kindle edition)

Thorstein Veblen, *The Theory of the Leisure Class* [1899] (Kindle edition)

Tim Wu, *The Master Switch* (Alfred Knopf, 2010)

# 注　释

## 前　言

〔1〕www. theage. com. au/news/web/steal-music-nails-frontman-tells-fans/2007/09/18/1189881482912. html

〔2〕For more on Reznor's background, read Jonathan Gold's Rolling Stoneinterview from 1994. www. rollingstone. com/music/news/love-it-todeath-19940908

〔2〕http：//en. wikipedia. org/wiki/Trent_Reznor

〔4〕www. nndb. com/people/534/000025459/

〔5〕www. people. com/people/archive/article/0，20105007，00. html

〔6〕http：//trent-reznor. narod. ru/1994 _ article 19 -original. html；original byJonathan Fine, in Option Magazine, July/August 1994

〔7〕www. allmusic. com/artist/nine-inch-nails-p 5033/biography

〔8〕www. music 2 dot 0. com/archives/36

〔9〕http：// leisureblogs. chicagotribune. com/turn _ it _ up/2008/03/reznors-onewee. html

## 1. 曲　线

〔1〕http：//money. cnn. com/2010/02/02/news/companies/napster _ music_industry/

〔2〕Henry Ford, My Life and Work (NuVision, 2007 ), p. 35 ; http: //books. google. co. uk/books? id=bUbd MR x 43 JgC

〔3〕James Gilmore and Joseph Pine, Authenticity (Harvard Business School Press, 2007), pp. 5 - 6

〔4〕www. ew. com/ew/article/0,, 20532978 _ 2, 00. html

〔5〕www. viragobooks. net/bookclub/josephine-harts-introduction-to-damage/

〔6〕www. independent. ie/lifestyle/the-life-and-death-of-josephine-hart-2672754. html

〔7〕www. guardian. co. uk/media/2007/mar/11/pressandpublishing. books

〔8〕www. absolutewrite. com/novels/alexandra_cooper. htm

〔9〕www. guardian. co. uk/books/2012/jan/12/amanda-hocking-self-publishing

〔10〕http: //slushpilehell. tumblr. com/post/13513202171

〔11〕www. amazon. com/The-Last-Man-Knew-Everything/dp/0452288053

〔12〕http: //youtube-global. blogspot. co. uk/2013/05/heres-to-eight-greatyears. html

〔13〕www. nytimes. com/2013/02/28/business/smallbusiness/increasing-salesby-answering-customers-questions. html? pagewanted = all&_ r= 0

# 2. 稀缺和充裕

〔1〕https: //twitter. com/ladygaga/status/266036323394142209

〔2〕https: //twitter. com/ladygaga/status/266197568667676672

〔3〕www. readwriteweb. com/archives/top_ 10 _youtube_videos_of_all_time. php

〔4〕www. techdirt. com/articles/20100524/0032549541. shtml

〔5〕www. ifpi. org/content/section_resources/dmr 2011. html

〔6〕www. ifpi. org/content/library/DMR 2012. pdf; www. ifpi. org/content/library/dmr 2010. pdf; http: //en. wikipedia. org/wiki/List_of_best-selling_singles

〔7〕www. forbes. com/sites/zackomalleygreenburg/2011/01/12/whylady-gagawill-earn-100 -million-in-2011/

〔8〕广告一般都以每千条为单位销售。每千条价格（代表每千条的成本）是广告客户向媒介机构支付费用的度量指标，是一条广告每播放一千次的价格。广告的每千条价格最高可以超过 100 美元（如在高度目标化网站或发行读物上），最低只有几美分（如某些令人厌烦的牙齿美白产品或质量可疑的安全用品广告）。http：//techcrunch. com/2012/08/15/online-video-ads-all-up-in-your-grill/

〔9〕http：//torrentfreak. com/lady-gaga-earns-slightly-more-from-spotify-thanpiracy-091121/

〔10〕www. smh. com. au/technology/technology-news/from-lady-gaga-tothe-future-of-social-media-20121105 -28 sv 7. html

〔11〕www. forbes. com/sites/victoriabarret/2012/11/13/dropbox-hits-100 -millionusers-says-drew-houston/

〔12〕http：//assets. panda. org/downloads/bottled _ water. pdf；www. bottledwater. org/content/us-consumption-bottled-water-shows-significantgrowth-increasing-41 -percent-2011

〔13〕Gunnar KnApp, Cathy A. Roheim and James L. Anderson，The GreatSalmon Run：Competition Between Wild and Farmed Salmon (TRAFFICNorth America/World Wildlife Fund，2007 )；www. traffic. org/speciesreports/Ftraffic_species_fish 25. pdf

〔14〕Chris Anderson，Free (Random House Business Books，2009 )，p. 50

〔15〕Ibid. , p. 46

〔16〕Ibid. , p. 180

# 3. 竞争、经济学和一个叫伯特兰德的人

〔1〕www. youtube. com/watch? v=ftf 4 ri VJ yqw

〔2〕http：//commons. wikimedia. org/wiki/File：IP hone _ sales _ per _ quarter. svg ♯ Data_and_references

〔3〕www. slideshare. net/kleinerperkins/2012 -kpcb-internet-trends-yearend-update

〔4〕http：//cnettv. cnet. com/jobs-unveils-iphone-App-store/9742 - -1 _ 53 - 32454. html

〔5〕http：//finance. yahoo. com/news/LIVE‑APPLE‑EARNINGS‑siliconalley‑917229125. html? x= 0

〔6〕Anderson, Free, p. 172

〔7〕http：//uk. ign. com/articles/2012/07/18/the‑ridiculous‑launch‑of‑the‑iphoneApp‑store

〔8〕Ibid

〔9〕Ibid

〔10〕www. Appchatter. com/2010/12/over‑70 ‑ea‑games‑on‑sale‑for‑0 ‑99/

〔11〕http：//authormichaelhicks. com/free‑novel/

〔12〕www. forbes. com/sites/karstenstrauss/2013/04/18/the‑2 ‑4 ‑million‑perday‑company‑supercell/

# 4. 一切,只为你

〔1〕www. ingentaconnect. com/content/maney/aaa/2008/00000005/00000002/art 00003

〔2〕http：//depts. washington. edu/chinaciv/miltech/crossbow. htm

〔3〕This and subsequent quotes are from Ford, My Life and Work, pp. 52‑3

〔4〕www. wiley. com/legacy/products/subject/business/forbes/ford. html

〔5〕http：//people. duke. edu/—mccann/cpg/cg‑chg. htm

〔6〕http：//media. ford. com/article_display. cfm? article_id= 28558

〔7〕www. starbucks. co. uk/menu/beverage‑list/espresso‑beverages

〔8〕Sheena Iyengar, The Art of Choosing (Abacus, 2011 ), pp. 183 ‑7

〔9〕Ibid. , pp. 210 ‑11

〔10〕http：//iam. peteashton. com/keep‑calm‑rape‑tshirt‑amazon/

〔11〕www. solidgoldbomb. com/pages/our‑apology

〔12〕www. kk. org/thetechnium/archives/2008/03/1000 _true_fans. php

〔13〕www. guardian. co. uk/commentisfree/2010/dec/20/christmas‑show‑onenation‑television? INTCMP = SRCH. The ratings figure is now disputed. ITV claims that it was 21 million while the

Guinness Book of Recordsquotes 28 million

〔14〕 http: //en. wikipedia. org/wiki/100 _Greatest_British_Television_ Programmes

〔15〕 www. guardian. co. uk/media/2012/dec/12/most-viewed-tv-programmesin-2012

〔16〕 Roger, Lloyd, 'Is TV the New Rock?', Los Angeles Times, 30 December2012

〔17〕 www. techradar. com/news/mobile-computing/tablets/more-people-arenow-watching-iplayer-on-tablets-than-phones-1145613

〔18〕 http: //jadensocial. com/gangnam-style-the-social-media-impact-of-aviral-video/

〔19〕 www. guardian. co. uk/music/2012/nov/18/gangnam-style-psy? INTCMP = ILCNETTXT 3487 ; interview with Jonathan Ross: www. youtube. com/watch? v= LPMG -Qvl-7 E

〔20〕 http: //ir. take 2 games. com/phoenix. zhtml? c= 86428 &p= irol-newsArticle & ID = 1141120 &highlight=

〔21〕 http: //investor. activision. com/releasedetail. cfm? Release ID = 425018

〔22〕 http: //investor. activision. com/releasedetail. cfm? Release ID = 531581

〔23〕 http: //investor. activision. com/releasedetail. cfm? Release ID = 624766

〔24〕 www. gamesbrief. com/2010/11/media-conglomerates-turn-their-backson-consoles/

〔25〕 Not all the stores were shut. A buyer was found for the rump of thebusiness, which still operates: www. bbc. co. uk/news/business-17512143

〔26〕 http: // articles. latimes. com/2009/mar/05/business/fi-cotown-thq 5

〔27〕 www. latimes. com/entertainment/envelope/cotown/la-et-ct-thq-bankruptcy-20121219, 0, 156382. story

〔28〕 www. gamasutra. com/view/news/181343/Even_November_cant_ save_US_game_retail_now. php

# 5. 物理暴政

〔1〕Nassim Nicholas Taleb，The Black Swan (Penguin，2008 )，p. 231

〔2〕www. ons. gov. uk/ons/dcp 171776 _ 303450. pdf

〔3〕www. telegraph. co. uk/finance/9233605/Sunday-Times-Rich-List-2012 -Wealth-of-richest-grows-to-record-levels. html

〔4〕www. census. gov/people/wealth/files/Wealth％ 20 Highlights％ 202011. pdf

〔5〕Bigpoint's most recent reported revenues were 200 million ( $ 280 million) in 2010，but I don't have the detailed breakdown of their profitabilitybefore then. www. gamesbrief. com/2011/06/bigpoints-revenuegrowth/

〔6〕http：//articles. latimes. com/2009/nov/18/business/fi-ct-duty 18

〔7〕http：//blogs. independent. co. uk/2011/12/20/an-unsigned-act-for-the-christmasnumber-1/

〔8〕Interview with Alex Dale，January 2013

〔9〕www. musicweek. com/news/read/chart-analysis-weekly-digital-album-salesfinally-break-million-mark/047677

〔10〕www. officialcharts. com/chart-news/the-full-festive-2011 -albums-and-singlesround-up/

〔11〕www. nielsenbookscan. co. uk/uploads/press/NielsenBook _ BookProductionFigures 3 _Jan 2010. pdf

〔12〕www. bowker. com/assets/downloads/products/isbn_output_ 2002 -2011. pdf

〔13〕www. bowker. com/en-US/aboutus/press _ room/2012/pr _ 10242012. shtml

〔14〕www. examiner. com/article/30 -famous-authors-whose-works-were-rejectedrepeatedly-and-sometimes-rudely-by-publishers

〔15〕www. guardian. co. uk/politics/2010/aug/16/tony-blair-royal-british-legion

〔16〕http：//hypebot. com/hypebot/2012/11/offering-fans-a-consumer-experience-why-artists-should-sell-to-fans-and-let-labels-sell-to-consumers. html (A highly recommended read. )

〔17〕www. nme. com/news/radiohead/66647

# 6. 价值几何?

〔1〕www. wired. com/gamelife/2012/11/meet-the-whales/all/

〔2〕www. liverpoolfc. com/news/announcements/fa-cup-final-ticket-news

〔3〕www. dailymail. co. uk/sport/football/article-2139428/FA -Cup-finaltickets-sold-black-market-10 k. html

〔4〕www. washingtonpost. com/wp-dyn/content/article/2007/04/04/AR2007040401721. html? hpid=topnews

〔5〕一名街头艺人在博客中认为,贝尔的问题可能在于他是舞台表演者,而不是真正的街头艺人。"一个真正的街头艺人可以把任何地方变成舞台……作为街头艺人,你需要与周围的观众进行互动,打破人与人之间的陌生感,吸引人们和你一起融入这种集体的和自发的街头体验中来。"他说的没错,但却无法从本质上改变文中提到的现象。( www. subwaymusicblog. com/busking/is-joshua-bell-a-good-busker/)

〔6〕Dan Ariely, Predictably Irrational (HarperCollins,2009 ), p. 24

〔7〕Ibid. , pp. 31 - 6

〔8〕www. guardian. co. uk/music/2008/oct/16/radiohead-album-sales

〔9〕http：//paidcontent. org/2007/11/06/419 - data-on-radiohead-experiment - 38 - percent-of-downloaders-choose-to-pay/

〔10〕http：//news. cnet. com/8301 -10784 _ 3 -9814155 -7. html；www. wired. com/listening_post/2007/12/thom-yorke-disc/

〔11〕www. humblebundle. com/♯contribute

〔12〕www. gourmet. com/magazine/2000 s/2004/08/shattered_myths

〔13〕www. riedel. com/fileadmin/page _ content/fl ip/sguide _ en/files/assets/basic-html/page 13. html

〔14〕http：//scienceblogs. com/cortex/2007/11/02/the-subjectivity-of-wine/

〔15〕www. gamesbrief. com/2011/11/bigpoint-sells-2000 -spaceship-drones-for - 1000 -euros-each-in-just-four-days/

# 7. "吃白食之人"

〔1〕www. pocketgamer. biz/r/PG. Biz/PapayaMobile＋news/news. asp? c＝42792

〔2〕www. avc. com/a_vc/2006/03/my_favorite_bus. html

〔3〕www. forbes. com/sites/jeffbercovici/2013/01/02/tumblr-david-karps－800－million-art-project/

〔4〕Ariely, Predictably Irrational, pp. 51－4

〔5〕http：//Appcubby. com/blog/the-sparrow-opportunity/

# 8. "围观者"

〔1〕www. guardian. co. uk/books/2009/aug/08/spent-geoffrey-miller-bookreview

〔2〕http：//guynameddave. com/about-the-100 -thing-challenge/

〔3〕www. cjr. org/cover_story/steams_of_consciousness. php

〔4〕Nick Wingfield, 'Virtual Products, Real Profits', Wall Street Journal, 9 September 2011

〔5〕www. nytimes. com/2010/09/07/business/media/07 adco. html? _ r＝2 &

〔6〕www. nytimes. com/2009/11/07/technology/internet/07 virtual. html? _r＝1 &

〔7〕www. insidesocialgames. com/2010/12/24/cityville-passes-farmville-andfarmville-gets-a-chinese-language-version/

〔8〕www. bbc. co. uk/news/entertainment-arts-20905931

〔9〕我认为数据应该要低一些,因为 10 亿的统计数据指的是在之前一个月内登录过 Facebook 的用户数量,但好友连接却是一个永久数据。

〔10〕http：//thesocietypages. org/cyborgology/2011/02/24/digital-dualism-versusaugmented-reality/

〔11〕Jurgenson calls this 'mild augmented reality'：http：// thesocietypages. org/cyborgology/2012/10/29/strong-and-mild-digital-dualism/

〔12〕www. businessweek. com/stories/2005 -06 -22/dude-wheres-my-digital-car

〔13〕Asahi Shimbun, ' Nettojou no bunshinkyara "abataa": kisekaesakan', ' Dressing up: "avatar" online alter-egos', 23 February 2006, accessed viahttp://blog. hangame. co. jp/tapo/article/3441351/

# 9. 超级粉丝

〔1〕http://blog. priceonomics. com/post/48216173465/the-business-of-phish

〔2〕www. pollstarpro. com/files/charts 2012/2012 YearEndTop 200 NorthAmericanTours. pdf

〔3〕http://fallenlondon. storynexus. com/

〔4〕www. kk. org/thetechnium/archives/2008/03/1000 _true_fans. php

〔5〕www. utsandiego. com/news/2011/sep/25/no-App-for-gratitude-ipadswill-have-to-do/

〔6〕www. pocketgamer. biz/r/PG. Biz/NimbleBit + news/news. asp? c= 37414

〔7〕www. pocketgamer. biz/r/PG. Biz/NimbleBit + news/news. asp? c= 23448

〔8〕www. pocketgamer. biz/r/PG. Biz/NimbleBit + news/news. asp? c= 26369

〔9〕http://148 Apps. biz/App-store-metrics/? mpage=Appcount

〔10〕www. gamesbrief. com/2010/09/whales-infest-the-iphone-pocket-frogproves-that-29 -99 -works/

〔11〕www. tuaw. com/2010/09/20/NimbleBit-over-half-a-million-playingpocket-frogs-3 -4 -buyi/

〔12〕我估计,《小小摩天塔》发行第一年的收入大约为 300 万美元。这家公司告诉我,这还是保守估计得出的数字。www. gamesbrief. com/2011/07/ios-tiny-tower-on-track-to-make-3 -millionin-its-first-year/

〔13〕www. abc. net. au/lateline/content/2012/s 3592166. htm

# 10. 群众的力量

〔1〕www. doublefine. com/news/comments/twenty_years_only_a_few_tears/

〔2〕www. scummbar. com/resources/articles/index. php? newssniffer＝readarticle&article＝1033

〔3〕Ibid

〔4〕www. videogamesblogger. com/2007/11/06/grim-fandango-2 -and-othersequels-tim-schafer-would-love-to-make-but-he-prefers-to-create-newgames-like-brutal-legend. htm

〔5〕www. kickstarter. com/projects/doublefine/double-fine-adventure

〔6〕Double Fine 在 Kickstarter 上的页面是 www. kickstarter. com/projects/doublefine/double-fine-adventure

〔7〕图 3 和图 4 中显示的支持人数和筹资额比 Kickstarter 公布数据要低。有两个原因：一是，一些活动支持者不要任何回报，因此不显示在任何金额等级中；二是，支持者可以在任意两个层级之间捐赠任意数额，但只能获得较低层级的回报，比如，选择 100 美元的层级，却捐赠 200 美元。

〔8〕www. indiegogo. com/blog/2012/07/indiegogo-insight-perk-pricingpractices. html

〔9〕http：//investors. wmg. com/phoenix. zhtml? c＝ 182480 &p＝irol-newsArticle_pf& ID ＝ 942828 &highlight＝

〔10〕www. indiegogo. com/projects/ashens-and-the-quest-for-the-game-child

〔11〕www. kickstarter. com/projects/freddiew/video-game-high-school

〔12〕www. kickstarter. com/projects/freddiew/video-game-high-school-seasontwo

〔13〕www. guardian. co. uk/music/Appsblog/2013/feb/08/bjork-cancels-biophiliakickstarter

# 11. 自己动手

〔1〕http：//blog. jaggeree. com/post/42862389672/joining-the-dots-to-here-buttonbadges-from-my-youth

〔2〕www. thesun. co. uk/sol/homepage/news/3995627/Boffins-spot-Godparticle. html

〔3〕www. forbes. com/sites/andygreenberg/2013/05/08/3 d-printed-guns-blueprints-downloaded – 100000 – times-in-two-days-with-some-help-from-kimdotcom/

〔4〕信息披露：我是 Makielab 聘请的顾问，也持有一小部分股份。

〔5〕www. youtube. com/watch? v= ZVU oMfTnZ 8 Y

〔6〕www. tci-network. org/media/asset _ publics/resources/000/000/980/original/PLE _ 1_Enright. pdf

〔7〕http：//designbeyondtime. wordpress. com/design-icons/

〔8〕http：//sb. mybigcommerce. com/products/Juicy-Salif-Gold-LimitedEdition. html

# 12. 如今，我们都是零售商

〔1〕http：//fwmedia. co. uk/about/

〔2〕www. jameswoollam. com/vertical-publishing-and-the-search-for-theholy-grail/

〔3〕http：//harpers. org/blog/2013/01/googles-media-barons/

〔4〕www. thebookseller. com/blogs/tangible-assets. html

〔5〕www. telegraph. co. uk/culture/books/booknews/9584404/JK-RowlingCasual-Vacancy-tops-fiction-charts. html

〔6〕http：//blogs. wsj. com/speakeasy/2012/10/19/after-strong-start-j-k-rowlingsthe-casual-vacancy-falls-on-charts/

〔7〕http：//forums. moneysavingexpert. com/showthread. php? t= 4201265

〔8〕www. forbes. com/sites/jeffbercovici/2012/09/27/critics-not-charmed-byj-k-rowlings-casual-vacancy-will-readers-care/

〔9〕http：//steveblank. com/2010/01/25/whats-a-startup-first-principles/

〔10〕http：//techcrunch. com/2012/11/21/supercell/

〔11〕www. forbes. com/sites/karstenstrauss/2013/04/17/is-this-the-fastest-growinggame-company-ever/

〔12〕www. fastcompany. com/50106/inside-mind-jeff-bezos

〔13〕http： //kinnon. tv/2010/10/steve-jobs-on-the-perfect-group-size. html

〔14〕http：//techcrunch. com/2010/08/04/google-wave-eric-schmidt/

〔15〕http： //pandodaily. com/2012/11/27/supercell-is-accels-fastest-growing-companyever-and-it-has-a-ball-pit/

〔16〕www. imvu. com/about/faq. php

〔17〕www. telegraph. co. uk/technology/news/8559744/Moshi-Monsters-hits – 50 – million-members. html

〔18〕www. develop-online. net/news/42713/Bigpoint-passes-300 - million-registered-users

〔19〕www. veoc. org/kingarthurflour

〔20〕www. bcorporation. net/blog/king-arthur-flour-a-company-built-to-last＃. UY pP 5 MphDo 8

〔21〕www. 7 dvt. com/2013 when-kitchen-calamities-strike-king-arthur-floursbaking-hotline-comes-rescue

# 13. 驾驭"曲线"理论

〔1〕www. fiksu. com/resources/fiksu-indexes＃ loyal-index

〔2〕http：//thetrichordist. com/2013/02/08/music-streaming-math-will-itall-add-up/

〔3〕https：//docs. google. com/spreadsheet/ccc? key＝ 0 AkasqHkVRM 1 Od EJFU nhy NFFkZj VSUW xh WG 1 1 dE 9 1 QX c＃gid＝ 3

〔4〕http：//craphound. com/walh/

〔5〕www. theAppside. com/2012/10/24/hairy-maclary-comes-to-ipad-with – 17 – book-Apps-at-once/

〔6〕Roger, Lloyd, 'Is TV the New Rock?', Los Angeles Times, 30 December2012.

〔7〕www. guardian. co. uk/football/2006/sep/14/sport. comment 1